바다의 패권
400년사

다케다 이사미 지음 | 김진희 옮김

AK TRIVIA BOOK

머리말

본서는 세계 항로가 확대된 15세기를 되돌아보고, 17세기에 시작된 해양 패권을 둘러싼 영국·네덜란드 전쟁, 대영제국의 융성, 두 차례에 걸친 세계대전과 냉전, 나아가 해양 질서의 모색 및 현재의 과제 등 해양사 400년을 지정학적인 관점에서 다룬 책이다. 그리고 '항행의 자유'는 어느 시대에나 커다란 과제였음을 확인하겠다.

본서에서 사용하는 중요한 용어 몇 가지를 먼저 설명하겠다.

'패권 국가'란 정치, 외교, 군사, 경제 분야에서 압도적인 영향력을 가지고 주도적인 역할을 한다고 전 세계 국가들이 인정하는 국가이다. 따라서 '해양 패권'이란 해양에서 패권 국가가 보이는 다양한 양상을 의미한다.

'해양 파워(Sea Power)'는 본서에서는 패권 국가와 거의 동일한 의미로 사용하였으며, 그 영향력이 바다에 특화된 경우를 말한다(제2장 참조).

그리고 '해양 질서'의 의미는 시대에 따라 다르지만, 패권 국가 또는 국제연합(유엔) 등의 국제사회가 정한 개념과 규칙을 많은 국가가 추종하는 상태를 말하며, 그러한 바람직한 상태를 유지하기 위한 규칙과 구조 자체를 뜻한다. 예를 들어 18~19세기의 팍스 브리태니카(영국의 지배하에서 세계 평화가 유지되는 상태), 20세기의 팍스 아메리카나(미국의 지배하에서 세계 평화가 유지되는 상태), 후술할 유엔 해양법 협약이 이에 해당한다.

또 '해양 규칙'과 '국제 규칙'은 그 시대의 패권 국가나 국제사회(본서에서는 유엔)가 정한 해양에 관한 구체적인 정책과 법률을 말한다. 양자를 엄밀하게 구분하여 사용하지는 않았으나, 국제 규칙은 주로 유엔 해양법 협약이 제정한 해양 규칙을 뜻한다.

마지막으로 본서에서는 책 제목인 '해양의 지정학'을, 해양을 지리적 공간으로 파악하고, 국가 정책과 국가 행동을 지리적인 환경과 연관 지어 파악한 개념이자 한 가지 접근법으로서 상징적으로 사용하였다.

본서의 전반부(제1장~제3장)까지는 해양이라는 지리적 공간을 지배한 시대를 스토리로 서술할 수 있었다. 하지만 제2차 세계대전 후의 트루먼 선언과 유엔 해양법 협약이 제정된 시대를 다루는 후반부(제4장~제6장)는 해양을 지배하는 시대에서 관리하는 시대로 전환되었기 때문에 필연적으로 제도론, 조직론, 법률론, 정책론, 현상태 분석이 중심이 되어, 전반부와는 서술 방식이 다름을 미리 말해두겠다.

애당초 일본은 해외에서 원료를 수입하고 이를 가공하여 질 좋은 제품을 만들어 전 세계에 수출함으로써 부를 축적한 무역 국가이다. 원료와 제품의 중량(톤 기준)으로 집계하였을 때 무역 데이터에 따르면 수출입 무역의 약 99.6%를 해상 운송(항공 운송은 0.4%)에 의존하고 있어, 예나 지금이나 변함없이 상선이 통행하는 무역 항로가 중요함을 알 수 있다(2017년 집계, 일본선주협회[日本船主協会]). 물론 항공 수송의 비중도 커져서 금액에 기초한 무역량으로 살펴보면 항공 수송의 비율도 증가하고 있지만, 그래도 여전히 해상 수송이 중요하다는 사실에는 변함이 없다.

섬나라 일본은 물론이고, 여타 각국도 해양이 국가의 운명을 좌우한다. 대항해 시대를 예로 들 필요도 없다. 세계사는 해양의 패권을 둘러싼 경쟁의 궤적이고, 국익과 직결되는 해양의 패권을 확보하기 위해 해양 질서 형성에 어떻게 관여할 것인가가 대국의 최대 관심사였다.

해양 패권, 해양 질서 형성의 역사에는 다양한 선수가 등장했다. 대항해 시대에는 스페인, 포르투갈, 영국, 그리고 네덜란드가, 19세기에는 영국이 바다의 정복자가 되었다. 20세기에는 영국과 어깨를 나란히 할 해양 파워로서 미국이 대두하였다. 해양 권리를 소리 높여 주장하는 미국에 신흥 독립국도 이의를 제기하기 시작하였고, 상황이 이렇게 흘러가자 유엔을 중심으로 바람직한 해양 질서란 무엇인가 하는 문제 제기가 이루어지고 있다.

온갖 국가가 일방적으로 해양을 지배하는 것을 막기 위해 1994년에 발효된 것이 '바다의 헌법'이라 불리는 유엔 해양법 협약(정식 명칭은 '해양법에 관한 유엔의 협약')이다. 2018년 6월 현재 167개국과 유럽연합(EU)이 이 협약을 맺고 있다. 이 조약은 영해(12해리), 접속수역(24해리), 배타적 경제수역(EEZ, 200해리), 대륙붕, 공해, 섬과 암초의 정의, 해양 항행 규칙 등을 포괄적으로 정하여 해양의 평화로운 이용과 개발이 양립 가능하도록 하였다. 미국이 서명하지 않는 등의 여러 가지 문제를 내포하고 있지만, '바다의 헌법'은 규칙으로서 국제사회에 침투하고 있다.

하지만 21세기에 들어서자 중국이 남중국해로의 해양 진출을 가속화하고 인공 섬 건설에 착수하는 등 바다의 헌법에 도전하는 태도를 보였다. 중국은 유엔 해양법 협약이 정한 해양 질서에 도전한 첫 번째 국가이다.

본서에서는 주로 근현대 국가를 대상으로 삼았다. 또 해양 질서에 큰 영향을 끼칠 중국의 동향에 초점을 맞추었기 때문에, 일본과 배타적 경제수역이 겹치는 러시아나 한국, 북한, 대만 등은 다루지 않았다. 하지만 북극 해양 항로의 중요성이 높아지고 있으므로 앞으로 틀림없이 러시아가 중요한 역할을 할 것이다. 이와 같이 본서에는 한계가 있지만, 아무쪼록 양해해주길 바란다.

제1장에서는 각국이 바다에 관심을 가지게 된 '대항해 시대'를 가볍게 살펴본 후 주로 17세기부터 19세기에 걸쳐서 영국이 해양 파워로서 어떻게 발전하게 되었는지를 분석하겠다. 제2장에서는 19세기에 새로운 선수로 등장하여 포경 사업을 중심으로 바다의 패권 경쟁에 참가한 미국을 도마에 올리겠다. 그리고 제3장에서는 파나마운하 건설과 해군력 강화를 도모한 미국이 두 차례의 세계대전을 통해 영국을 대체할 해양 파워(시 파워)로서 지위를 굳혀가는 과정을 다루겠다. 제4장에서는 20세기의 해양 혁명이라 일컬어지는 '트루먼 선언'을 중심으로 미국 주도의 새로운 해양 질서 형성 및 유엔 해양법 협약 제정 과정을 상세하게 다루겠다. 제5장에서는 세계 해양 질서에 도전하는 중국의 동향을 살펴보고, 제6장에서는 해

양법 집행의 주역인 일본의 대응을 고찰하겠다. 법 집행이란 해상
보안청법과 경찰관 직무집행법 등의 일본 국내법에 근거하여 경찰
권을 행사함과 동시에 유엔 해양법 협약을 비롯한 국제 규칙에 입
각하여 영해 경비와 배타적 경제수역의 보전 및 관리, 나아가 해적
대처 행동을 하는 것이다.

  해양 질서가 요동치는 지금, 우리는 어떻게 대처하여야 할까?
육지를 분단해 지배함으로써 영지화한 역사가 있는 것처럼 바다
에도 똑같은 역사가 있다. 그러한 약 400년에 걸친 해양의 역사를
되돌아보고, 해양 질서와 해양 규칙의 변천에 초점을 맞추어 근현
대사를 바다의 관점에서 재파악하고자 한다. 그 과정에서 바다에
둘러싸인 일본이 어떤 과제를 안고 있는가가 독자에게 전달되길
바란다.

목차

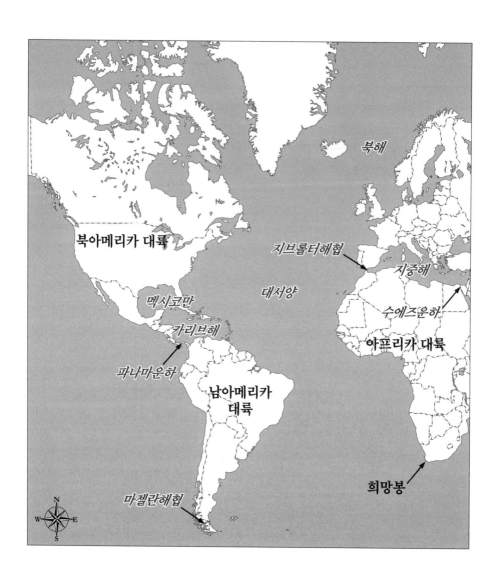

북해

북아메리카 대륙

지브롤터해협

지중해

대서양

수에즈운하

멕시코만

카리브해

아프리카 대륙

파나마운하

남아메리카
대륙

마젤란해협

희망봉

N
W E
S

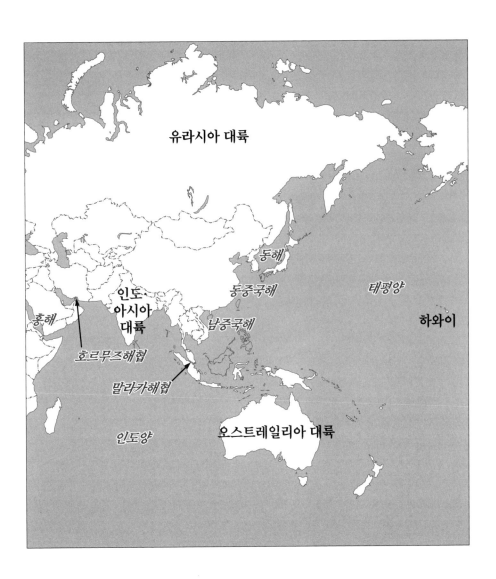

·지도 : 지도 전문점 모리손(もりそん)

·도판(유엔 해양법 협약의 해역 구분) 작성 :

세키네 미유(関根美有)

제1장
바다를 제패한 대영제국

　본서에서는 국가가 탄생함과 동시에 국가에 지배되어온 바다의 역사를 대국의 패권과 질서 형성을 위주로, 때로는 지정학적인 관점에서 보면서 풀어나가려 한다. 이러한 점에 주목하여 세계적인 해양사의 시작을 더듬어가면, 먼 옛날 15세기 '대항해 시대'로 거슬러 올라가게 된다. 세계 각국이 바다를 항해하는 것이 자유롭고 동시에 무질서하였던 시대에도 국가가 바다를 지리적으로 지배하려고 한 움직임이 몇몇 관찰된다.

　대항해 시대의 스페인과 포르투갈의 대서양 분할, 네덜란드의 법학자 휴고 그로티우스(Hugo Grotius)가 포르투갈의 해양 지배를 부정할 목적으로 발표한 해양자유론, 네덜란드인을 비롯한 외국인 어선을 영국의 연안과 원해에서 내쫓기 위해 영국이 주장한 '해양 영유권(야마모토 소지, 『해양법』)', 영국의 해양제국 건설 등이 그 예이다. 본 장에서는 대항해 시대에 시작되어 19세기에 정점을 이룬 유럽의 해양 패권 역사를 대국의 변천과 해양 질서의 형성이라는 측면에서 다시 파악하고자 한다.

대항해 시대와 스페인·포르투갈의 해양 진출

해양사 400년을 다루기에 앞서 스페인과 포르투갈이 행한 세계 최초의 해양 분할에 대해 살펴보겠다. 유럽 해양사는 15세기부터 16세기에 걸쳐서 스페인과 포르투갈이 잇따라 범선으로 원해(遠海) 항해를 하고 탐험과 발견을 통해 교역을 개척한 시대부터 시작되었다고 할 수 있다. '바다'는 만인에게 열린 공간이고, 국가는 '바다'를 자유롭게 이용할 수 있다고 믿던 시대이다.

이 시대에는 영해나 영유화라는 개념이 없었고, 해양은 자유롭고 무질서하였기 때문에 가톨릭 세계의 대국끼리 자유롭게 세력권을 분할하였다. 스페인 국왕이 파견한 콜럼버스 선단이 1492년에 신대륙을 발견한 것을 계기로 스페인과 포르투갈은 해양 진출을 가속화하였고, 양국은 격렬한 경쟁을 펼쳤다. 당시 원양 항해를 할 수 있는 능력을 가진 나라는 스페인과 포르투갈 두 나라뿐이었다.

가톨릭 세계의 해양 분할 지배

대국 스페인과 포르투갈의 해양 주도권 경쟁이 심각한 대립으로 발전할 위험성이 있었기 때문에 스페인은 로마 교황 알렉산데르 6세(Alexander VI)에게 조정을 청해 세력권을 분할하기로 하였다. 이것이 1493년에 채택된 교황 자오선이다. 법왕 자오선이라고도 한다.

로마 교황은 대서양 카보베르데제도의 서방 100레구아(약 500km)

지점을 통과하는 자오선의 서방 해역을 스페인령으로, 동방 해역을 포르투갈령으로 정하였다. '자(子)'는 '북쪽'이고, '오(午)'는 '남쪽'이어서 남북선이라고도 한다. 적도와 직각으로 교차하며 북극점과 남극점을 잇는 대원을 자오선이라고 한다.

스페인 출신 교황이 제안한 내용인 만큼 분할안은 스페인 측에 유리하였고, 당연히 포르투갈 측은 점점 불만이 쌓였다. 그 결과, 양국은 직접 교섭하여 스페인 영내의 토르데시야스에서 1494년에 해양 및 해외 영토에 관한 새로운 분할안에 합의하였고, 로마 교황의 승인을 얻었다. 새로운 분계선은 카보베르데제도에서 서방 370레구아(약 1,850km)에 그어졌다(서경 46도 37분). 이를 토르데시야스 조약이라고 한다. 대국 한정으로 이루어진 것이기는 하나, 해양의 국제적 분할이 처음으로 이루어진 역사적인 사건이다.

당시 스페인과 포르투갈은 거리 단위로 '레구아'를 사용하였는데, 1레구아는 약 5km에 해당한다. 과거에 영국과 미국에서 사용한 거리 단위 '리그'와 어원이 같다. 레구아와 리그는 국가와 시대에 따라서 그 거리가 달라 정확성이 떨어졌기 때문에 세계적으로 통일된 단위를 도입하려는 움직임이 생겨났다. 마일, m, km가 도입된 데는 이러한 역사적인 배경이 있다.

간단히 설명하자면 토르데시야스 조약은 대서양을 이등분한 후 서방을 스페인이, 그리고 동방을 포르투갈이 지배하기로 한 조약이다. 즉 대서양의 동쪽 절반과 그보다 더 동쪽에 위치하는 인도양과 동남아시아가 모두 포르투갈 세력권에 들어간다는 결정이다.

토르데시야스 조약
[히라카와 아라타의 『전국(戰國) 일본과 대항해 시대』를 바탕으로 작성]

이 조약이 체결되었을 당시에는 인도양과 동남아시아 해역이 미지의 세계였지만, 나중에 포르투갈이 브라질, 인도양, 동남아시아 해역에 도착하였고 이로써 이들은 포르투갈 세력권에 편입되었다.

그로부터 100년이 더 흐르고 나서야 이 세계 분할에 반론을 제기하는 국가가 나왔다. 동인도회사를 설립하고 17세기에 무역 입국을 추진하여 세계 정복자가 된 영국과 네덜란드였다.

해적 국가 영국의 참가

스페인과 포르투갈의 뒤를 쫓아 무역 입국을 추진한 영국과 네덜란드가 대항해에 도전하였다. 두 나라 모두 동인도회사를 각각 설립하고 대서양에서부터 인도양에 걸쳐서 무역 경쟁을 하였다.

영국(당시에는 잉글랜드왕국. 이하 본서에서는 '영국'으로 표기)이 동인도회사를 설립한 것은 1600년인데, 회사 설립 제안, 범선 제공, 선장과 선원 모집, 자금 제공 등의 모든 것을 지휘한 사람은 엘리자베스 1세(Elizabeth I) 여왕을 섬기는 해적들이었다. 16세기에 영국은 작은 섬나라여서 가난하였고, 수출할 수 있는 것이라고는 양털과 모직물, 수산물이 전부여서 대외적으로 경쟁력이 거의 없었다.

이에 영국은 대규모로 해적질을 하는 한편, 벨기에 안트베르펜에서 유대인 상인에게 돈을 빌려 자금을 조달하였다. 돈을 빌리면 언젠가는 갚아야 하는데, 변제일이 다가오면 해적 행위를 하여 갚을 자금을 마련하는 편법으로 국고를 지탱하였다.

해적들은 '모험 상인'으로서 본디 해적 행위와 무역을 동시에, 그 어떤 모순됨 없이 행하였는데, 엘리자베스 1세 여왕 시대에 정규 무역에 눈을 떠 영국 동인도회사를 설립하였다. 영국은 해적질을 메인으로 하면서 서서히 무역 노선으로 갈아탔고, 18세기에서 19세기에 걸쳐 세계에 군림하는 무역 대국으로 성장하였다. 해적 국가에서 무역 국가로 화려하게 변신한 것이다(필자의 저서 『세계사를 만든 해적』에 16세기부터 18세기에 걸쳐 영국이 해적 국가에서 무역 국가로 변모해가는 과정을 상세하게 담았다).

무역 국가 네덜란드의 동향

영국이 해적 국가의 길로 나아가는 동안, 네덜란드는 해적 행위에 관여하면서도 영국과는 달리 해적 행위에 주력하지 않고 본격적으로 무역 입국을 하기 위해 1602년에 네덜란드 동인도회사를 설립하였다.

동인도회사를 설립하기에 앞서 네덜란드는 여러 출자자로부터 출자를 받아 자금을 조달하였고, 대서양과 인도양의 무역 지배를 구상하였다. 인도네시아에서는 향신료 무역에 착수하여 큰돈을 벌었고, 커피 플랜테이션을 경영하여 유럽의 커피 무역에서도 압도적인 지위를 가지게 되었다. 이것이 자바 커피의 탄생 배경이다.

이와 같이 네덜란드는 인도양에서부터 동남아시아 해역에 이르기까지 파죽지세로 무역을 펼쳐나갔는데, 네덜란드의 앞길을 방해하듯이 떡하니 버티고 있는 존재가 있었다. 바로 토르데시야스 조약으로 인도양과 동남아시아의 세력권을 소유한 포르투갈이었다.

포르투갈의 세력권을 이론적으로 타파할 목적으로 학문 분야에서 '해양의 자유'를 주장한 것이 앞서 언급한 네덜란드 법학자 그로티우스였다. 당시 네덜란드에는 포르투갈과 호각으로 싸울 만한 충분한 해군력이 없었기 때문에 이론으로 무장하는 전술에 의지할 수밖에 없었다.

국제법의 아버지 그로티우스의 해양자유론

그 어떤 국가도 바다를 지배하여서는 안 된다며 국가에 의한 해양 지배를 부정한 법학자가 '국제법의 아버지'라 불리는 네덜란드의 휴고 그로티우스(1583~1645년)이다. 해양은 그 어떤 나라에도 속하여서는 안 되고, 만인에게 자유로운 공간이어야 하며,

항행의 자유가 보장되어야 한다고 주장하는 논문을 1609년에 발표하였다.

　포르투갈이 로마 교황의 승인을 얻어 동인도 해역(인도양~동남아시아 해역)을 지배함으로써 네덜란드는 압도적으로 불리한 입장에 놓이게 되었다. 동인도 무역에 더욱 힘을 쏟고 싶던 당시 네덜란드로서는 포르투갈의 세력권 확립은 국익 증진에 방해가 되는 큰 문제였다.

　무역을 확대하여야 부강한 나라로 성장할 수 있다고 확신한 네덜란드는 과감하게 동인도 해역으로 진출하였지만, 향신료 등의 무역 상품 조달이라는 한 가지 측면에서만 보더라도 포르투갈의 커다란 존재감에 압도되었다. 겨우 인도양에 도착해 가까스로 말라카해협을 통항하였고, 이제 큰 부를 축적할 수 있다는 기대감에 부풀어 향신료 무역에 착수하려 하였지만, 포르투갈이 이미 주요 항만을 장악하고 있어 네덜란드 범선은 뜻대로 움직일 수 없었다. 이러한 포르투갈의 패권을 군사력으로 깨부술 만한 실력이 네덜란드에는 없었기 때문에 그 대신 이론적으로 무장하여 포르투갈을 압박하기로 하였다.

　결론부터 말하면 그로티우스의 논문은 지극히 실리적이다. 국제법이 중요하다는 원칙과 아카데믹한 의식에만 기초하여 작성된 논문이 아니다. 어디까지나 네덜란드의 사활이 걸렸다고 할 만큼 중요한 해양의 자유를 정당화하기 위한 수단이었다.

휴고 그로티우스

영국 영해의 탄생

17세기에 들어서자 네덜란드는 '해양의 자유'라는 원칙을 내걸고 무역 입국을 목표로 삼았고, 이에 발맞추어 네덜란드 어선도 원양 항해에 나섰다. 그러나 대서양을 횡단한 것은 아니고 영국 앞쪽의 북해, 도버해협, 영국해협 등으로 갔다. 그곳은 영국 연안 앞바다로 황금 어장이었다.

당시 영국이 유럽 대륙에 수출할 수 있는 몇 안 되는 상품 중의 하나가 '생선'이었는데, 그 생선을 네덜란드 어선이 모조리 어획해 가는 문제가 발생하였다. 어느 시대에나 황금 어장에서는 쟁탈전이 벌어지고, 제3국이 멋대로 들어와 해산물을 마구잡이로 잡아대는 법이다.

지금으로부터 아득히 먼 옛날인 17세기, 영국 연안 앞바다에 출몰한 네덜란드 어선의 남획을 저지하기 위해 영국은 연안 앞바다를 봉쇄하고 네덜란드 어선을 내쫓아야겠다고 생각하였다. 이것이

'해양 영유권(야마모토 소지의 전게서)'이라는 개념, 그리고 바다 규칙 제정의 시초이다. 이리하여 영해 개념이 생겨났다.

정치가 겸 법학자인 존 셀던(John Selden, 1584~1654년)은 1635년에 영국 앞바다 해역은 영국이 영유(領有)할 수 있다는 「해양폐쇄론(Mare Clausum)」이라는 논문을 발표하였다. 네덜란드의 법학자 그로티우스가 포르투갈의 해양 세력권을 부정한 「해양자유론(Mare Liberum)」에 대항하여 붙인 제목이다. 해양자유론을 완전히 부정한 것은 아니고, 국가가 육지를 영토로서 지배하는 것과 마찬가지로 특정한 해양은 지배할 수 있다는 주장으로, 어디까지나 영국 연안 앞바다를 영유하기 위해 발표한 논문이었다.

영국이 산업혁명을 일으켜 '세계의 공장'이라 불리는 공업 국가가 된 것은 18세기에 들어선 이후이다. 17세기 초반까지도 영국은 여전히 가난한 농업 국가였고, 수산업은 간신히 유지해나가는 정도였다. 유력한 무역 국가로 거듭난 네덜란드가 하필이면 어업 분야에서도 영국에 도전해온 것이다.

네덜란드와의 전쟁을 피할 수 없음을 깨닫고 서서히 각오를 다진 영국은 네덜란드를 가상 적국으로 간주하였다. 1653년부터 1674년까지 사이에 세 차례에 걸쳐 치러진 영국·네덜란드 전쟁은 해양 패권을 둘러싼 본격적인 첫 번째 전쟁이다. 해적을 이용하여 해군력을 강화한 영국은 네덜란드와의 해전에서 승리를 거두었고, 이는 결과적으로 영국이 해양 패권을 수립하는 큰 전환점이 되었다.

항해법의 제정

유럽에서 무역이 성행하자 북아메리카 신대륙 식민지화를 가속해나간 17세기에 영국을 둘러싼 해양 질서에서 새로운 움직임이 나타났다. 영국이 해양법이라는 법률을 시행하여 네덜란드와 프랑스의 무역선을 내쫓은 것이다.

이 항해법으로 네덜란드 선박과 프랑스 선박이 영국해협에 접근하는 것이 실질적으로 금지되었다. 영국 주변 해역에서는 영국 선박만 항행할 수 있고, 영국 항만 역시 영국 선박만 이용할 수 있다는 법이었다. 이는 무역으로 경제적 번영을 이루려 하던 네덜란드를 경악하게 만들었다. 영국 연안(지리적 환경)에 한정되기는 하나, 해양을 항행하는 선박의 진로를 규제(정치 판단)하는 것이었기 때문이다.

대(對)영국 무역에 종사하는 선박은 영국 선박으로 한정한다는 법률을 영국이 1651년에 제정하였다.

이것이 세계사 교과서에도 등장하는 '항해법' 또는 '항해 조례'라고 불리는 법이다. 영국은 14세기부터 17세기 후반까지 반복적으로 항해법을 개정하였는데, 실효성도 있고 역사적으로도 유명한 것이 1651년에 제정된 이 항해법이다.

1651년에 제정된 법률은 국왕이 부재한 공화국 시대에 제정되었기 때문에 항해 조례로 취급되었으나, 국왕이 복귀한 후 항해법도 갱신하여 항해법이라는 명칭이 일반화되었다.

영국 항만에 들르거나 템스강 등의 운하를 지날 수 있는 선박도

14세기부터 규제하려고 시도하였으나 모두 실패하였고, 1651년에 이르러 드디어 본격적으로 규제하게 되었다. 영국은 자유무역론으로 유명하지만, 사실 자유무역을 주장하기 전에는 남들이 뭐라고 하든 보호주의를 소리 높여 외쳤던 국가였음을 잊어서는 안 된다.

청교도 혁명기의 크롬웰 시대에 채택된 항해법은 보호주의와 중상주의의 입장에서 북해와 발트해를 중심으로 유럽 무역을 좌지우지하던 네덜란드 선박을 배제할 목적으로 기초된 것이었다. 이와 같이 네덜란드가 메인 표적이었지만, 당연히 프랑스도 염두에 두고 있었을 것이다.

항해법(1651년) 원문을 살펴보면 경쟁 상대 네덜란드를 나타내는 국명은 등장하지 않고, 한결같이 영국 국명만 나온다. 정치적으로 네덜란드 국명은 언급하지 않고, 어디까지나 영국을 지키기 위한 법률임을 강조하였다. 요점을 정리하면 다음과 같다.

(1) '아시아, 아프리카, 아메리카'의 생산품을 수입할 경우에는 오로지 영국 선박으로 운송할 것.

(2) 유럽 대륙에서 영국으로 생산품을 수입할 경우에는 영국 선박으로 수송하거나 또는 원산지 또는 최초로 출하한 국가의 선박으로 운송할 것.

(3) 영국 선박이란 선박이 영국 소속일 것. 구체적으로 말하자면 '진짜 오너나 소유자'가 영국인일 것. 또 선박이 영국인 선장과 선원에 의해 운항될 것.

(4) 선박의 선원의 경우에는 선원 대부분이 영국인일 것.

이상이 항해법의 골자로, 영국의 보호주의를 직접적으로 표현하고 국내 산업을 육성하고 해외 무역을 왕성하게 하는 중상주의의 뼈대이다. 항해법은 그 후 여러 차례에 걸쳐 개정되었고, 영국의 보호주의와 중상주의는 그때마다 강화되었다(개정은 1660년, 1663년, 1696년 등에 이루어졌다).

무역 입국 네덜란드를 타파

무역 입국을 달성하기 위해 해양 패권을 장악하고 싶었던 네덜란드는 동인도회사가 성공한 덕분에 17세기 중엽에 이르자 유럽 중계무역의 거점이 되어 유럽 해운을 지배할 만큼 세력이 커졌다. 오늘날에도 로테르담항이 거점(허브) 항만으로 기능하고 있는 것처럼 17세기의 유럽 해운에서도 네덜란드가 중계무역에서 중요한 기능을 담당하였다.

카리브해의 섬들에서 설탕을 수입하거나 인도네시아 등의 동남아시아 지역에서 향신료(스파이스)를 수입할 때는 생산지의 범선에 의존하게 되는데, 당시 생산지에는 원양 항해를 할 수 있는 범선이 없었다. 17세기 유럽에서는 설탕과 향신료 등의 값비싼 상품은 네덜란드의 동인도회사가 대형 범선을 띄워 거래하였다. 생산지에서 수입된 고가 상품은 네덜란드에 집적되었고, 중계기지 네덜란드에서 영국과 유럽 각국으로 다시 수출되었다. 이 중계무역을 통해 네덜란드는 거대한 부를 축적할 수 있었다.

그래서 영국이 유럽 대륙과 무역할 때도 질과 양의 두 측면에서 모두 영국 선박을 능가하는 네덜란드 선박이 영국의 템스강을 종횡무진으로 왕래하였다. 네덜란드 동인도회사에서 활약하는 대형 범선이 템스강을 지날 때마다 세계 무역에서 차지하는 네덜란드의 존재감이 더욱 돋보였다. 네덜란드의 주특기인 중계무역을 가로막을 의도로 영국이 항해법을 제정하였음은 의심의 여지가 없다.

당시에는 '선적(배의 국적)'이라는 개념이 없었지만, 영국 선박이란 영국인 선원이 중심인 범선을 뜻하였다. 네덜란드 동인도회사 소유의 범선은 편법으로 영국인 선원 몇 명을 태워 영국에 입항하는 수법을 썼다. 오늘날에는 국제 항로를 통항하는 외항선은 선적을 취득하여야 하는데, 이러한 선적이라는 발상을 전 세계에서 제일 먼저 활용한 나라가 영국이다.

런던 중심부의 트라팔가르 광장에 가보면 견고하게 건축된 내셔널 갤러리가 광장을 품고 있는 듯한 모습으로 자리 잡고 있다. 영국을 대표하는 화가 조지프 터너(Joseph Mallord William Turner, 1775~1851)의 작품을 중심으로 다양한 전시실에 회화 작품이 배치되어 있다. 그야말로 엄청난 수의 그림이 전시되어 있는데, 네덜란드의 무역선이 그려진 그림이 진열된 전시실도 있다. 17세기 네덜란드가 얼마나 경제적으로 번영하였는지를 알 수 있다. 방문객은 그림을 통해 풍요로웠던 네덜란드의 모습에 압도되는 한편 영국이 얼마나 빈곤했는지도 새삼 알게 된다. 이와 같은 네덜란드의 무역과 해운 독점을 저지하기 위해 영국은 무역선 출·입항에 보호주의를 도입한 것이다.

항해법을 폐지하고 자유 해양 세계로

영국이 항해법을 폐지한 것은 제정하였을 때로부터 약 200년 후인 1849년이다. 영국이 그야말로 대국으로서 자유무역을 구가하며 '팍스 브리태니카(영국의 지배하에서 세계 평화가 유지되고 있는 상태)'를 이룬 빅토리아(Victoria) 여왕 시대였다. 산업혁명으로 '세계의 공장'이 되어 대영제국을 건설하는 단계에 이르러서야 겨우 항해법을 폐지한 것이다.

영국 연안을 항행하는 범선에 국적 제한을 두지 않고 자유롭게 왕래하도록 하는 것이 국익에 도움이 된다고 이번에는 판단한 것이다.

이와 같이 항해법이 폐지되기까지는 200년이나 걸렸지만, 영국이 강국으로 성장하기까지의 과정에서 실제로는 엄격하게 항해법을 적용하지 않고 사람들 눈에 잘 띄지 않는 무역항에서는 은밀하게 네덜란드 선박을 입항시키는 등 유연하게 대응한 면이 있다. 영국이 강자의 위치에 서게 되거나 영국이 이득을 볼 것으로 판단될 때는 항해법에 눈을 감고, 영국령 식민지와 제3국이 직접 무역하는 것을 묵인하였다.

18세기 후반부터 19세기 전반까지 영국 정부는 대단히 유연하게 항해법을 운용하였다. 정치적으로 국익 중시라는 대의명분하에 언제나 임기응변적으로 대응하였다. 국익이 되느냐 그렇지 않으냐에 따라서 모든 국가 정책이 크게 좌우되었다.

그리고 보면 오늘날 중국도 다수의 법률을 정비하면서 국익이라는 관점에서 법률 운용을 그때그때 변경하고 있다. 중국 공산당은 영국이 대국화를 이룬 근대사를 철저하게 연구한 것이 아닐까 싶을 정도로 대국이었을 때의 영국과 오늘날 중국의 모습은 종종 겹쳐 보인다.

빅토리아 여왕을 섬긴 사람 중에 총리와 외무장관으로 활약한 아일랜드 출신 파머스턴(Palmerston, Henry John Temple, 1784~1865년) 자작이 있다. 케임브리지대학교의 중후한 학풍과는 거리가 먼 자유롭고 활달한 학풍을 띤 인물이었다. 자유무역주의를 신봉하여 해양의 자유를 중시하였고, 영국 자본주의로 세계 시장을 제패하는 것을 목표로 삼았기 때문에 이 시대의 영국 외교를 '파머스턴 외교'라고 부른다.

총리 자리에 두 번이나 오르고 외무장관으로도 세 번이나 취임하며 그야말로 빅토리아 왕조를 대표하는 정치가로서 군림하였다. 유럽 국가들과는 세력 균형의 역학에 따라서 대결을 피하였고, 일본과 중국에는 자유무역을 요구하며 개국하도록 압박하였다.

파머스턴은 영국의 동인도(인도양~동남아시아 해역~태평양) 무역을 독점하던 동인도회사에 해산하라며 압력을 가하였고, 결국 1858년에 영국 동인도회사는 해산되었다. 무역을 독점하였을 뿐 아니라 영국령 인도 식민지의 운영에도 관여하던 동인도회사는 영국이 보호주의에서 자유무역주의로 전환한 후에는 반대로 큰 방해물이 되어 결국 해산되었다.

영해 3해리와 밀수선 적발

영국은 국익의 실체가 바뀔 때마다 영해 설정 목적을 변경하였다. 전술한 바와 같이 영국이 17세기에 해양 영유권(야마모토 소지, 전게서)을 선언하였을 때는 네덜란드 어선이 영국 연안 앞바다의 황금 어장에 침입하여 물고기를 마구잡이로 포획하는 것을 저지하는 것이 목적이었다. 네덜란드의 중계무역을 막고 네덜란드 선박을 내쫓기 위해 이른바 경제수역 설정이라는 개념을 도입한 것이다.

그로부터 200년이라는 시간이 흘러 19세기가 되자 이번에는 외국 밀수선을 단속하기 위해 영해를 설정할 필요성이 생겼다. 이번에는 영국 본토에 축적된 부와 재물(산업혁명이 만들어낸 제품)을 노리고 몰려드는 유럽 여러 나라들의 밀수선을 단속하기 위함이었다. 산업혁명을 통해 대영제국을 건설한 영국으로 많은 무역상이 찾아들었는데, 무역이 활발해짐에 따라서 당연한 결과지만 밀수가 횡행하게 되었다.

과거에는 공해와 영해에 해당하는 명칭이 없었다. 각국이 수백 년간 바다를 둘러싸고 이권 경쟁을 펼친 결과, 먼바다와 연안 해역을 구별하여 생각하게 되었고, 18세기부터 19세기에 걸쳐서 영해

제도가 정비되었으며, 그 후 다양한 용어와 개념이 생겨났다. 공해, 영해, 접속수역, 배타적 경제수역(EEZ), 대륙붕, 심해저 등이 그것인데, 각국의 이권이 충돌한 결과로 생겨난 산물이라고 하겠다 (상세한 용어 해설은 제4장을 참조).

전술한 바와 같이 해양 자유의 관점에서 공해에 주목한 사람은 네덜란드의 법학자 그로티우스이고, 영해 개념을 국제사회에 퍼뜨린 나라는 영국과 미국 등의 대국이다. 18세기부터 19세기에 걸쳐서 해양 대국으로 약진한 영국은 자국 연안 앞바다를 영유하면서도 한편으로는 전 세계의 바다를 지배하고 싶었기 때문에, 각국은 영해는 최대한 좁게 설정하여야 한다는 일관된 태도를 보였다. 밀수와 밀항, 관세를 단속하기 위해 영해의 폭은 필요 최소한으로 설정하는 것이 바람직하다고 여겨졌고, 여기에서 영해 3해리(약 5.6km) 주의가 나왔다.

영국 해양제국의 건설

유럽 중에서도 변경에 위치하는 섬나라 영국은 인도를 지배해 통치하고, 동남아시아에서는 싱가포르와 말레이시아해협 식민지를 정비하였다. 중국 대륙의 창구가 된 홍콩을 손에 넣고, 아프리카에서는 이집트, 케냐, 남아프리카공화국, 나이지리아 등의 연안부에 거대한 식민지를 구축했다. 오세아니아에서는 오스트레일리아 대륙과 뉴질랜드, 나아가 남태평양의 섬들을 식민지로 지배하였다. 영국은 세계 각지의 전략적 요충지를 차지함으로써 효율적으로 전 세계 규모의 제국을 건설할 수 있었다.

물론 대서양을 넘어 북아메리카 대륙에 미국과 캐나다를 건설한 '위업'도 잊어서는 안 된다. 그 위업이 심히 대단하여 미국이 영국에서 독립해버렸지만, 이것이 교훈이 되어 캐나다, 오스트레일리아, 뉴질랜드를 계속 식민지로 지배할 꾀를 짜낼 수 있었다. 세계 지도를 보면 작은 섬나라 영국이 어떻게 이와 같이 전 세계를 지배할 수 있었을까 하는 소박한 의문이 든다.

튜더 왕조의 엘리자베스 1세 여왕이 등장한 16세기 영국부터 19세기에 빅토리아 여왕이 군림한 대영제국 시대까지를 쭉 살펴보면 영국이 해외 진출을 통해 축적한 지혜와 경험을 충분히 잘 살렸음을 알 수 있다. 영국의 대표적인 지혜와 경험을 이하에 열거해보겠다.

(1) 해적과 '모험 상인'을 첨병으로 삼아 영국은 16세기부터 17세기에 걸쳐서 해외 진출을 하였고 해양의 자유를 구가하였다. 스페인과 포르투갈의 범선을 습격하여 약탈한 재산과 보물을 국왕이나 여왕에게 상납해 국고를 윤택하게 하였다. 영국은 해적을 이용하여 스페인과 포르투갈의 해양 패권을 약화시켰다.

(2) 영국은 해적 우위의 시대에서 해군 우위의 시대로 서서히 전환을 꾀하였고, 17세기의 영국·네덜란드 전쟁을 계기로 해군이 하나의 큰 세력으로 성장하였다. 포획한 네덜란드 해

군 함정을 영국 해군에 편입시킴으로써 영국은 단기간에 해군력을 강화하였다.

(3) 영국은 해외로 진출하기에 앞서 해외에 무역선의 거점을 마련하였다. 당시에는 범선으로 이동하였기 때문에 범선이 기항할 수 있는 섬, 곳, 해협에 항만을 마련하였다. 그와 동시에 해외에 육군 주둔지도 마련하였다. 해외 식민지에서는 소수의 영국인이 현지에서 행정관과 병사를 채용하여 간접 통치하는 방식을 취하였다.

(4) 엘리자베스 1세 여왕이 특허장을 교부한 동인도회사는 19세기에 동인도(인도양~동남아시아 해역~태평양)에서 무역을 독점하였다. 동인도회사처럼 지역별로 특정 무역회사 한 곳에 무역독점권을 주는 방식으로 영국은 해상 무역 네트워크를 구축하였다.

(5) 항해법을 제정하기도 하고 폐지하기도 하는 등, 영국의 국익에 유리하도록 해양 질서를 그때그때 상황에 따라서 정비하였다. 해상 운송에 있어서는 영국의 선박회사가 영국발 정기 항로를 개설하였고 국제 무역을 컨트롤하였다.

(6) 영국은 산업혁명을 성공시킨 '세계의 공장'이 되었고, 경제적으로도 대국이 되었으며, 해군력을 강화할 예산도 손에 넣었다.

이와 같이 영국은 해양 패권을 확립하고 세계적 규모의 해양제국을 건설하는 데 성공하였다. 점과 선으로 면을 만들 듯이 관민을 모두 동원하여 중층적으로 해양제국을 구축하였다. 범선이 기항할 수 있는 전 세계의 섬과 곶을 거점화하고, 최단 항행 루트상에 위치하는 섬을 손에 넣음으로써 섬과 섬을 항행 루트로 유기적으로 연결하였다.

중요 항만을 장기간에 걸쳐 안정적으로 사용하기 위해 영국은 해군 기지도 전 세계 규모로 정비해나갔다. 범선의 주요 루트가 된 대서양과 인도양의 섬은 모조리 영국 해군의 기지가 되었다.

지도(37쪽)는 영국이 해외에 구축한 해군 기지를 1848~1898년으로 기간을 한정하여 정리한 것이다. 전 세계에 해군 기지가 약 40여 개나 있었다. 기지의 수는 일정하지 않고 시대에 따라서 증가와 감소를 반복하였다.

영국 해군의 해외 기지는 언뜻 보았을 때는 전 세계에 의미 없이 퍼져 있는 것처럼 보이지만, 사실은 그렇지 않다. 영국 본국~대서양~지중해~인도양~남중국해에 이르는 범선 항행의 기본 루트와 정확하게 일치한다.

16세기부터 19세기까지 영국 해군 함선은 목조 범선이었으며, 원양 항해는 계절풍과 무역풍에 좌우되며 섬에서 섬으로 이동하면서 저 멀리 떨어진 목적지까지 갔다. 대서양과 인도양에 점재하는 섬들을 차지하느냐 그렇지 못하느냐에 따라서 그야말로 생사가 갈렸다. 또 강철(스틸)제 군함은 크림 전쟁(1853~1856년)에서 쓰디쓴 경험을 하고 이를 교훈 삼아서 19세기 후반인 1860년에 개발하였다.

영국 해군의 해외 기지(19세기 후반)
(Andrew N. Porter 편저, 『대영제국 역사 지도』를 바탕으로 작성)

　해군 기지라고 하더라도 모든 기지에 훌륭한 군함이 집결되어 있던 것은 아니다. 해군 기지 규모는 일정하지 않았고, 또 범선 전투함이 배치된 곳이 있는가 하면 운송함만 배치된 곳도 있어서 전체상을 파악하기 어렵다.

　네덜란드와 포르투갈의 군사적인 위협이 사라진 오세아니아에서는 19세기 내내 해군 기지에 실전용 전투함이 배치되지 않았다. 이와 같이 국제 정세와 지역 정세를 반영하여 해군 기지의 실태는 수시로 바뀌었다.

　해군 기지를 하나씩 상세하게 살펴보다 보면, 실전용 전투함이 배치되지 않은 이름뿐인 기지가 전 세계 도처에 있을 듯하지만, 꼭 그렇지만도 않다. 이들 기지는 해군 기지로서의 군사적인 기능 이외에 무역항으로서도 많은 역할을 담당하였고, 또 범선이 원양 항해 중에 식량과 음료수를 보급하는 중계지로서, 나아가 목조 선체를 수리하는 선착장의 역할도 하였다. 평상시에는 무역항, 식량과 음료수 보급지, 선체 수리를 위한 선착장으로서 활용되고, 전시에는 군항의 기능을 발휘하는 등 영국에는 대단히 편리한 해군 기지였다.

특히 영국은 범선 항행 루트상에 위치하는 몰타섬과 세일론섬 등의 섬들, 육지와 육지 사이에 있는 말라카해협과 지브롤터해협과 같은 해협, 나아가 대서양에서 인도양으로 방향이 바뀌는 희망봉(케이프타운) 등의 곳을 전략적인 요충지로 보고 항구적 해군 기지를 설치하였고, 실전용 전투함을 상주시켰으며, 해군 기지를 지키기 위해 육군도 함께 주둔시켰다.

전략적 요충지는 영국에 막대한 부를 가져다준 무역 거점으로서도 번영하였다. 이러한 군항과 무역항은 다소 과장되게 표현하자면 공공재로서 교역에 종사하는 전 세계의 범선에 개방되었기 때문에 무역항으로서 영속적으로 발전하기도 하였다.

전체적으로 보았을 때 영국이 전 세계 규모로 개척한 원양 항해의 주요 루트와 해군 기지는 지리적으로 거의 겹쳤기 때문에 군사적 우위성을 유지하며 동시에 경제권을 지배할 수도 있었던 것이다.

해군 기지를 지키는 육군 주둔지

전 세계적인 규모로 해양 패권을 확립하기 위해서는 해외 해군 기지를 안정적으로 유지해야 한다고 생각한 영국은 육군 해외 주둔지 개설에 착수하였다. 육군 주둔지의 위치는 인도, 서아프리카, 오세아니아 등 영국의 해외 식민지로 개발된 곳과 일치하였고, 이는 식민지를 경영하는 데도 유리하게 작용하였다.

이와 같이 영국이 전 세계의 해양 패권을 장악하고, 해군 기지를 건설하고, 나아가 식민지 경영에도 적극적으로 나서자, 해외에서 근무할 육군 병사가 해마다 점점 더 많이 필요해졌다.

앤드루 포터 편저 『대영제국 역사 지도』에 따르면 1848년에는 총 병력이 약 12만9,700명이었는데, 1876년에는 약 16만 명으로, 그리고 1881년이 되자 약 18만9,000명으로 급증하였다. 특히 인도 대반란(세포이의 항쟁, 1857~1859년)과 같은 반영(反英) 전쟁이 인도 전역에서 발생하여 인도 육군 주둔지의 강화 및 확대가 불가피하였던 것도 큰 요인으로 작용하였다. 반영 전쟁을 진압하고, 무굴제국을 멸망시키고, 인도를 지배하던 영국 동인도회사를 해산시킴과 동시에 인도 통치법을 제정하고, 빅토리아 여왕 시대에 인도를 직접 통치하는 방식으로 전환하면서 영국 본국에서 수많은 병사가 인도로 보내졌다.

19세기 후반이 되자 유럽 대륙에서 프랑스와 러시아가 해군력을 강화하기 시작하였기 때문에 영국 본토 방위를 강화하는 쪽으로 방침을 바꾸고, 육군의 해외 주둔지를 정리·축소하여 본국으로 이동시키는 등 국제 정세 변화에 따라서 병력의 위치를 적절히 변경하였다.

영국은 1848~1881년 사이에 적어도 35곳에 해외 주둔지를 건설하였다. 인도에만도 약 7만 명을 배치시켰는데, 봄베이(현 뭄바이)와 캘커타(현 콜카타) 등의 연안부뿐 아니라 내륙부에도 다수의 영국 병력을 주둔시켰다. 전 세계 규모로 해양을 지배하기 위해 영국은 육군의 해외 주둔지를 증설하지 않을 수 없었다.

석탄 공급기지를 전 세계에 확보

범선을 대체할 증기선이 19세기에 만들어져 영국 해군 군함도 증기기관을 탑재하는 시대를 맞이하자 연료가 되는 석탄의 확보와 저장이 큰 문제로 부상하였다. 영국은 다행히도 국내에 석탄이 풍부하게 매장돼 있어 석탄을 채굴하여 연료로 쓰기에 적합한 나라였다.

영국 정부가 해외에서 식민지를 경영하고, 증기기관을 탑재한 함정이 식민지를 방위함과 동시에 민간 상선의 항로를 지키는 시대를 맞이하자, 해외에서 석탄을 안정적으로 보급받는 것이 가장 중요한 과제로 급부상하였다. 이에 영국 정부는 19세기 말까지 전 세계에 약 160곳의 석탄 보급기지를 확보하였다. 석탄 보급기지에서는 500톤 이상의 석탄을 저장하도록 하였다(앤드루 포터 편저, 전게서).

이러한 석탄 보급기지에는 일본도 포함되어 여섯 곳(오타루, 하코다테, 앗케시, 요코하마, 고베, 나가사키)이 리스트에 올랐다. 앗케시는 제2차 세계대전 전에 일본 해군이 석유 연료 비축탱크를 설치해 두었던 곳이다. 영국 정부가 19세기 말에 이미 앗케시에 석탄 보급기지를 설치하였던 것을 생각해보면 그 선견성에 놀라지 않을 수 없다.

영국 해군은 함정에 탑재된 증기기관의 연소력을 높이기 위해 웨일스에서 생산된 석탄(웨일스 석탄 또는 카디프 석탄)을 사용한다는 방침을 세우고, 해외의 석탄 보급기지에도 영국 본국에서 웨일스 석탄을 운반해와서 저장해두었다. 영국 해군이 들르는 주요 석탄 보급기지에는 웨일스 석탄이 산처럼 쌓여 있었다. 이와 같이 영국 해군은 해양 패권을 계속 장악하기 위해 석탄 등의 연료 보급을 비롯하여 자기완결성(군대가 식량, 연료 등의 에너지, 통신, 이동 등의 생존 및 전략 행동 수행에 필요한 인프라를 스스로 마련하는 능력-역자 주)을 무척 중시하였다.

웨일스 석탄은 웨일스 남부에서 채굴되며, 석탄 출하항의 이름을 따서 카디프 석탄이라고도 불린다. 20세기 초반이 되면 웨일스의 도시 카디프는 세계 최대의 석탄 출하항으로서 이름을 떨치게 된다. 웨일스 석탄은 연소 효율이 좋고, 무연탄이라고 불리는 것처럼 검은 연기도 적게 발생하여 세계 최고 품질의 석탄 브랜드로 인식되었다. 당연한 이야기지만 가격이 상승하여 시장에서 블랙 다이아몬드라고 불릴 정도였다.

일본이 러일전쟁(1904~1905년)에서 러시아의 발틱 함대와 전투를 벌일 때 일본 해군이 사전에 웨일스 석탄을 대량으로 구입해

두어 연합 군대는 웨일스 석탄으로 증기기관을 움직여 기함 '미사카'를 출격시킬 수 있었다. 그런데 발틱 함대는 영국에서 웨일스 석탄을 구입하지 못하였다. 영국 정부가 허가하지 않아 발틱 함대는 품질 나쁜 석탄을 쓸 수밖에 없었다. 굴뚝에서 배출되는 검은 연기의 양이 방대하였던 탓에 함대가 거대한 검은 연기에 휩싸여 해상에서 시야가 늘 좋지 못하였다.

일본이 대러시아 전쟁을 단행하였을 때 영국은 일본에 여러 가지를 지원하였다. 기함 '미사카'의 제조, 연료용 웨일스 석탄 판매, 발틱 함대의 동향 정보 제공, 발틱 함대의 수에즈운하 통항 거부(이 때문에 발틱 함대는 남아프리카의 희망봉을 경유하여 인도양을 통항할 수밖에 없었고, 장병들은 전쟁이 시작되기도 전에 녹초가 되어버렸다) 등 일본 편에 서서 간접적으로 전쟁을 도왔다.

해저 케이블에 의한 정보 제국 – 눈에 보이지 않는 해양 패권

영국은 전신 해저 케이블(전선)을 부설함으로써 정보도 지배할 수 있었다. 해외에 해군 기지를 세우고 해군 기지를 지키기 위해 육군 주둔지를 병설함과 동시에 관민이 협력하여 영국 식민지를 전신으로 잇는 해저 케이블망을 19세기 말까지 완성하였다. 인텔리전스(정보, 첩보)의 중요성을 세계에서 제일 먼저 알았던 것이다.

오늘날의 전 세계 상황을 살펴보더라도 해저 케이블 접속 개수의 상위 그룹(2018년)을 보면 영국(55개), 미국(50개), 중국(43개),

일본(34개), 싱가포르(25개), 인도(22개), 프랑스(20개), 브라질(13개), 독일(12개), 오스트레일리아(10개) 순으로 영국에 연결된 해저 케이블 수가 압도적으로 많다. 물론 대규모 데이터 센터의 세계 점유율에서는 미국(40.2%)이 압도적인 강세를 보인다. 하지만 100년 전에는 데이터 센터가 존재하지 않았으며, 해저 케이블 접속 개수가 정보 허브를 나타내는 지표였다(「디지털 패권, 국가가 쟁탈[デジタル覇権 国家が争奪]」, 『니혼게이자이신문[日本経済新聞]』, 2018년 10월 29일 자 조간).

영국은 1997년 당시 세계에 부설된 해저 케이블(Submarine Cables)의 약 70%를, 그리고 1894년에는 약간 점유율을 낮추었다고는 하나 약 63%를 지배하였다. 해저 케이블을 통해 해양 정보 제국을 구축할 수 있었고, 말할 것도 없이 해양 패권을 더욱 강화할 수 있었다.

미국은 광대한 자국 땅에 육상 케이블을 부설하느라 바빴기 때문에 해저 케이블 부설은 영국에 맡겨버렸다. 미국이 해저 케이블이 필요할 때는 영국에서 케이블을 수입하였을 정도였다. 스스로 해저 케이블을 제조하게 된 것은 1920년대에 들어선 이후이다. 이유는 분명하지 않으나 프랑스와 독일은 해저 케이블 제조에 열을 올리지 않았으며, 두 나라도 하나부터 열까지 영국에 의존하였다.

또 북유럽에서는 덴마크가 해저 케이블 부설작업에 적극적으로 나섰다. 덴마크는 1869년에 그레이트노던전신회사(Great

영국계 케이블	‥‥‥ 미국계 케이블 등
----- 그레이트노던전신회사의 케이블	═══ 일본 케이블

전신 해저 케이블로 연결된 세계(19세기 후반)
(오노 데쓰야의 『통신의 세기』를 바탕으로 작성)

Northern Telegraph Company, 일본에서는 흔히 다이보쿠전신회사라고 부른
다)를 설립하고, 케이블 부설 작업선을 구태여 일본과 중국에 파
견하여 1871년에 블라디보스토크~나가사키~상하이 사이에 해
저 케이블을 부설하였다. 그런데 자금의 약 75%를 영국의 금융
기관이 제공하였고, 케이블도 영국제를 사용하였을 것으로 추측
된다.

그리고 이 전신회사는 후술할 영국의 ETC사와 경쟁하지 않는
지리적인 범위 내에서만 해저 케이블을 부설하였고, 최종적으로
ETC사의 테이블과 연결되어 영국 전 세계 케이블망의 일익을
맡게 되었다. 이와 같이 해저 케이블 부설에 있어서 19세기 후반
부터 20세기 전반까지는 영국이 독주하는 시대가 계속되었다.

영국 정부는 군용 통신과 식민지 경영이라는 전략적인 목적으로 해저 케이블 부설에 착수하였고, 한편 민간 기업은 이를 새로운 비즈니스 기회로 삼았다. 대부분의 해저 케이블은 민간 기업이 부설하였는데, 영국 정부는 해저 케이블 부설 허가·인가권을 쥐고 있었기에 영국 본토와 식민지를 흐르는 전신 내용을 극비리에 검열할 수 있었다. 전 세계의 주요 전신 정보가 영국 본토를 경유하도록 전신 구조를 구축하였기 때문에 영국은 해저 케이블을 통해 전달되는 전 세계의 상품 정보, 외교 기밀, 군사 기밀을 가장 먼저 손에 넣을 수 있었다. 당시에 검열은 해군과 육군 등의 소관이었다. 평소에는 어느 정도까지 검열하였는지 분명하지 않지만, 전시에는 틀림없이 활용하였을 것이다.

독점 기업, 이스턴전신회사의 등장

영국에서는 ETC사라고 불리는 이스턴전신회사(Eastern Telegraph Company, 1872년 설립, 사장은 존 펜더[John Pender])가 해저 케이블 사업을 거의 독점하였다. ETC사는 영국 정부와 긴밀한 관계를 구축함으로써 영국 식민지를 잇는 해저 케이블 사업을 독점할 수 있었고, 해저 케이블 사업은 영국 관민 연계사업의 대표적인 사례가 되었다.

존 펜더는 ETC사를 설립하기 전에 유럽에서부터 인도 지역까지를 지리적으로 분할하여 여러 개의 회사를 설립하고, 전신 케이블의 수익성과 기술적인 문제를 신중하게 관찰하면서 기업의 장래성을 내다보고 있었다. 1868년부터 1870까지 3년간 존 펜더 사장은 팰머스·지브롤터·몰타전신회사, 영국·지중해전신회사, 마르세유·알제·몰타전신회사, 지중해전신확장회사, 영국·인도해저전신회사 등 적어도 다섯 개 이상의 회사를 설립하였다.

이들 전신회사는 영국과 인도 식민지를 잇는 해저 케이블을 부설하고 관리·수리하는 일을 하였기 때문에 영국의 생명선과도 같았다(전신회사의 발전사에 관해 자세하게 알고 싶은 독자는 H. D. 헤드릭의 『눈에 보이지 않는 무기 ― 전신과 정보의 세계사 1851~1945』를 참고하길 바란다).

지리적으로 한정하여 전신회사를 설립하는 비즈니스 모델은 이미 16세기 엘리자베스 1세 시대에 고안되었다. 대략 300년의 역사를 지닌 비즈니스 모델이었다. 예를 들어 기업 하나의 실적이 악화되더라도 다른 기업에 악영향이 미치지 않는 구조로, 채산성이 낮은 기업은 폐쇄시켰고, 전체적으로 채산이 맞으면 기업을 통합하여 대기업으로 성장시켰다.

여기에서 탄생한 것이 거대한 ETC사였다. 펜더의 자금원은 맨체스터에서 성공한 면직물 제조업으로 거둔 수익을 거의 전액 투입한 것으로, 자기 자본이 핵을 이루었으며, 자본주의 사회가 무엇인지를 몸소 보여주었다

이리하여 영국에서는 정부와 함께 민간 기업 ETC사가 해양 패권 확립에 기여하였다. 관민이 연계함으로써 영국은 통신이라는 눈에 보이지 않는 또 하나의 해양 패권을 장악할 수 있었다.

전 세계가 영국을 경유하여 정보를 전달

해저 케이블이 지나는 각국에서는 각국 정부가 케이블 부설을 허가하는 대신에 정부가 케이블을 이용할 때 저렴한 가격으로 서비스(통신회사 측의 이익 감소)를 제공하도록 강제하였지만, 영국 정부는 이와 같이 저가로 서비스를 제공하라고 일절 요구하지 않았다. 영국은 세계 무역에서 자유무역의 기수로서 군림하였는데, 정보 세계에서도 마찬가지였다. 국제 전보를 해저 케이블로 송·수신할 때 영국을 경유하는 게 코스트가 가장 낮았지만, 대외적으로는 정부가 개입하지 않기 때문이라며 각국 전신회사는 안심하고 영국을 경유하는 전신을 이용하였다.

그래서 프랑스 전신회사조차 프랑스와 미국 사이에 해저 케이블을 부설할 때 모든 케이블을 해저에 부설하지 않고 가상 적국인 영국 본토를 경유하는 영국 국내의 육상 케이블(육상 전선=육선)을 이용하였다. 육선을 이용하면 고가인 해저 케이블 부설 비용을 대폭으로 줄일 수 있기 때문이다.

독일도 미국과 전신할 때 비용이 적게 드는 영국을 경유하거나, 프랑스를 경유하거나, 북유럽을 경유하여 전보를 보냈다. 프랑스도, 북유럽의 여러 국가들도 당초에는 영국을 경유하는 회선밖에 가지고 있지 않았기 때문에 유럽에서 미국으로 보내는 전신은 거의 영국을 경유하였고, 영국 정부는 극비리에 전보 내용을 검열할 수 있었다.

예를 들어 제1차 세계대전 중에 독일의 치머만(Arthur Zimmermann) 외무장관이 멕시코 정부에 전보를 보내 대미국전 참전을 타진한 극비 전보의 경우, 영국의 해저 케이블을 통해 송신되었기 때문에 모든 영국계 해저 케이블을 검열하던 영국 정부가 이를 알게 된 것이다. 영국 정부가 인텔리전스의 중요성을 일찍부터 알고 있었음을 보여주는 좋은 예이다. 영국은 미국 정부에 치머만 극비 전보를 건넴으로써 대독일전에 참전하도록 선동하는 데 성공하였다.

이때 영국은 교묘하게도 멕시코 전보국에서 극비 전보가 유출되었다는 가짜 뉴스를 퍼뜨리고, 영국 정부가 케이블 전신을 비밀리에 확인하고 있음을 끝까지 은폐하는 고도의 인텔리전스 비법을 구사하였다. 이러한 식으로 영국 정부는 해저 케이블을 이용하여 정보 제국을 조용하게 그리고 은밀하게 구축해나갔다(제 3장 참조).

해저 케이블로 연결된 일본

모스 전신기가 처음으로 일본에 들어온 것은 1854년이다. 미국 해군의 페리 제독이 '개국' 압박을 하기 위해 흑선을 타고 일본에 왔을 때 막부에 헌상하였다. 일본이 전신으로 영미와 연결된 것은 그로부터 18년 후인 1872년이었다.

영국과 프랑스가 양국 사이에 부설된 해저 케이블로 전신을 시작한 것은 1851년이고, 그로부터 15년 후인 1866년에 영국과 미국은 대서양 해저에 부설된 전신 케이블로 연결되었다. 일본에 해저 케이블이 처음으로 부설된 것인 1871년, 그리고 일본이 영국과 전신으로 연결된 것은 이듬해인 1872년이다. 일본의 개화기라고 할 수 있는 메이지 시대 원년(1868년)부터 4년 만에 도쿄가 런던과 전신으로 이어진 것이다.

일본에 해저 케이블을 부설한 것은 앞서 언급한 덴마크의 전신 회사 그레이트노던이다. 어째서 덴마크 기업이 해저 케이블 사업에 참여하였을까? 덴마크인 은행가와 해군 장교가 의기투합하여 기업을 설립하고 국위를 선양하기 위해 극동아시아에 해저 케이블을 부설할 구상을 하였다고 한다. 블라디보스토크~나가사키~상하이의 세 곳을 해저 케이블로 연결할 계획을 세우고, 영국 금융기관을 간신히 설득하여 겨우 착공하기에 이르렀다. 일본에서 런던으로 보내는 전신은 상하이를 경유하는 남쪽 루트와 블라디보스토크를 경유하는 북쪽 루트의 두 계통이 운용되었다.

만일을 위해 자금원을 조사해보니 전술한 바와 같이 영국 금융 자본이 총 공사비용의 약 75%를 부담한 것으로 드러났다. 배후에 영국 자본이 있는 것으로 판명난 것이다. 하물며 영국의 독점 기업체 ETC사와 경합하지 않기 위해 ETC사의 구역을 침범하지 않았다. 다소 듣기 좋은 표현은 아니지만, 영국인 입장에서 덴마크 기업은 영국의 하청업자 같은 존재였던 듯하다.

이 시대에는 차례로 여러 가지 기기가 발명되었다. 스코틀랜드 출신 영국인이며 나중에 미국 국적도 취득한 알렉산더 그레이엄 벨(Alexander Graham Bell)이 전화를 발명한 것은 1876년으로 필라델피아 만국박람회에 출품하여 세계적으로 주목을 받았다. 이탈리아인 발명가 굴리엘모 마르코니(Guglielmo Marconi)가 무선통신 실험에 성공한 것은 1855년이다. 교통수단 분야에서는 증기선(1807년)과 증기기관차(1814년)가 발명되었다. 19세기는 시민혁명의 시대임과 동시에 발명의 세기였다.

이러한 발명의 시대에 전 세계를 해저 케이블로 연결함으로써 영국은 인텔리전스의 해양 패권을 장악할 수 있었다.

대영제국의 해군 규모

영국의 역사는 해적의 역사이기도 하다. 앞서 언급한 바와 같이 16세기에는 대국 스페인의 무적함대를 상대로 게릴라전을 펼쳤고, 강풍 등의 기상 변화를 자기편으로 만들어서 승리를 거두었다. 17세기에는 무역 경쟁의 라이벌 네덜란드와 영국·네덜란드 전쟁을 벌였고 네덜란드를 피폐시킴으로써 해양 패권을 거머쥘 전환점을 만들었다. 18세기부터 19세기까지는 대국 프랑스와 전쟁하여 모조리 승리하였고, 해양제국으로서의 패권을 확립해나갔다. 유럽 국가와 전쟁을 벌일 때마다 해군 규모가 확대되어 해양 대국을 뒷받침하였다.

해양 패권을 확립한 19세기의 함정 수(취역 중)를 살펴보면 1848년에 135척, 1875년에 241척, 그리고 1898년에 287척으로 증가 추세를 보인다. 이들 함정에는 당시 기준에서의 대형 범선 전투함도 포함되고, 운송용으로 배치된 다수의 소형·중형 범선도 포함된다. 모두 전투함이었던 것은 아니다. 실전에서 최전선에 배치되는 전투함은 1848년 17척에서 1875년에 20척으로 조금 증가하였고, 그리고 1898년에는 52척으로 급속하게 증가하였다(앤드루 포터 편저, 전게서).

19세기 중엽이 되자 범선에 증기기관(석탄 연료)을 탑재한 증기 군함이 등장하였다. 막부 시대 말기에 일본에 개국 압박을 한 미국 해군의 페리 제독이 이끈 '흑선' 함대가 그야말로 증기 군함으로 편성된 것이었다. 증기기관의 연료는 당초에는 석탄이었지만, 20세기가 되자 석유(중유)를 연료로 쓰는 엔진을 탑재한 군함이 등장하였다. 해군의 에너지 혁명이다.

군사 정책으로서의 해양 패권과 이국표준주의

19세기 후반이 되자 프랑스, 독일, 러시아 등의 유럽의 중핵 국가 가운데 영국 해군에 단독으로 맞붙을 수 있는 군사력을 가진 나라가 없었다. 영국은 명실상부한 해양 대국이 되었다. 하지만 권모술수가 소용돌이치는 유럽 대륙에서 장차 어떤 일이 벌어질지 알 수 없다는 불안이 영국 해군 당국의 뇌리에는 늘 있었다.

영국은 해양 패권을 확실시하기 위해 1889년에 '이국표준주의(Two-Power Standard)'라는 새로운 정책을 도입하였다. 이국표준주의란 영국을 세계 제1위의 해군 파워로 규정한 후, 제2위와 제3위의 해군 파워를 가상 적국(제2위는 프랑스, 제3위는 러시아)으로 파악하고 두 나라의 해군 파워를 합한 것보다 영국 단독의 해군 파워가 우위에 있어야 한다는 원칙이다.

다시 말해 영국 본토를 둘러싼 해양 안전보장의 지리적 공간, 즉 북해, 도버해협, 영국해협, 대서양의 제해권을 확보하고, 영국과 해외 식민지를 잇는 해상 무역 루트를 방위하기 위해 고안해낸 해군 정책이다.

이러한 발상은 유럽 대륙의 복잡한 동맹 관계와 적대 관계를 직시하고 대륙의 국가들이 갑자기 적대국이 될 리스크를 고려하였을 때 영국에 위협이 될지 그렇지 않을지는 불확실성으로 가득하다는 위기감에 기초한다.

이국표준주의 해군 정책을 도입한 후 영국 해군은 1898년 시점에서 52척의 전투함을 포함하여 287척의 함정을 보유하는 세계 제1위의 해군 대국으로 도약하였다. 어떤 나라하고 동맹 관계를 맺지 않고도 영국은 단독으로 대영제국을 지킬 수 있다고 확신하였고 '광영에 빛나는 고립'을 즐겼다.

하지만 '광영에 빛나는 고립'은 그리 오래가지 않았다. 프랑스가 군비를 확장한 데다 제정 러시아가 해군 군사력을 강화하였기 때문에 영국이 해외에 보유 중이던 식민지가 위협을 받게 되었다. 러시아 제국은 부동항을 찾기 위해 남하정책을 펼쳤기 때문에 영국이 이권을 가진 중국 대륙, 인도·아시아대륙, 중동·아랍 지역이 위협받는 것은 시간문제라고 영국 정부 당국자는 확신하였다.

러시아의 위협을 경감시키고 러시아와의 직접적인 군사 대결을 회피할 수단으로서 영국은 1902년에 일본과 군사 동맹인 영·일 동맹을 체결하였다. '광영에 빛나는 고립' 정책을 포기하고 영·일 동맹을 체결함으로써 중국 대륙에 대해 갖고 있던 영국의 이권을 일본과 공동으로 지킬 수 있게 되었다.

그로부터 2년 후에 일본은 러시아와 러일전쟁을 하게 되었다. 전술한 바와 같이 전쟁 날 것을 예측한 영국은 일본에 융자해주기로 결정하고 일본의 해군력을 강화시켰고, 발틱 함대를 비롯한 러시아군에 관한 인텔리전스를 일본에 제공함으로써 러일전쟁에서 일본을 승리로 이끌었다. —이것이 영국의 전략이었다.

동해 해전에서 일본 해군이 러시아의 발틱 함대를 파멸 상태로 몰아넣은 결과, 러시아는 미국의 평화 조정과 패배를 받아들였다. 발틱 함대가 실질적으로 소멸함으로써 영국 해군을 위협하는 북방의 위협 요소가 사라졌고, 러시아의 남하정책에 제동이 걸렸기 때문에 영국은 해양 패권이 견고해진 줄 알았다.

도전국 독일의 등장

그런데 유럽 대륙에서 영국에 호기롭게 도전한 나라가 나타났다. 빌헬름 2세(Wilhelm II)를 군주로 섬기는 독일이 해군력 강화를 국가 정책으로 내걸고 강철제 대형 군함을 제조하여 해양 패권을 잡으려 하였다. 영국은 독일의 위협에 대비하기 위해 1906년에 대형 주포(군함이나 전차에 장치한 포 가운데 가장 위력이 큰 포-역자 주)만 싣고 부포(주포보다 작은 중소 구경의 속사포-역자 주)는 싣지 않은 세계 최대 규모의 강철 군함 '드레드노트'를 만들었다(제3장 참조). 독일도 영국을 따라서 대형 군함을 제조하기 시작하였고, 1909년 무렵이 되자 영국과 독일의 해군력 경쟁이 격화되는 양상을 보이면서 영국과 독일이 전쟁을 벌일 거라는 소문이 돌기 시작하였다. 이러한 연장선상에서 제1차 세계대전이 터졌다.

영화《타이타닉》을 통해 잘 알려진 영국의 대형 호화 여객선 '타이타닉호'가 영국 남부의 사우샘프턴항에서 출항하여 프랑스의 항구도시 셰르부르에 들른 후 대서양을 횡단하여 미국으로 향하던 중에 바다 위에 떠 있던 빙하에 부딪쳐 침몰한 것이 1912년 4월이다. 그야말로 강철제 대형 함선을 제조하는 것이 20세기 초반의 세계적인 추세였다.

독일도 이러한 추세를 따랐기 때문에 영국은 아이러니하게도 이국표준주의를 유지하기 힘들어졌고 해양 패권도 위협받게 되었다. 여태까지 영국이 보유하고 있던 구형 범선 군함과 증기 군함이 다소 과장되게 말하면 하룻밤 새에 무용지물이 되었기 때문이다.

영국과 독일의 군함 경쟁이 격화되는 가운데 1909년에 영국 해군은 독일 해군에 관한 인텔리전스를 수집하기 위해 비밀정보국을 극비리에 설립하였다. 비밀공작원 제임스 본드가 활약하는 이언 플레밍(Ian Lancaster Fleming) 원작의 스파이 영화 《007》 시리즈를 보면 비밀 첩보기관 M16을 무대로 영국이 대외 공작 활동을 펼치는 모습이 담겨 있는데, 바로 이 기관의 전신이다.

영국과 독일은 자국을 둘러싼 해양의 지리적인 공간에서 우월한 지위를 차지하는 것을 기본 정책으로 삼고 해군력 강화에 심혈을 기울였다. 그 결과, 제1차 세계대전에서 양국의 해군이 충돌하였다.

대형 해운회사 P&O와 커나드

영국이 19세기에 해양 패권을 확립할 수 있었던 것은 오로지 해군력만 뛰어나서가 아니다. 민간 기업이 전 세계적으로 활약하여 영국 중심의 해양 경제 인프라가 구축되었기 때문이다. 앞서 나온 해저 케이블이 그러하였던 것처럼 외국과의 정기 항로는 민간 기업이 담당하였다. 지리적인 관점에서 해양 공간을 파악하고 영국 정부가 민간의 대형 선박회사와 연계하여 해양을 지배하는 구조는 19세기에 정점을 찍었다.

19세기는 범선에서 증기선으로, 목조 범선에서 스틸제 함선으로, 목조와 스틸을 병용한 함선, 증기선에서도 외륜(패들)을 움직이는 외륜선, 같은 증기선이라도 외륜을 없애고 스크루로 이행한 스크루선으로 대전환이 일어났다.

시대의 최첨단을 달리는 것은 어느 시대에나 민간 기업이다. 영국에서는 대형 선박회사 P&O와 커나드가 그 대표 격이었다. 대기업은 자본금도 있고 독재적으로 경영하는 경우가 많아서 경영 판단이 빠르다. 하지만 경영 판단을 자칫 잘못했다가는 도산하는 쓰라림을 겪어야 하지만, 시대를 앞서 내다본 자만이 해양 시장을 지배할 수 있는 기회를 잡았다.

스코틀랜드 출신의 영국인 발명가 제임스 와트(James Watt)가 개발한 증기기관을, 미국인 화가 겸 발명가 로버트 풀턴(Robert Fulton)이 응용하여 하천용 증기선을 제조하였고, 이 증기선을 외양 항로에서 활용한 것이 영국의 선박회사였다.

증기선에 의한 안정적인 해상 운송이 전 세계에 확충됨으로써 경제 활동이 더욱 가속되었고, 이는 영국의 해양 패권 강화로 이어졌다. 특히 영국 정부가 우편 수송 업무를 위탁한 두 대형 해운회사에는 거액의 보조금이 지급되었고, 말할 것도 없이 영국 해양 네트워크는 견고해졌다.

영국 정부는 19세기 후반에 2대 민간 해운회사로 유명한 P&O(Peninsular and Oriental Steam Navigation Company의 약칭, 1837년 창업) 및 커나드(Cunard, 1839년 창업)와 우편 수송 계약을 체결하고, 거액의 보조금을 제공하여 외양 정기 항로를 확충하였다. 영국의 특기인 구역 분리를 하여 커나드에는 대서양 항로를, P&O에는 지중해부터 동인도(인도양~남중국해~동중국해~태평양)까지의 항로를 담당케 하였다.

영국 정부는 두 회사에 보조금을 지급하여 기업 경영을 안정시킴과 동시에 유사시에는 병력과 군사물자 수송 등의 전쟁 임무에 협력하는 형태로 전쟁 수행의 톱니바퀴가 되는 중요한 역할을 맡겼다. 하지만 좋은 일만 있었던 것은 아니다. 공무원과 병사, 나아가 선교사가 승선할 때는 할인 요금이 적용되었기 때문에 두 회사는 수익 면에서 압박을 받기도 하였다. 또 20세기에 발발한 두 차례의 세계대전으로 많은 선박을 잃는 등의 비애도 겪었다.

수에즈운하 건설을 둘러싼 암투

19세기 해양 패권을 이야기하기에 앞서 수에즈운하 개통에 관해 이야기하지 않을 수 없다. 지중해와 홍해를 연결하는 수에즈운하는 세계 무역에 혁명을 일으켰다. 희망봉(케이프타운)을 경유할 때보다 항로를 약 8,000km 단축할 수 있기 때문이다. 수에즈운하 건설과 개통에 지정학적으로 영국 정부가 어떻게 관여하였는지를 분석해보겠다.

수에즈 지협부는 전체 길이 약 163km, 현재는 남북의 진입 용수로까지 포함하면 약 195km이다. 이 장대한 운하가 완성됨으로써 유럽 대륙에서 인도로 가는 원양 항해의 최단 루트가 19세기에 탄생되었다. 운하 구상을 주도한 프랑스의 전 외교관 페르디낭 드 레셉스(Ferdinand Marie Vicomte de Lesseps, 1805~1894년)가 굴착을 시작

수에즈운하와 철도
(고이케 시게루, 와쿠다 야스오, 아오키 에이치 편저
『철도의 세계사』를 바탕으로 작성)

한 1859년부터 딱 10년째 되는 해인 1869년 11월 17일에 운하가 완성되었다. 2019년은 수에즈운하 개통 150주년이 되는 해였다.

레셉스는 개인적으로 이집트 지역 유력자와 손잡고 수에즈운하 건설을 추진하였고, 영국과 유럽 각국에 자금 협력을 요청하였지만 원만하게 잘 이루어지지 않았다. 최종적으로 프랑스 정부로부터 전면적인 자금 협력을 받아서 마침내 완성할 수 있었다.

누구나가 그의 건설안을 환영하였을 듯하지만, 실제로는 그렇지 않았다. 프랑스와 견원지간이던 영국은 레셉스의 건설안에 냉담하였을 뿐 아니라 파머스턴 총리(재임기간은 1855~1858년과 1859~1865년)는 영국 정부를 움직여 건설안을 백지화하기 위한 외교를 펼치기까지 하였다.

영국 정부가 거듭하여 방해공작을 벌였음에도 운하가 완성되자,

이번에는 태도를 180도로 바꾸어 벤저민 디즈레일리(Benjamin Disraeli) 총리(재임기간은 1868년과 1874~1880년)가 수에즈운하를 매수하려고 나섰다. 1875년에는 수에즈운하회사 주식의 절반을 매수하여 가장 많은 주식을 보유하던 프랑스 정부를 제치고 영국 정부가 하룻밤 사이에 가장 많은 주식을 보유한 대주주로 올라섰다.

이때 유대인의 피를 이어받은 디즈레일리 총리가 국고가 아니라 독일 출신 유대인 금융 자본가로 런던 금융계에 군림하던 라이오넬 드 로스차일드(Lionel de Rothschild, 창업자 네이선 메이어 로스차일드의 장남)로부터 400만 파운드(전체 주식의 44%)를 빌려 주식 매수 비용으로 충당하였다.

로스차일드가 제공한 극비 정보

애당초 수에즈운하 주식이 대량으로 매각될 것이라는 극비 정보를 디즈레일리 총리에게 은밀하게 제공한 사람이 로스차일드였다.

이집트 부왕(Viceroy, 일반적으로 부왕[副王]이라고 번역하지만 원수[元首]의 지위가 형식적인 경우에는 실질적인 국왕이다) 사이드(Said Pasha)는 운하 완성을 보지 못하고 1863년에 세상을 떠났고, 후계자 이스마일 파샤(Ismā'īl Pasha)가 부왕으로 취임하였다. 이스마일 파샤는 근대화 노선을 추진하였지만, 재정이 궁핍하여 순식간에 파탄 상태에 빠졌다. 운하가 완성되지 않아 선박한테 징수해야 할 통항 수수료를 받지 못한 것과 공공 투자에 막대한 돈을 투자한 것이 주원인이었다.

벤저민 디즈레일리

　이러한 상황을 개선하기 위해 이스마일 파샤가 생각해낸 유일한 해결책은 수에즈운하회사의 보유 주식 전부를 매각하는 것이었다. 이 극비 정보를 손에 넣은 사람이 로스차일드였다. 정보를 제패하는 자가 세계를 제패한다고 믿는 로스차일드가 사전에 이집트 왕가에 정보망을 펼쳐두었기 때문이다.

　프랑스가 이 비밀 정보를 알게 되면 이집트 왕가가 보유하는 주식을 매점하여 수에즈운하를 완전히 지배하는 것이 가능해지고 그러면 영국의 해양 패권이 위협받을 위험성이 있다고 로스차일드는 디즈레일리 총리에게 말하였다. 그렇다고는 하나 영국 정부도 국가 예산이 여유롭지 않았기 때문에 즉시 현금으로 수에즈운하 주식을 살 수는 없었다.

　이에 디즈레일르 총리가 생각해낸 기발한 아이디어가 정보원 로스차일드로부터 전액을 대출받아 이집트 왕가가 내놓은 주식을 모조리 구입하는 것이었다. 총리한테 거액을 융자해줄 수 있는지 여부를 타진받은 로스차일드가 융자 조건으로 영국 정부 전체를 담보로 걸라는 예상 밖의 답변을 하였다는 일화가 전해 내려온다.

세계 최초의 국제 운하

주식을 보유함으로써 프랑스 정부와 운하를 공동 관리하기에 이를 만큼 권한이 커진 영국 정부는 이집트에 자신들의 지반을 확실하게 다졌다. 1882년이 되자 영국 정부는 이집트 국내에서 발생한 반란을 제압하기 위해 파병을 하였고, 수에즈운하를 지키기 위해서라는 명목으로 영국병을 주둔시켜 실질적으로 이집트를 지배하에 두었다.

그 후의 추이를 간단하게 언급하고 넘어가자면, 오스만제국의 콘스탄티노플(현 이스탄불)에서 1888년에 '수에즈 국제 운하 자유 통항'이라는 주제로 국제회의가 열렸고, 국제 운하로서 전시인가 평상시인가를 불문하고 모든 국가의 선박이 자유롭게 통항할 수 있도록 하자는 콘스탄티노플 조약이 조인되었다.

이 조약에 의해 세계 최초의 국제 운하가 탄생하였다. 이 순간에 새로운 해양 규칙, 해양 질서가 유럽의 대국 사이에 생겨났다. 이 전례를 따라서 태평양과 대서양을 잇는 파나마운하(1914년 개통)도 국제 운하로서 함선에 개방되었다.

본 조약에 참가한 국가는 오스만제국(이집트의 종주국), 영국, 프랑스, 네덜란드, 독일, 오스트리아·헝가리, 이탈리아, 스페인, 러시아의 9개 국가로, 유럽의 주요 국가가 조인하였다. 하지만 영국 정부는 영·프랑스 협상(1904년)을 할 때까지 본 조약을 비준하지 않았다. 영국에 수에즈운하는 전략적인 가치를 지닌 것이어서 무조건적으로 운하를 모든 국가에 개방하는 것을 망설였기 때문이다.

이를 해결하기 위해 프랑스와 외교적인 거래를 하고 영·프랑스 협상에 조인한 것이다. 영·프랑스 협상은 식민지 분할을 상호 승인한 조약이다. 영국은 이집트에서 우선권을, 프랑스는 모로코에서 우선권을 가진다는 것에 대해 서로 승인하였다. 군사 대국으로 부상 중인 독일에 대항하여야 한다는 공통된 인식이 영국과 프랑스 두 나라에 있었기 때문이다.

제1차 세계대전이 발발한 1914년에는 이집트의 종주국 오스만제국이 독일 진영(영국의 적국)에 참가하였기 때문에 영국 정부는 이집트를 보호국으로 삼겠다고 오스만제국에 통고한 후 프랑스의 영향력을 일소하고 해양 패권을 계속 장악하기 위해 손을 썼다.

수평선이 펼쳐진 수에즈운하

수에즈운하가 개통됨으로써 유럽 대륙에서 인도로 가는 해양 항해의 최단 루트가 완성되었다. 여태까지 유럽 대륙에서 인도로 가는 항해 루트는 대서양을 남하하여 남아프리카의 영국령 희망봉(케이프타운)을 경유한 다음 인도양을 북상하는 루트밖에 없었는데, 수에즈운하가 개통됨으로써 항해 일수가 대폭 단축되었다. 개통 당시 시점에서도 항해 일수가 약 60일이나 단축되었기 때문에 수에즈운하가 무역의 대동맥이 될 것은 자명한 일이었다.

필자가 일본 해상자위대의 원양 연습 항해에 참가하였을 때 연습함 '가시마(TV-3508)'에 승선하여 눈부신 햇살이 쏟아지는 아름다운 지중해 쪽에서 수에즈운하를 통과하는 경험을 할 기회를 얻은 적이 있다. 밤의 장막이 내린 야경이 아름다운 항구도시 포트사이드 앞바다에서 닻을 내리고 지나갈 순서를 기다렸다. 운하 통과는 선단을 짜고 함선을 그룹으로 만들어 타임 스케줄에 따라 순차적으로 통과하는 방식으로 이뤄지며, 함선이 언제든지 자유롭게 지나다닐 수 있는 것은 아니다.

승선해보고 처음으로 안 사실인데, 수에즈운하를 지날 때는 군함이 먼저 지나가고 민간 상선이 그 뒤를 따른다. 그러고 보니 1869년에 개통하였을 때도 프랑스 해군 소속 임페리얼 요트(증기선과 범선의 중간 형태인 기범선으로 로열 요트라고도 한다)가 선두를 끊었다. 이때부터 군함을 선두로 통행하는 관습이 맥맥히 이어져 내려오고 있다.

운하를 통과할 차례가 되자 포트사이드에서 소형 연락선을 탄 이집트인 수로 안내원이 앞바다에서 대기 중이던 가시마함에 승선하여 함교(브리지)를 차지하고 안전하게 운항할 수 있도록 지휘하였다. 안전 운항을 위해 빼놓을 수 없는 과정이며, 함정이 운하를 통과할 때는 언제나 이렇게 한다고 한다.

운하는 놀라울 정도로 수평이었다. 가시마함은 천천히 해협을 통과하였고, 파도 한번 일지 않았다. 파나마운하와 같은 급격한 단차가 없었다. 멀리 떨어진 곳은 고온다습한 기후로 발생한 엷은 연무에 감싸여 시야가 좋지 않았다.

지중해 쪽에서 운하로 들어서면 진행 방향 왼쪽의 사막 지대에서는 자동소총을 든 군인이 상시 경비를 서고 있고, 마을로 보이는 것은 눈에 띄지 않는다. 반대쪽인 오른쪽에는 중간중간에 마을이 있는데 이집트인의 생활권임을 알 수 있다. 일본 정부의 지원으로 건설된 일본·이집트 우호교(2001년 완공)를 지난 다음에도 그야말로 단조로운 풍경이 계속 이어지다가 갑자기 홍해가 눈앞에 나타났고, 운하 통과 여행은 그렇게 끝났다.

영국의 속내

수에즈운하와 관련하여 영국의 상반된다고도 할 수 있는 대응, 즉 수에즈운하 건설을 강력하게 반대했으면서 준공 후에는 손바닥 뒤집듯 매수에 나선 이면에는 다음과 같은 두 가지 이유가 있다.

첫 번째 이유는 16세기부터 열심히 만들어온 희망봉을 경유하는 항해 루트가 무의미해질 것에 대한 저항감 때문이고, 두 번째 이유는 경쟁국 프랑스가 중동·아랍권에서 영향력이 커져 영국의 해양 권익이 침해될 것에 대한 우려 때문이다. 잠시 시간을 되돌려서 그 즈음의 사정을 살펴보겠다.

수에즈운하가 개통되기 전에는 유럽 제국에서 인도로 가는 원양 항해 루트는 아프리카 남부의 희망봉을 경유하는 전통적인 무역 루트(대서양~인도양)밖에 없었으며, 최대 수익자는 항로를 지배하던 영국이었다. 항해 일수가 길기 때문에 수송 일수를 단축하기 위해 연구를 거듭한 끝에 이집트 사막을 횡단하는 육상 운송 방식이 고안되었다.

육로로 수송하기 위해서는 여러 마리의 낙타가 동원되었고, 항구에서 하역작업을 할 때는 아프리카코끼리가 이용되었다. 한편의 이야기처럼 이국정서 넘치는 낙타 캐러밴(Caravan, 대상[隊商])이 태양이 작열하는 험난하고 긴 사막을 걸었다. 캐러밴을 이용한 지중해에서 홍해로의 육송에서도 최대 수익자는 영국이었다.

1850년대가 되자 육송 수단은 낙타를 이용한 전통적인 수송 형태에서 철도를 달리는 증기기관차로 진화하였다. 영국은 사막을 횡단하는 철도 노선(알렉산드리아항~카이로~수에즈항)을 깔았다. 알렉산드리아항에서 카이로로 가는 일부 구간이 1854년에 개통되었고, 그로부터 몇 년 후에 수에즈항까지 철도가 증설되었다.

화물을 선박으로 지중해에 면한 알렉산드리아항까지 해상으로 운송하고, 거기에서부터 철도로 카이로를 경유하여 홍해에 면한 수에즈항까지 수송하고, 그리고 수에즈항에 정박 중인 동인도회사의 선박에 화물을 옮겨 실은 후 인도 방면으로 향하는 루트였다.

영국에서 증기기관차 철도를 1830년에 개통한 사람은 조지 스티븐슨(George Stephenson, 1781~1848년)인데, 그의 아들 로버트 스티븐슨(Robert Stephenson, 1803~1859년)은 증기기관차를 해외에 수출하는 사업을 시작하였다. 이집트 철도 부설계획에도 참가하여 본국 영국에서 고가의 스티븐슨사 제작 증기기관차를 가져갔다. 이리하여 이집트 철도 건설에는 영국 관민이 함께 참여하게 되었고, 중동 지역에 대한 영국의 영향력은 확실하게 커졌다.

이 철도 사업이 드디어 궤도에 오르려는 차에 수에즈운하 건설계획이 부상하였다. 만약 운하가 개통되면 영국의 철도 노선은 무용지물이 되어버린다. 영국에서 가져온 증기기관차와 객차도 무의미해져버리고 큰 손해를 입게 된다. 철도 사업 등의 기득 권익이 없어질 수 있다는 측면에서 영국은 수에즈운하 건설에 반대했던 것이다.

프랑스의 위협

두 번째 이유는 프랑스의 존재였다. 수에즈운하 건설계획을 강력하게 추진한 것이 경쟁국이자 때로는 가상 적국이기도 한 프랑스라는 점이 영국을 강하게 자극하였다. 한편 프랑스 정부는 일찍부터 영국의 해양 패권이 몹시 불편하였다. 그 때문에 수에즈운하 건설을 자국의 지배력을 확대하고 영국의 해양 패권을 와해시킬 좋은 기회로 보았다.

프랑스의 정치적인 의도를 저지하기 위해 영국 정부는 각국을 설득하여 자금 투자에 협력할 뜻을 단념시키는 등 다양한 외교적인 노력을 기울였다. 물론 국내 의견이 하나로 일치된 것은 아니었다. 운하 건설 찬성파도 있었지만, 영국 정부는 끝까지 반대하는 입장을 관철하였다.

　최종적으로 프랑스 정부가 최대 스폰서로 나섰고, 운하 건설은 1859년에 착공되어 1869년에 개통되었다. 운하 개통 기념식전이 열렸고, 이때 최초로 운하를 통과한 배는 앞서 언급한 프랑스 해군 소속의 임페리얼 요트(기범선)였다.

레셉스의 꿈

　수에즈운하 개통은 프랑스의 전 외교관 페르디낭 드 레셉스의 꿈같은 이야기에서 시작되었다. 그는 외교관 집안에서 태어나 중동 지역을 널리 여행하였고, 특히 부친의 부임지 이집트에 많은 애착을 가지고 있었다. 부친과 마찬가지로 외교관이 된 레셉스는 결국 이집트에 주재할 기회를 얻었고, 그때 한 권의 보고서를 읽고 영웅 나폴레옹 보나파르트(Napoleon Bonaparte)가 수에즈운하 건설계획을 구상하였음을 알게 되었다. 이는 수에즈 지협에 운하를 건설하여 지중해와 홍해를 잇는 장대한 계획이었다. 레셉스는 유럽 각국을 돌며 자금을 조달하고, 기술자를 고용하고, 온갖 고생을 다한 끝에 수에즈운하를 개통시켰다. 오늘날의 말로 표현하자면 일종의 코디네이터로서 자금과 기술자를 모으는 활동을 한 것이다. 특히 영국에는 문턱이 닳도록 드나들었지만, 보기 좋게 거절당하였고 교섭은 열매를 맺지 못하였다.

　당시 이집트는 종주국 오스만제국에서 반독립한 상태(형식적으로는 오스만제국의 일부지만 실질적으로는 이집트인 왕이 통치)였으며, 실질적으로는 무함마드 알리(Muhammad Ali Pasha) 일족이 지배하고 있었다. 그의 아들 사이드 파샤(Said Pasha)가 1854년에 부왕으로 취임하자 사이드와 친분이 있던 레셉스가 운하 건설을 제안하였고, 순조롭게 사이드로부터 운하 개착 허가를 받아낼 수 있었다. 유소년 시절의 사이드에게 레셉스가 승마를 가르친 것을 계기로 인연을 계속 이어오고 있었다.

이리하여 운하 굴착사업을 맡을 만국수에즈해양운하회사(통칭 수에즈운하회사)가 1858년에 설립되었다. 지중해 쪽의 입구에 위치하는 항구도시 포트사이드는 운하를 건설하겠다고 결단 내린 이집트 부왕 사이드의 이름에서 유래한 것이다.

유럽 각국에서 자금을 조달하고, 꿈의 수에즈운하를 건설하겠다고 의욕을 불태우며, 두 사람은 수에즈운하회사를 설립하였다. 하지만 영국 정부는 주식 취득을 거부하였을 뿐 아니라 운하 건설에 강력하게 반대하였고, 오스만제국에도 손을 써 운하 계획을 좌절시키려고 획책하였다.

이에 프랑스를 제외한 유럽 국가들은 주식 취득에 소극적인 자세를 취하게 되었고, 최종적으로 이집트 부왕이 주식의 44%를 보유하는 형태로 수에즈운하회사는 출범하였다. 어째서 영국이 수에즈운하 건설을 이렇게까지 반대하였는가는 전술한 바와 같이 영국의 권익이 위협받기 때문이었다.

아내가 먼저 세상을 떠나 독신이던 64세의 레셉스는 운하가 개통된 직후에 자신보다 마흔세 살이나 어린 여성과 재혼하여 89세에 사망할 때까지 12명의 아이를 낳았다. 만년에는 파나마운하를 건설하기 위해 동분서주하였는데, 많은 작업원이 열대병에 걸렸고 지형적으로도 어려운 공사였던 탓에 공사기간이 늘어나 거액의 채무를 졌고, 그가 사장 자리를 맡고 있던 파나마운하회사는 도산하였다.

매킨더의 지정학

영국이 해양 패권을 확립한 19세기 후반에 등장한 옥스퍼드대학교 교수이자 나중에 보수당 정치인이 된 해퍼드 매킨더(Halford Mackinder, 1861~1947년)에 대해 이야기하고 싶다. '지정학의 아버지'라 불리는 매킨더는 지리학을 정치, 역사, 문명의 관점에서 종횡무진으로 의견을 개진한 최초의 지리학자인데, 강연록과 저서에 한해서만 보면 '지정학'이라는 말을 한 번도 사용한 적이 없다. 어디까지나 후대의 연구자와 신문기자가 매킨더를 '지정학의 아버지'라고 표현한 듯하다.

"동유럽을 지배하는 자는 하트랜드를 제패하고, 하트랜드를 지배하는 자가 세계섬을 제패하고, 세계섬을 지배하는 자가 세계를 제패한다."—매킨더가 20세기 초반에 남긴 유명한 말이다. 하트랜드란 세계의 심장부를 의미하며, 당시 상황을 되돌아보면 유라시아 대륙의 중앙부를 지칭한다. 세계섬이란 유럽과 아프리카를 합하여 지칭한 말로, 유럽과 아프리카 역시 대륙임에도 구태여 '세계섬'이라고 표현하였다. '섬나라' 영국을 중심으로 보고 여타 세계를 섬으로 파악한 것이다.

영국은 아프리카를 식민지로 지배하였고, 이집트의 수에즈운하를 매수하여 세계 무역의 대동맥을 장악하고 있었기 때문에 아프리카는 당시 영국에 특별한 의미를 지녔다. 세계섬이라는 개념에는 영국의 해양사관이 반영되어 있다.

해양 국가 영국의 관점에서 어느 나라가 하트랜드를 제패할 가능성이 있어 보였는가 하면 독일과 러시아였다. 영국은 19세기 내내 프랑스를 잘 억누르고 있다고 여겼고, 남은 것은 독일과 러시아였다. 이 시점에서는 미국은 안중에 없었다.

요컨대 유럽 대륙에 대국 독일과 대국 러시아가 출현하여 대영제국을 위협할 위험성을 배제하기 위해 영국의 근저에는 해양 패권을 계속 유지하여야 한다는 문제의식이 있었다.

그러하였던 영국도 제1차 세계대전으로 피폐해져 급속하게 국력이 약해졌다. 그리고 20세기 초반에 영국에 필적할 해양 파워로 등장한 것이 미국이다.

제 2장
고래가 바꾼 바다의 패권

    19세기 후반부터 서서히 해양 파워로서 두각을 나타내기 시작한 것이 미국이다. 19세기 전반, 미국은 무역선과 포경선을 전 세계의 바다로 내보낸 것을 시작으로 해양 패권 확립을 위한 첫걸음을 내디뎠다. 본 장에서는 '프런티어 국가' 미국이 포경을 통해 본격적으로 해양 프런티어를 개척하고, 지정학적인 관점에서 바다를 장악해나간 경위를 상세하게 설명하겠다. 거기에는 해양 질서관 같은 것은 없고, 고래기름을 손에 넣기 위한 민간의 악착같고 결렬한 이익 추구 경쟁만이 펼쳐진다. 민간업자를 후원한 것이 미국 해군이고, 그야말로 포경은 관민 일체의 프로젝트였다.

포경이라는 해양 프런티어 – 에너지 자원 확보

마스다 요시오(益田義郎) 등의 역사학자는 세계가 범선 항해로 연결된 시대를 '대항해 시대'라고 명명하였다. 유럽의 대항해 시대가 15세기부터 17세기 전반까지라면, 미국의 대항해 시대는 18세기부터 19세기까지라고 할 수 있다.

18세기 후반에 알래스카(1867년에 러시아가 미국에 매각)에서 조달한 모피(바다표범과 해달의 털가죽)를 가득 싣고 포경선보다 한발 앞서 무역선이 미국 동해안 항구에서 출항하였다. 아프리카 남부의 희망봉을 경유하여 인도양, 나아가 남중국해로 항해하였는데, 이는 거의 모두 영국 동인도회사의 지배하에서 이루어졌다. 중국과 인도에서 모피를 판매하였고, 돌아오는 길에 아시아에서 사온 특산품(차, 명주실, 견직물, 마, 도자기 등)을 북미로 가져와 이익을 올렸다.

그러한 무역선 중에서 동인도회사와 용선 계약을 맺고 동아시아 해역에서 조업을 하다가 일본 근해에 풍부한 고래 자원이 있다는 정보를 얻게 된 자가 나오기 시작하였다. 이러한 정보가 쌓여 태평양에서 대규모 포경 조업이 이루어지게 된 것이다.

포경업은 19세기 내내 왕성하게 이루어졌는데, 1860년대에서 1870년대가 되자 석유에서 정제된 등유가 나왔고, 이 바람에 포경업은 서서히 사양길로 접어들었다. 20세기에는 완전히 쇠퇴 산업이 되어버렸지만, 먼저 포경이 인기 사업이 되어 미국의 해양 프런티어가 된 과정을 순서대로 살펴보겠다.

고래 붐의 도래

포경(捕鯨)이란 어선으로 고래를 포획하는 것을 말하는데, 미국에서 포경 붐이 일었다. 포경 붐이 일어난 이유는 조명용 램프 재료로 고래기름을 쓰는 방법이 고안되어 급속하게 수요가 증가하면서 에너지 자원으로서 폭발적인 인기를 모았기 때문이다. 영국 회사들도 마찬가지여서, 고래를 잡으러 일본 근해에 처음으로 온 것은 사실 영국의 포경선이었다.

고래기름은 경유(鯨油) 또는 경랍(鯨蠟)이라고도 한다. 고래기름은 시계, 재봉틀, 타자기, 각종 기기의 윤활유로서도 애용되었다. 그전에 보급되어 있던 밀랍이나 식물성 기름, 동물 기름을 원료로 하는 초(=납촉[蠟燭])의 촛불은 눈 깜짝할 새에 꺼져버렸다. 오늘날에는 생각할 수 없는 일이지만, 고래는 조명용 오일 외에 뼈는 여성용 코르셋으로, 그리고 수염은 칫솔 등으로도 사용되었고, 그 밖에 오염물을 제거하는 세탁용 비누로도 이용되었기 때문에 고래를 해체하면 버릴 부분이 하나도 없을 만큼 고래 한 마리의 유용성은 대단히 높았다. 고래 관련 제품, 고래기름 없는 생활은 생각할 수 없을 정도로 고래는 생활필수품이 되었다.

다만 일본과 달리 미국에서는 식용으로는 쓰지 않았다. 오늘날에는 고래기름을 볼 일이 없기 때문에 그것이 과거에 그토록 중요하였으리라고는 상상조차 하기 힘들 것이다.

고래는 소형의 밍크고래(길이 10m 전후)부터 거대한 대왕고래(길이는 평균 23.9m)까지 다양해서 세세하게 분류하면 약 85종류로 분류된다. 미국 포경의 주력 대상은 향고래(길이 20m 전후)였고, 그 이외에는 혹등고래(길이 15m 전후) 정도를 잡았다. 약 4m 이하의 소형 고래는 돌고래라고 부른다.

주력 포획 대상이던 향고래의 가장 큰 특징은 전두부가 거대하여 때로는 몸길이의 3분의 1에 달하기도 한다는 것이다. 이 전두부에 뇌유(腦油)라고 부르는 체유(體油) 저장고가 있다. 바로 이 뇌유가 조명 램프 연료나 기계 윤활유가 되는 고래기름의 원료였다. 또 피부를 벗겨 팔팔 끓이면 추가적으로 고래기름을 더 확보할 수 있다. 향고래에게는 분기공(분기가 뿜어져 나오는 구멍-역자 주)이 두부 왼쪽 끝에 한 개 있고, 분기(噴氣, 고래가 물 위로 떠올라 숨을 내쉬는 것-역자 주)의 높이가 무려 3~4m에 달하기 때문에 포경선에서 식별하기 용이하였다. 고래기름을 채취할 수 있는 고래를 포획하지 못하였을 때는 바다표범이나 바다코끼리를 대량으로 포획하여 어떻게든 위기를 넘겼다.

동물 애호나 해양 환경 측면에서 현재 미국이 포경에 반대하는 입장을 취하며 일본의 포경을 맹렬하게 비판하고 있는데, 역사를 뒤돌아보면 미국이야말로 포경의 선구자이자 고래를 남획하여 개체 수를 급감시킨 당사자이다. 시대가 바뀌면 국가의 가치관도 크게 바뀐다는 것을 포경 역사가 가르쳐준다.

포경 기지의 건설

미국 포경업의 절정기는 1840년대 후반부터 1850년대까지로, 전성기에는 포경선(원양 항해 가능)이 약 750척에 달하였을 것으로 짐작되며, 연안 앞바다에서만 조업한 소형 포경선까지 포함하면 약 1,000척을 넘었을 것으로 추정된다.

역사를 살펴보면 미국에서는 식민지 시대가 되기 훨씬 전부터 원주민에 의해 포경이 이루어졌지만, 포경이 산업으로서 주목받게 된 것은 18세기에 들어선 이후로 영국에서 건너온 사람들에 의해 포경업이 시작되었다.

나아가 19세기 들어 거대한 포경산업이 발흥하자, 고래기름을 가장 많이 소비하는 뉴욕 등의 북동부 도시에 고래기름을 대량으로 공급하기 위해 대서양에 면한 항구도시에 포경선 기지가 차례로 설치되었다. 뉴잉글랜드의 항구도시 뉴베드퍼드(현재의 매사추세츠주 남동부), 매사추세츠주 앞바다의 작은 섬 낸터킷(현재는 부유층의 고급 리조트), 그리고 뉴욕 동쪽으로 펼쳐진 롱아일랜드는 미국을 대표하는 거대 포경 기지로서 번성하였다.

'모비 딕'이라고 이름 붙인 거대 향고래와 싸우는 항해사 스타벅이 나오는 해양 모험 소설 『백경』 제14장에 낸터킷섬의 모습이 묘사되어 있다.

이들 포경 기지를 거점으로 수많은 포경선이 일확천금을 꿈꾸며 원양 항해에 나섰고, 대서양 전역으로 퍼져나갔다. 고래가 서식하는 거의 모든 해역에서 포경이 이루어졌다. 당연한 결과지만 남획으로 고래는 감소하였고, 북대서양에서는 멸종 위기에 처해 고래의 모습을 볼 수 없게 되었다. 포경선은 남아메리카 대륙 남단의 혼곳이나 마젤란해협을 경유하여 저 먼 태평양까지 진출하지 않을 수 없게 되었다. 미국 서해안의 샌프란시스코에 새롭게 거점을 설치하였고, 나아가 태평양의 전진기지로서 하와이에 포경선이 집결하게 되었다. 그러나 또 남획으로 샌프란시스코 앞바다에서도 포경이 부진해지자 미국은 궁여지책으로 동아시아 해역에서 포경하기로 결정하였다.

19세기 중엽에는 그리 머지않은 미래에 고래기름이 고갈되지 않을까 하는 위기감으로 관민이 연계하여 적극적으로 해외에 나가 포경할 방법을 모색하였다. 최종적으로 포경선이 목표로 삼은 것은 고래가 서식하는 일본 근해였다. 미국 포경선이 일본에 자유롭게 들러 음식물·연료·장작 조달, 선체 수리, 나아가 조난된 포경 선원 수색 등을 할 수 있게 해달라고 외교적인 압박을 가한 것이 미국 해군 매슈 페리(Matthew Calbraith Perry) 제독이 이끈 네 척의 '흑선' 함대이다. 교과서에는 이러한 내용은 실려 있지 않지만, 페리가 일본에 개국을 요구한 역사적 사건은 일본 근해에서 이루어진 미국의 포경과 밀접하게 관련되어 있다. 이 포경선들이 가장 중요하게 여긴 거점은 북해도 남단의 아름다운 항구 하코다테였다.

페리 제독의 우라가 내항

페리는 밀러드 필모어(Millard Fillmore) 대통령(재임 1850~1853년)의 명을 받고, 1853년 7월과 1854년 2~3월에 미국 해군 동인도 전대를 이끌고 일본의 우라가(浦賀) 앞바다에 내항하였다. 일본에 흑선 쇼크를 준 1853년 내항 때는 증기선 2척과 범선 2척, 총 4척으로 편성해 왔다.

페리 함대가 내항할 가능성에 대해서는 첫 내항 1년 전(1852년 6월)에 나가사키의 네덜란드인 상점에서 나가사키부교(長崎奉行, 나가사키의 지방 관직-역자 주)를 통해 에도 막부로 정보가 들어갔지만, 에도 막부는 대책을 마련하지 않았다. 두 번째로 내항하였을 때는 9척(처음에는 7척으로 편성하였다가 나중에 2척을 추가)이 도쿄만에 집결하였고, 약 2,000명의 장병이 들이닥쳐 에도 막부에 노골적인 무력 외교를 펼쳤다.

미국은 19세기 초반부터 무역선과 포경선을 지키기 위해 전 세계에 소규모 전대(스쿼드론, Squadron)를 파견하여 로테이션 방식으로 함정을 교대하면서까지 전대를 장기간 해외에 배치했다. 전대는 식료품과 연료 등을 보급하고 미국 선박을 호위하는 임무를 띠고 있었다.

페리 제독의 함대는 미국이 동아시아 해역에 배치해둔 동인도 전대의 주력함으로 편성되었다. 그 동인도 전대란 홍콩을 거점으로 동아시아 해역에서 미국의 국익(무역선과 포경선 보호)을 추구하고 미국 국민의 생명과 재산을 지킬 목적으로 1835년에 설립된 전대로,

1868년에는 아시아 전대(Asiatic Squadron)로 명칭을 변경하였다. 이 시대에는 함대의 명칭이 없었다.

당시는 일본의 에도 시대 말기에 해당한다. 페리는 에도 막부(도쿠가와 막부)와 교섭하여 1854년 3월 31일에 미·일 화친조약(영어 명칭은 Treaty of Kanagawa, 가나가와 조약)을 요코하마촌(현 요코하마시 중구)에서 체결하고 약 200년간 계속되어온 일본의 쇄국 정책에 종지부를 찍었다.

실제로 페리 함대는 우라가 앞바다에 처음으로 내항하기에 앞서 오키나와 나하 앞바다에 1853년 5월 26일에 내항하였고, 미·일 화친조약을 체결한 후에도 류큐왕국(일본 오키나와현에 있던 옛 왕국-역자 주)과 미·류큐 수호조약을 1854년 7월 11일에 맺었다. 미·일 화친조약은 알지만 미·류큐 수호조약은 모르는 독자가 적지 않을 것이다. 류큐에 총 5차례 내항한 것으로 미루어 동아시아 해역 항해에 있어서 류큐가 중요한 위치를 점하였다는 것을 알 수 있다.

이와 같이 압력을 가하여 일본(에도 막부와 류큐왕국)의 문호를 개방함으로써 미국은 일본이라는 새로운 시장에 진입할 기회를 얻었지만, 사실 미국은 무역보다는 포경 쪽이 절박한 상황이었다.

당시의 항해 기록을 보면 미국 서해안~하와이제도~일본 근해로 이어지는 항해 루트를 여러 차례 왕복하며 포경하였음을 알 수 있다. 특히 홋카이도 근해에서부터 사할린 부근까지를 포경 유망 해역으로 보았기 때문에 미국 포경선은 홋카이도의 하코다테에 종종 기항하였고, 그곳에서 식료품과 연료, 장작 등을 필수적으로 조달하였다.

　또 북태평양은 겨울에 파도가 거칠기 때문에 이러한 원양 항해
조업을 할 때 선원이 포경선에서 튕겨 나가 조난되는 일이 많았다.
미국 포경 선단은 홋카이도의 하코다테를 거점으로 조난자 수색과
구조를 하였다. 페리가 내항한 주목적은 일본에 기항할 수 있는 권
리를 얻고, 포경선을 위한 물자 보급기지와 해난 대비용 전진기지
를 확보하는 데 있었다고 하겠다. 미국이 미·일 화친조약을 맺으면
서 에도 막부에 시모다와 함께 하코다테를 개항하라고 요구한 것
은 이 때문이다.

　장기적으로는 일본을 발판 삼아 중국에 진출하는 것이 목적이었
으며, 대중국 무역의 중계지이자 기항지로서 일본을 활용할 계획
도 있었던 듯하다.

포경선의 원양 항해와 근대화

　대서양, 태평양, 그리고 동아시아 해역으로 포경 구역을 확대함
에 따라 19세기의 포경 선단은 약 6개월에서 4년을 단위로 원양 항
해를 하였음을 알 수 있다. 대서양에서의 조업은 6개월에서 1년,
태평양에서는 2년에서 4년에 걸친 장기 조업을 할 수밖에 없었다.
북동부의 뉴베드퍼드항에서 출항하여 대서양을 남하한 후 혼곶이
나 마젤란해협을 통과하고, 태평양을 북상하여 서해안의 샌프란시
스코에 당도하는 데만도 상당한 기간이 소요되었을 것이다.

원양 항해용 포경선은 통상적으로 목조 모선(母船)에 2~3척의 소형 보트를 싣고 조업하였는데, 고래를 발견하면 소형 보트에 승선한 사냥꾼이 작살(창처럼 생긴 도구)로 고래를 잡은 후 모선으로 인양하는 방식을 취하였다. 모선으로 끌어올린 고래를 해체하고 피부를 벗겨 가열 처리함으로써 기름을 얻어냈고, 이 기름을 나무통(배럴=약 159L)에 담아 고래기름 상품으로 판매하였다. 고래는 한 마리, 두 마리 하는 식으로 세기도 하지만, 고래 한 마리를 30배럴짜리 고래라는 식으로 나무통에 담길 고래기름의 양으로 환산하여 표현하기도 하였다. 모선의 선창이 나무통으로 가득 찰 때까지 포경을 계속했기 때문에 원양 항해기간은 장기화될 수밖에 없었다.

산업혁명의 파도는 미국 대륙에도 밀려들었고, 포경 모선에도 큰 변화를 가져왔다. 15~17세기 대항해 시대부터 원양 항해용 선박은 모두 범선이었는데, 19세기가 되자 석탄을 연료로 하는 증기선이 개발되어 실용화되었다.

19세기 후반이 되자 범선 포경선은 서서히 모습을 감추고 증기선이 주류를 이루었지만, 실제로는 범선과 증기선을 합한 기범선이 널리 이용되었다. 풍력에 의지하는 범선과 달리 석탄을 연료로 하는 증기선은 기상에 크게 좌우되지 않고 항행할 수 있다는 이점이 있어서 특히 원양 항해 함선(군함, 포경선, 무역선)에 증기선이 급속하게 도입되었다.

영국의 해양제국을 향해

'흑선'이 우라가 앞바다에 정박하고 있는 당시의 그림을 살펴보면 페리의 미국 함대가 태평양을 횡단하여 우라가에 도착하였을 것으로 생각하기 쉬운데, 사실은 그렇지 않았다. 미국 동해안을 출항하여 대서양을 남하하고, 아프리카 남부의 희망봉을 경유한 후 인도양을 북상하고, 말라카해협, 남중국해, 동중국해를 북상하여 겨우 일본에 도착하는, 지구를 동쪽으로 도는 원양 항해를 하였다. 이는 영국의 해양제국을 통과하여야만 하는 원양 항해이기도 하였다.

제1회 차 항해 때 페리는 1852년 11월 24일에 기함 증기선 미시시피호 단독으로 미국 동해안의 노퍽 군항(현 버지니아주)을 출항하여 대서양을 횡단한 후 중계지 포르투갈령 마데이라섬에 기항하였다. 이후 중국에 도착할 때까지 영국 해양제국을 이동하며 항해하였고, 식료품, 연료, 장작 등의 보급도 영국 당국에 의존하지 않을 수 없었다.

마데이라섬을 출항하여 대서양을 단숨에 남하한 후 영국령 세인트헬레나섬에 기항하였다. 세인트헬레나섬이라고 하면 프랑스 황제 나폴레옹 보나파르트가 유폐되었던 곳으로 육지에서 멀리 떨어진 고독한 섬으로 유명한데, 대서양에서 인도양으로 빠져나갈 때 들르는 중요한 중계항이었다.

페리는 더 남하하여 남아프리카의 영국령 희망봉에 기항하고, 여기에서 북상하여 인도양의 영국령 모리셔스섬으로, 여기에서부터는 바스코 다가마(Vasco da Gama)가 발견한 인도양 항로를 북상하

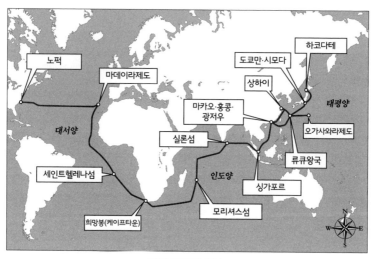

페리 함대의 항로
(니시카와 다케오미의 『페리 내항』을 바탕으로 작성)

여 영국령 실론섬(현 스리랑카)의 콜롬보에 들렀다. 그 후 말라카해협
을 통과한 후 영국령 싱가포르에 기항하여 물자를 보급받고, 여기
에서 남중국해로 들어가서 홍콩, 마카오, 광저우에 체류하고, 상하
이에 기항한 후에 류큐왕국에 도착해 오가사와라제도를 두루 둘러
본 후에 일본에 당도하였다.

　페리의 항해 루트를 보고 알 수 있는 것은 포르투갈령 마데이라
섬을 제외한 대서양과 인도양의 모든 섬은 영국령이고, 또 광둥과
상하이도 영국의 영향력이 미치는 곳이라는 사실이다. 바꾸어 말
해 영국령 섬들을 기항하지 않고 대서양~인도양~남중국해~동중
국해에서 해상 무역을 하는 것은 불가능한 구조가 19세기 중엽에
이미 완성되어 있었다고 하겠다.

우라가 앞바다에 내항한 페리 함대는 4척으로 편성되었지만, 기함을 뺀 나머지 3척은 동중국해에서 활동하던 것이다. 홍콩에서 범선 2척(플리머스, 새러토가)과 합류하여 3척의 함대로 편성하고, 더 북상하여 상하이에서 대기 중이던 기범선 서스케하나(범선과 증기선의 혼합형)와 합류하였고, 이때 기함을 미시시피에서 서스케하나로 바꾸었다. 최종적으로 일본에 내항하였을 때는 4척의 함대 편성으로 들이닥쳤다. 가나가와의 우라가 앞바다에 정박한 것은 1853년 7월 8일이다. 미국 해군 기지 노퍽을 출항하였을 때로부터 약 7개월 후이다.

미국에 행운이었던 것은 영국이 태평양에서 영유한 곳이 오스트레일리아와 뉴질랜드 등의 적도 이남 태평양 해역이고, 태평양 중부에서 북부까지는 손대지 않은 상태였다는 점이다. 영국이 영유하지 않아 공백이던 지역은 하와이, 괌, 필리핀 등의 섬들이었다. 미국은 19세기 말까지 이 섬들을 영유하는 데 성공하여 미국 본토와 중국 대륙을 잇는 무역 루트를 확보할 수 있었다. 미국이 해양 지배와 해양 패권의 모델로 삼은 국가는 역시 영국이었음을 부정할 수 없다.

무역선과 포경선을 보호

앞서 언급한 바와 같이 미국은 포경 전성기였던 19세기 전반부터 세계 각지에 소규모 해군 '전대'를 파견하여 미국의 무역선과 포경선을 보호하였다. 오늘날에 와서 보면 놀랄 정도로 작은 범선 2~3척으로 편성되었을 뿐, 도저히 해군 주둔이라고 부를 만한 것이 못 된다. 미국 해군사로 치자면, 올드 네이비(Old Navy, 구세대의 해군)의 시대에 해당한다.

전대를 파견한 목적은 어디까지나 미국의 무역선과 포경선을 보호하기 위함으로, 해양 파워를 의식하고 한 것은 아니었다. 달리 말해 전투 행위를 전제로 한 군사작전의 일환이 아니었다. 지중해와 카리브해에서는 해적(海賊) 문제에 대처하기 위해서라는 한정적인 목적이 있었다. 그리고 대서양과 태평양에서는 포경선을 보호할 목적으로, 제3국에 위압감을 주는 상징적인 존재라는 점에 의미를 두었다.

전대를 전 세계에 파견한 이유는 미합중국이 영국으로부터 독립하였기 때문이다(1776년 독립 선언). 독립전쟁을 벌여 미국이 영국에서 독립한 결과, 영국 해군의 비호를 받을 수 없게 되었다. 미국 국내를 양분한 남북전쟁(1861~1865년) 시대에는 '아프리카 전대'를 제외한 모든 전대가 귀국 명령을 받고 철수하였지만, 내전이 끝나자 재차 세계 각지로 전대를 파견하였다.

이 '전대' 시대가 19세기 내내 약 90년이나 지속되었지만, 시어도어 루스벨트(Theodore Roosevelt) 대통령이 등장한 후 변질되어, 해양 파워로서 전투 행위를 전제로 하는 '함대(Fleet)'로 명칭을 바꾸었다. '함대의 시대'가 된 것이다.

명칭 변경은 1901년부터 5년 동안 이루어졌다. 유럽에서는 독일이 해군력을 급속하게 키웠고, 태평양에서는 역시 일본이 해군력을 키운 시기이며, 절대적인 왕좌에 있던 영국이 보어 전쟁으로 피폐해져 '광영에 빛나는 고립'이라는 전통적인 해군 정책을 포기하고 일본과 영·일 동맹(1902년)을 체결한 시대와 겹친다.

이하는 전대와 함대 일람과 명칭 변경 사례를 열거한 것이다. 미국은 19세기 내내 본토 연안 경비는 본국 전대(Home Squadron)에 맡겼고, 추가적으로 세계 각국에 6개의 전대를 파견하였다(James C. Bradford, 2016).

(1) 지중해 전대(1815~1865년), 유럽 전대로 변경(1865~1905년), 태평양 함대로 변경(1905년).

(2) 태평양 전대(1821~1866년), 북태평양 전대와 남태평양 전대로 분할(1866~1869년), 태평양 전대로 통합(1869~1901년), 태평양 함대 제2전대로 변경(1901~1907년), 태평양 함대로 변경(1907년).

(3) 서인도 전대(1822~1841년), 본국 전대와 통합(1838~1861년).

(4) 브라질·남대서양 전대(1826~1861년), 남대서양 함대로 변경(1865~1905년), 대서양 함대로 변경(1905년).

(5) 아프리카 전대(1821~1823년, 1843~1861년), 북대서양 함대로 변경(1865~1905년), 대서양 함대로 변경(1905년).

(6) 동인도 전대(1835~1868년), 아시아 전대로 변경(1868~1901년), 태평양 함대 제1전대로 변경(1901~1907년), 아시아 함대로 변경(1907년).

페리 제독이 일본에 개국 압박을 하였을 때 동인도 전대가 동원되었다고 앞서 언급하였다. 또 미국·스페인 전쟁(1898년) 때는 홍콩에 머무르고 있던 아시아 전대(사령관 조지 듀이[George Dewey])의 함정 6척이 필리핀의 마닐라만으로 회항하여 스페인 태평양 함대의 함정 7척을 폭격·격파한 실적을 자랑한다.

한편 북아프리카의 알제리 앞바다에서는 이슬람교도 해적에게 미국의 민간 상선이 공격당하는 사건이 발생하고는 하였다. 이에 해적 문제에 대처하기 위해 지중해 전대를 결성하였다.

이와 같이 전대를 파견한 목적은 지역별로 다르지만, 규모가 작았다고는 하나 미국 정부가 19세기 전반부터 해군 전대를 세계 각지에 파견하였다는 사실에 놀라지 않을 수 없다. 미국 해군 간부는 해양을 지정학적으로 보는 관점을 전대 파견을 통해 차츰 갖게 되었던 듯하다.

해외 영토로서의 '섬'

미국이 해양 대국으로 나아가는 데 중요한 계기가 되어주고 새로운 발상을 하게 해준 것은, 앞서 언급한 바와 같이 포경 거점으로 삼기 위해 태평양의 '섬' 하와이를 영유한 일이었다. 하지만 1860년대에서 1870년대로 넘어가는 시기에 고래기름의 수요가 하강선을 그리기 시작하였다. 석유에서 정제해낸 등유가 등장하자 석유가 조명용 램프 연료의 주류가 되었기 때문이다. 고래기름은 가격도

비쌌고, 고약한 냄새도 났고, 불을 붙이면 실내가 연기로 가득 차는 결점이 있었지만, 석유는 이러한 약점을 모조리 극복하였다. 고래기름이 일상생활에서 퇴장하는 것은 시간문제였다.

이러한 시대가 되자 해양에 대한 지정학적인 관점에서 미국은 해외의 '섬'을 영유하는 데 힘을 쏟기 시작하였다. 1890년대 후반이 되자 카리브해에서 두 개의 섬(쿠바, 푸에르토리코)을, 그리고 태평양에서 세 개의 섬(하와이, 괌, 필리핀)을 실질적으로 영유하게 되었다.

섬은 아니지만, 1903년에는 중미 '지협(地峽)'의 파나마를 실질적으로 병합하고, 대서양과 태평양을 잇는 파나마운하 건설이라는 거대한 프로젝트에 착수하였다(제3장 참조). 대서양·카리브해와 태평양 사이에 위치하는 지협은 바다에 둘러싸여 있다는 점에서 섬과 같은 존재로 파악되었던 듯하다.

미국이 최초로 손길을 뻗친 섬은 하와이였다. 처음으로 미국 포경선이 일본 근해까지 왔던 루트는 대서양을 남하해 아프리카 남단의 희망봉을 경유한 다음 인도양을 북상해 남중국해를 거쳐 일본 근해에 도착하는 루트였는데, 하와이 주변 해역에서 포경이 활발하게 이루어짐에 따라서 대서양을 남하해 남아메리카 남단의 혼곶이나 마젤란해협을 경유한 다음 태평양을 북상해 샌프란시스코와 하와이를 거쳐 일본 근해로 진출하는 루트로 바뀌었다.

이리하여 1840년대에는 많은 포경선이 하와이에 집결하여 일본 근해로 향하게 되었다. 중계 거점에는 고래기름이 담긴 나무통을 보관할 창고를 건설할 필요가 있었다. 또 포경선이 식료품을 보급받고 파손이 잘 되는 목조 포경선을 수리하기에도 하와이제도는 안성맞춤이었다. 하와이제도는 미국 포경선단의 중계기지로서 중요한 역할을 하였고, 나아가 페리 제독이 이끄는 미국 해군 함대가 일본까지 원양 항해를 하는 시대가 되자 그 전략적인 중요성은 더욱 높아졌다.

미국은 하와이왕국과 1887년에 협정을 맺고 진주만(펄하버)에 해군 기지를 건설할 독점권을 획득하였고, 이를 토대 삼아 하와이왕국을 미합중국에 합병시킬 구상을 하기 시작하였다. 하와이에 거주하는 미국계 주민이 미국 해병대와 협력하여 왕권을 전복하고 하와이 공화국임을 선언하는 군사 쿠데타를 일으켰다. 미국은 친미 하와이공화국을 1894년 8월에 승인하였고, 1898년에는 하와이를 병합하여 미국의 일부로 삼았다(1900년에 준주[準州], 그리고 1959년에는 50번째 주[州]로 승격).

아직 먼 미래의 이야기이기는 하나, 잠재적인 시장으로 중국 대륙을 시야에 넣고 고려해보았을 때 대중국 무역의 중계 거점으로서도 하와이를 활용할 수 있겠다고 당시 정치인과 군인, 그리고 무역 상인들은 생각하였다.

한편 많은 일본인이 계약 노동자로서 하와이와 미국 본토 서해안에 밀려드는 광경을 보고 장차 일본이 하와이를 병합하는 것이 아닐까 하는 우려의 목소리가 나왔다. 이러한 우려를 불식하기 위해서도 미국은 하와이를 병합할 필요가 있었다. 하와이에서 왕정을 둘러싸고 정변이 일어났을 때 일본 해군이 일본인의 생명과 재산을 지키기 위해 1893년부터 1894년까지 군함 '나니와'를 파견하여 반왕정파를 위협한 사실도 있어 일본의 하와이 병합은 탁상공론으로는 해결할 수 없는 상황이기도 하였다.

쿠바 영유

하와이를 영유하려는 생각을 염두에 두고 있던 미국은 플로리다 반도의 코앞에 있는 카리브해의 섬들을 이전부터 호시탐탐 노렸다. 이 섬들에는 스페인과 영국이 지배한 긴 역사가 있었다. 영국처럼 세계 최대의 해군력을 가졌으며 대영제국을 이룬 국가에는 덤벼들 수 없었지만, 상대가 사양길에 접어든 스페인이라면 찬스가 있을 수도 있다. 스페인이 지배하는 섬들 중에서 카리브해에서 가장 큰 쿠바섬을 차지하는 것이 틀림없이 미국의 오랜 꿈이었을 것이다.

쿠바는 19세기부터 사탕수수(설탕의 원료)의 생산지로서 압도적인 존재를 과시하였고, 설탕의 최대 공급지로서도 19세기 미국에는 꼭 필요한 존재였다. 설탕을 안정적으로 공급하기 위해 미국 자본은 거대한 사탕수수 플랜테이션 농장을 쿠바에 건설하여 미국인 다수가 거주하는 섬으로 변모시켜나갔고, 미국에 의한 실질적인 식민지화가 서서히 진행되었다. 또 잎담배(시가)라고 하면 아바나산이 최고라고 할 정도로 쿠바는 고급 잎담배 생산지로도 유명하였다.

쿠바에서는 종주국 스페인에 대항하는 저항운동과 독립운동이 종종 발생하였기 때문에 미국 정부는 미국인의 생명과 재산을 지키기 위함이라는 대의명분하에 해군과 해병대를 여러 차례 파견하였다. 미국·스페인 전쟁이 1898년 4월에 일어나기 직전에도 최대 도시 아바나에서 동란이 일어났고, 이때도 미국인의 생명과 재산을 보호하기 위해 미국 해군 군함 '메인(범선이 아니라 증기선)'을 파견하였다.

아바나항 앞바다에 정박 중이던 메인함이 정체불명의 폭발로 침몰하는 비참한 사건이 같은 해 11월에 일어났다. 스페인이 기습 공격한 것이라고 누구나가 생각하였다. 메인함에 타고 있던 약 260명의 승무원과 병사(요리사와 웨이터로 일본인도 8명 승선 중이었으며, 그 가운데 6명이 사망)가 희생되었다. 미국 신문이 자극적으로 스페인이 공격하였다고 보도하자 미국 국내에서 개전론이 단숨에 피어올랐다.

폭발 원인은 아직까지 밝혀지지 않았지만, 증기 엔진 연료로 사용할 석탄이 다량으로 적재되어 있었기 때문에 창고에 쌓여 있던 석탄이 자연 발화하여 폭발한 것이라는 주장이 유력시되고 있으나, 그 밖에 기뢰에 접촉하여 폭발하였다는 설도 있다.

폭발 침몰 사건에 관한 결정적인 증거는 없었지만, 당시에는 스페인의 모략이라는 뉴스가 파다하였기 때문에 윌리엄 매킨리(William McKinley) 대통령(재임 1897~1901년)은 여론에 등 떠밀리는 형태로 의회에 개전을 요청하는 교서를 보냈다. 의회는 같은 해 4월에 개전하기로 결의하였고, 육해군과 지원병 부대가 파견되었다. 이리하여 미국·스페인 전쟁이 시작되었지만, 스페인에는 미국을 상대로 본격적인 전쟁을 할 만큼의 군사력이 없었기 때문에 같은 해 8월에 재빨리 휴전 협정을 체결하였고, 11월에 파리에서 강화조약에 조인하였다. 미국은 상륙한 쿠바 동부의 만안(灣岸) 지대를 영구 조차로 삼았고, 현재도 관타나모 해군 기지로 계속 사용 중이다.

미국은 19세기 후반에 경제성장기를 맞이하여 세계 유수의 공업국으로 성장한 데다 이미 세계 제일의 농업국이기도 해서, 그렇다는 확실한 자각도 못 한 채 영국을 제치고 세계 제일의 경제 파워로 올라섰다. 이러한 경제적인 자신감을 바탕으로 미국은 카리브해와 태평양에 있는 섬들의 영유화를 가속화할 수 있었던 것이다.

전승국이 된 미국

미국·스페인 전쟁의 결과, 전승국 미국은 전술한 바와 같이 적국 스페인으로부터 카리브해에서 섬 두 개(쿠바, 푸에르토리코), 태평양에서도 섬 두 개(괌, 필리핀)를 넘겨받았다. 또 1893년부터 이어져오던 하와이 영유화 현안에 결론을 내리고 하와이를 단숨에 병합하였다.

이와 같이 미국은 카리브해에 큰 발판을 마련하고 태평양에서 세 개의 유력한 섬(하와이, 괌, 필리핀)을 영유하는 데 성공함으로써 태평양이라는 지리 공간을 정치적·군사적으로 제압할 조건을 갖추었다. 미국으로서는 태평양이 해양의 지정학을 투영할 수 있는 전략적인 해역이 된 것이다.

　대(大)해군주의자이자 해군 역사가 앨프리드 사이어 머핸(Alfred Thayer Mahan)은 "제해권 ─ 특히 자국이 무역하는 대해로(大海路)에 대한 지배권 ─ 은 국가의 국력과 번영의 물질적인 제 요소 중에서도 가장 중요한 것"(『하와이와 우리 해상 권력의 장래 - 1893년 3월』, 아사다 사다오 편저·번역, 『머핸 해상권력론집』 수록)이라며 카리브해와 태평양의 제해권을 장악할 필요성에 관해 못해도 1893년에는 열변을 토하였고, 이 섬들을 영유함으로써 미국은 실질적으로 해당 해역의 제해권을 장악하였다.

　하지만 미국이 본격적인 제해권을 획득하기 위해서는 눈앞에 있는 두 개의 큰 과제를 해결하여야 했다. 첫 번째 과제는 대서양·카리브해와 태평양을 잇는 파나마운하의 건설이고, 두 번째 과제는 영국 해군력과 어깨를 나란히 할 거대한 해군력을 보유하는 것이었다. 파나마운하가 완성되면 주력 함대인 대서양 함대를 태평양에 신속하게 보낼 수 있고, 해군 함정을 대서양과 태평양 쌍방에서 일체적으로 운용하는 것이 가능해진다. 나아가 해군을 증강함으로써 제해권을 비약적으로 향상시킬 수도 있다. 이러한 두 가지 과제에 과감하게 착수한 사람은 머핸을 더할 나위 없이 존경한 시어도어 루스벨트 대통령이었다.

해양파워론자 앨프리드 머핸의 등장

해양을 지정학적으로 파악한 해군 사관이자 역사가가 앨프리드 사이어 머핸(1840~1914년)이고, 또 다른 한 명이 해군 차관, 뉴욕 주지사, 부통령을 거쳐서 대통령이 된 시어도어 루스벨트(1858~1919년)이다.

후술하겠지만, 이 두 사람은 대해군주의자(네이벌리스트, Navalist)로 해양 파워(시 파워, 해상 권력)를 신봉하였다. 19세기 말 미국에 두 사람이 등장함으로써 미국이 해양 파워를 확립해나갈 길이 열렸다고 해도 과언이 아니다. 두 사람 모두 해군을 더할 나위 없이 사랑하였고, 대해군을 실현하는 것이야말로 미국의 번영을 이룩할 길이라는 굳은 신념을 가지고 있었다. 두 사람은 또 해양을 지정학적으로 파악하였다는 점에서도 공통점이 있어서 미국을 해양 패권 국가로 견인해나갔다.

머핸은 19세기 말부터 20세기 초반에 걸쳐 그야말로 미국이 해양 파워로서 전 세계에 뻗어나간 여명기에 등장한 해군 전략가이자 지정학자이다. 그와는 반대로 제1장에서 다룬 영국 지정학자 해퍼드 매킨더는 영국이 쌓아올린 대영제국이 절정기를 지나 해양 파워로서 하강 국면에 들어선 제국의 황혼기에 이를 우려하며 경종을 울리기 위해 등장한 지리학자였다는 점에서 두 사람은 큰 차이가 있다.

머핸은 "해군 사관, 해양역사가, 대해군주의자(네이벌리스트) 이데올로그(이데올로기를 만들고 이를 논하는 사람-역자 주), 전략가, 대통령 고

앨프리드 사이어 머핸

문, 세계 정치 평론가, 외교역사가, 중상주의자, 예언가, 종교인",
"제국주의자", "해외 진출 프로파간디스트(선전가)"였다고 머핸의 논
문집을 편저·번역한 역사가 아사다 사다오는 총괄하였다. 미국 해
군 군인이지만 군함 근무는 잘하지 못하였는지 해군 사관으로서
군함 위에서 활약한 모습을 담은 서적이나 논문은 거의 찾아볼 수
없다. 미 해군의 소형 함정(기범선)에 타고 있다가 일본에서 약 1년
이나 체재한 적이 있는데, 이를 계기로 일본과 아시아 문제에 관심
을 가지게 되었다.

1850년에 애나폴리스해군사관학교를 졸업하고 해군 장교 교관
으로서 1896년까지 뉴포트해군대학교에서 근무하며 해군사와 전
술론 강의를 담당하였다. 부친은 육군사관학교 교수였고, 머핸은
이 학교가 위치하는 뉴욕주 웨스트포인트에서 태어났다.

머핸의 진가가 발휘된 분야는 해전 역사, 해양의 지정학적인 관
점, 그리고 해군력의 전략과 중요성 등을 주장하는 논문과 평론 집
필 등이었다. 인텔리전스에 특화된 정보 계열 장교가 아니라 학자

타입의 교육 계열 장교였다. 그중에서도 「해상 권력의 역사에 미치는 영향, 1660~1783년」(「The Influence of Sea Power upon History, 1660~1783)」(1890년)으로 해외에서 높은 평가를 받아 유명해졌다. 이 저서는 일본에서도 애독되어 제국 해군의 외곽단체 스이코샤(水交社)가 1896년에 『해상권력사론(海上權力史論)』이라는 제목으로 번역·출판하였다.

특히 일본, 영국, 독일 등에서는 정치인과 군인이 애독하였으며, 개중에는 머핸의 저서와 논문을 외울 만큼 정독한 사람도 있었다. 머핸이 영국을 방문하였을 때는 빅토리아 여왕이 환영회를 개최하는 등 세계 일류의 해양 파워를 보유한 영국에서 열렬한 환대를 받았다. 일본에도 제국 해군을 중심으로 폭넓은 독자가 있었으며, 제국 해군을 강화·확충하는 데 이론적인 뒷받침이 되어주었다.

'시 파워'란 무엇인가

머핸이 해외에서 큰 인기를 끈 것은 '시 파워(해양 파워, 해양 권력)'라는 마력 넘치는 개념이 독자의 마음을 움켜쥐었기 때문일 것이다.

영국은 계속 시 파워로 존재하기 위해 머핸의 저서를 읽었고, 일본과 독일은 시 파워가 되기 위해 머핸의 저서를 공부하며 부국강병의 길을 걸어나갔다. 일본에서는 당시 시 파워를 '해상 권력'이라고 번역하였는데, '해양 국가'나 '해양 파워'라고 표현하기도 하였다.

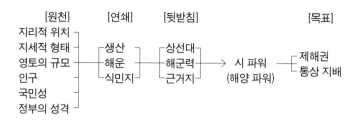

아사다 사다오 편저·번역, 『머핸 해상권력론집』

그럼 시 파워, 즉 해상 권력이란 무엇일까? 머핸의 저서를 직접 인용할까도 싶었지만, 문장이 간결하지 않고, 구태여 말하자면 오히려 술술 읽히지 않는 문장이기 때문에 해상 권력에 대한 머핸의 이론을 다룬 해설 글(아사다 사다오 편저·번역, 『머핸 해상권력론집』, 23~24쪽)을 대신 인용하겠다.

캐치프레이즈인 '해상 권력'은 해군력(Naval Power)보다 넓은 개념으로, "단순히 군사력 하나만을 의미하는 것이 아니라 함대력의 기반을 이루는 해운업과 상선대, 또 그 거점으로서 필요한 해외 기지와 식민지를 모두 포함하는" 개념으로, 한마디로 표현하면 '해양을 지배하는 총괄적인 힘'을 뜻한다.

머핸은 국가가 해상 권력을 구성하는 여섯 가지 요소로서 '지리적 위치, 지세적 형태, 영토 규모, 인구, 국민성, 정부의 성격'이 있으며, 이러한 국가의 경제 활동으로서 '생산, 해운, 식민지'의 세 가지를 들고, 그 수단으로서 '상선대, 해군력, 근거지'를 확보하였을 때 해상 권력을 획득할 수 있다고 보았다. 그리고 해상 권력의 최종 목표는 '제해권, 통상 지배'라고 하였다.

이러한 조건과 특색 모두를 갖추고 있던 것이 19세기 영국이었고, 머핸은 대국 영국을 머릿속으로 떠올리며 해상 권력을 다룬 논저를 편찬하였다. 그래서 영국을 방문한 머핸을 빅토리아 영국 여왕이 환대하였던 것이다.

그렇다면 미국은 어떨까? "미국 국민에게는 해양 발전을 이룰 위대한 소질이 있고, 이것이 자유롭게 발휘되면 대(大)해상권력국으로 나아갈 길이 열릴 것"이라고 머핸은 믿었다. "필요한 것은 그 운명을 쟁취해내기 위한 리더십과 의지, 그리고 에너지뿐이다."—이처럼 머핸은 강력한 정치 지도자가 나타나길 몹시 바랐다.

'시 파워'나 '해상 권력'이라는 말이 전문 용어로서 정착되어 있지만, 이후 본서에서는 구태여 '해양 파워'라는 용어를 사용하겠다. 시 파워는 일반 독자에게 친근하지 않은 표현이고, 또 해양 국가라고 하면 군사적인 의미가 약해지므로 군사력이라는 의미도 포함하는 해양 파워라는 표현을 선택하여 사용하겠다.

머핸의 '해양 파워'론을 절찬한 사람이 나중에 대통령으로 취임한 시어도어 루스벨트이다.

영웅 시어도어 루스벨트와 미국·스페인 전쟁

전술한 바와 같이 미국 해군 군함 '메인'이 1898년 2월에 스페인령 쿠바의 아바나항에서 원인을 알 수 없는 폭발로 침몰하여 약

260명의 승무원과 병사가 사망한 사건이 발생하였다. 이 소식을 접하였을 때 해군 차관직에 있던 시어도어 루스벨트(1897년 4월 임명)는 조만간 미국과 스페인 사이에 전쟁이 일어나겠다고 예상하고 개전 준비에 들어갔다.

대통령과 해군 장관의 결재를 기다리지 않고, 동중국해에 나가 있던 아시아 전대를 홍콩으로 회항시킨 후 전쟁이 시작되면 필리핀 마닐라항에 정박 중인 스페인 함대를 공격하라고 명령하였을 정도였다. 그는 차관 시절에 인텔리전스의 중요성을 꿰뚫어보고 해군정보부를 창설하고 해군 증강을 역설하는 등 해군을 중시하는 쪽으로 방향성을 잡아야 한다고 주장하였다.

1898년 4월에 미국·스페인 전쟁이 발발하자 해군 차관직을 사임하고, 지원병 부대를 편성해 대장으로서 직접 지원병을 이끌고 전지 쿠바로 쳐들어갔다. 루스벨트가 지원병을 모집하자 신청자가 쇄도하였다. 결국 텍사스와 애리조나에서 지원한 사람을 중심으로 약 1,000명을 선발하여 즉석에서 군대를 편성하였다.

이들 지원자는 러프 라이더스(Rough Riders, 난폭한 말을 잘 타는 거친 자)라는 닉네임으로 불렸고, 국민에게 널리 사랑받는 존재가 되었다. 루스벨트의 체험기『러프 라이더스』에 따르면 지원병 대부분이 목장 카우보이, 광산 작업원, 지방 경찰관이어서 과연 정규군처럼 규율 있는 조직으로 잘 편성될까 하는 우려의 목소리도 있었다고 한다. 루스벨트는 자금을 확보하여 말 1,200마리를 준비하였고 병사처럼 훈련시킴으로써 조직력을 재빠르게 높였다. 이런 방식으로 루스벨트는 인심을 얻었다.

러프 라이더스는 미국 정부가 공인한 지원병 부대였고, 전쟁이 끝난 시점에는 정규군과 동등한 명예를 가질 정도로까지 성장하여 있었다. 특히 텍사스 출신 지원병은 지역 자경단 '텍사스 레인저스(Texas Rangers, 텍사스 기마대. 자경단에서 군단으로 진화하여 1846~1848년 미국·멕시코 전쟁에서 활약)'에 참가한 적 있는 우수한 병사가 다수 참가하여 지원병의 중핵을 맡았다. 미국 프로야구 메이저 리그 '텍사스 레인저스'의 이름은 이 자경단 이름에서 유래한 것이다.

또 루스벨트는 하버드대학교 출신인 만큼 하버드대학교, 예일대학교, 프린스턴대학교 등의 아이비리그에서도 루스벨트를 존경하여 지원병이 몰려들었다. 아이비(Ivy)란 담쟁이덩굴이라는 뜻이다. 교사가 담쟁이덩굴로 뒤덮였을 정도로 오랜 역사를 가진 격식 있는 대학교라는 의미로, 미국 북동부에 있는 8개의 대학교를 가리킨다.

지원병들은 루스벨트 대장의 지휘하에 집중훈련을 받은 후 플로리다반도 서부의 탬파항에서 여러 척의 증기선에 승선하여 전쟁이 벌어진 쿠바로 향하였다.

루스벨트 대장은 지원병 '러프 라이더스'를 이끌고 산후안힐(쿠바 동부의 언덕)로 돌격하였는데, 이때 용감하게 활약하여 일약 화제의 인물이 되었다. 그리고 귀국 후 뉴욕 주지사 선거에 입후보하여 당선되었고, 또 매킨리가 두 번째 임기의 대통령 선거전을 펼쳤을 때 부통령 후보가 되었을 정도로까지 명성을 얻었다. 『러프 라이더스』를 출판하였을 때는 그의 부대에 참가한 지원병의 이름, 출신지, 직업을 기재하였고, '전사한 지원병에게 적군이 쏜 총탄이 명중하였다' 등 사인까지 명확하게 밝혔다. 이러한 지원병 한 사람 한 사람에 대한 배려는 말할 것도 없이 루스벨트의 명성을 높여준 하나의 원인으로 작용하였다.

대해군주의 대통령

매킨리가 대통령으로 재선됨으로써 루스벨트는 부통령의 자리를 거머쥐었고, 매킨리 대통령이 1902년 9월 버펄로에서 열린 범아메리카박람회장을 방문하다가 암살되자 이번에는 미합중국 헌법 규정에 따라 대통령으로 취임하였다.

대통령 취임 선서는 수도 워싱턴이 아니라 버펄로에서 이루어졌다. 마음의 준비도 못 한 채 대통령으로 취임하였나 싶었으나, 아무래도 그렇지 않았던 듯하다. 루스벨트에게는 예전부터 마음속으로 그렸던 정책이 있었고, 이를 실현할 수 있는 이때를 좋은 기회로 파악하고 백악관을 차지하자 연달아 내외 정책을 내놓았다.

그는 해외 정책에 열정적으로 몰두한 정치가였는데, 그렇게 된 배경은 무엇일까? 원래부터 해군 역사를 연구하는 것을 좋아하였으며, 하버드대학교에 제출한 졸업 논문도 19세기 초반 해전에서 찾아볼 수 있는 승리의 원인 분석이었다. 저서가 30권 이상에 달할 정도로 정치 활동뿐 아니라 저술 활동에도 힘을 쏟았다. 머핸의 저서와 비교하여 루스벨트의 문장은 평이하고 읽기 쉽다. 애당초 해군에 많은 관심을 쏟은 이유는 그의 어린 시절에 있다. 어머니 쪽 친척 중에 남북전쟁(1861~1865년)에 참가한 남군 해군 장교가 있어서 그 친척에게 해군이 얼마나 멋진 존재인지에 관한 이야기를 자주 들었다. 전쟁에서 패한 후 영국으로 망명한 친척을 만나러 영국에 갔을 정도로 해군에 대한 마음이 뜨거웠다.

영국을 방문할 때마다 루스벨트는 영국이 전 세계에 해군 네트워크를 구축하고 제해권을 확보하고 있음을 통감하고 또 무역 체제도 영국 중심으로 이루어져 있음을 직접 눈으로 보았을 것이다. 이러한 경험을 통해 해군력 없이는 국가가 번영을 이룰 수 없다고 확신하였고 차츰 대해군주의자가 되었다.

군복은 브룩스브라더스

본 장 마지막으로, 여담이지만, 미국의 유명한 신사복 브랜드 브룩스브라더스에 대해 이야기하고 싶다. 루스벨트는 미국·스페인 전쟁에 출진할 때 뉴욕에 있는 고급 신사복 브룩스브라더스 본점에서 일부러 특별 주문하여 군복을 제작하였고 그 군복을 입고 전쟁터인 쿠바로 갔다. 정규군이 아니라 지원병을 모아서 급하게 만든 볼런티어 부대를 이끌었기 때문에 한정된 시간 내에 자비로 군복을 준비하여야 했다.

이러한 요청을 받아들인 것이 이 브랜드였고, 특수 제작 군복의 도톰한 옷깃에는 'USV(United States Volunteer, 미합중국 지원병)'라는 알

파벳 세 글자를 새겨 넣었다. 영어 정식 명칭은 'The First U.S. Volunteer Cavalry(합중국 지원병 제1기병 연대)'인데, 이를 줄여서 'USV'라고 하였다.

본점에서 군복을 입은 직후에 직접 사진관에 가서 사진 촬영도 하였다. 루스벨트에 관한 이야기를 실은 기사와 책에 종종 군복 차림을 한 그의 사진이 실리는데, 그것이 이때 촬영한 사진이다. 뉴욕에서 태어난 루스벨트는 이 브랜드의 옷을 선호하여 대통령에 취임한 후에도 브룩스브라더스의 옷을 애용하였다.

이 브랜드의 옷을 즐겨 입은 사람은 루스벨트뿐만이 아니다. 미합중국의 역대 대통령 45명(초대 조지 워싱턴[George Washington]부터 도널드 트럼프[Donald Trump]까지) 중에서 40명이나 되는 대통령이 뉴욕에 본점이 있는 이 브랜드의 정장, 셔츠, 코트를 애용하였다. 일본에서는 이 브랜드의 간판이 '브룩스 브라더스'로 되어 있지만, 본서에서는 붙여서 '브룩스브라더스'로 표기하였다.

에이브러햄 링컨(Abraham Lincoln)은 두 번째로 대통령에 취임하였을 때 이 브랜드에서 선물로 보내준 프록코트를 입었다. 워싱턴의 포드극장에서 남부 출신 배우에게 암살되었을 때 입고 있던 검은 옷이 바로 그 옷이다. 너무나도 슬픈 사건이었기 때문에 그 후이 브랜드는 이것과 같은 타입의 옷 생산을 중단하였다.

프랭클린 루스벨트(Franklin Delano Roosevelt)가 제2차 세계대전 중 크림반도 얄타에서 한겨울에 영국 총리 윈스턴 처칠(Winston

Leonard Spencer Churchill), 소련 총리 이오시프 스탈린(Iosif Vissari-onovich Stalin)과 3자 회담(얄타 회담, 1945년 2월)을 하였을 때도 브룩스 브라더스에서 만든 따뜻한 케이프를 걸치고 있었다. 세계사 교과서에 게재된 얄타 회담 사진을 떠올려보길 바란다.

JFK라는 이니셜로 친숙한 존 F. 케네디(John F. Kennedy)는 사적인 자리에서는 이 브랜드의 대표 상품인 버튼다운 셔츠를 즐겨 입었고, 대통령 집무실에서는 이 브랜드의 정장을 입었다. 리처드 닉슨(Richard Milhous Nixon)이 유명 가수 엘비스 프레슬리(Elvis Aron Presley)와 백악관에서 면회하였을 때도 역시 흰색 버튼다운 셔츠에 넥타이를 매고 나타났다. 빌 클린턴(Bill Clinton)도 아내 힐러리(Hillary Rodham Clinton)가 보낸 스웨트(어린 양과 어린 소의 가죽 안쪽에 기모 처리를 한 소재) 재킷을 입고 있었고, 대통령 취임식에 임한 도널드 트럼프와 버락 오바마(Barack Hussein Obama) 전 대통령이 함께 단상에서 입고 있던 것도 이 브랜드의 겨울용 오버코트였다.

이처럼 루스벨트를 필두로 역대 대통령은 모두 브룩스브라더스 신사복을 즐겨 입었다. 이 브랜드뿐 아니라 주얼리 브랜드 티파니도 미국 부유층의 삶에 깊이 침투하여 있는데, 두 브랜드의 공통점은 둘 다 남북전쟁에서 북군을 지원하였고 북군이 승리함으로써 승자 반열에 든 상인이라는 점이다. 권력과 상인은 어느 시대에나 밀접한 관계가 있는 듯하다.

미국·스페인 전쟁에서 활약한 무용담 덕분에 루스벨트는 대통령이 되는 길을 착착 걸어나갈 수 있었다. 대통령으로 취임한 후에도 브룩스브라더스 옷을 입고 워싱턴의 대통령 집무실에서 두 개의 중요한 해상 정책을 발표하였다. 첫 번째는 중미 '지협'에 파나마운 하를 건설하겠다는 것이었고, 두 번째는 영국 해군과 어깨를 나란 히 할 만큼 해군력을 정비하겠다는 것이었다.

제 3 장
해양 패권을 장악하려는 미국

    고래기름 수요가 하향세로 접어들고 석유가 인기를 누리는 시대가 되자 미국은 석유를 구하기 위해 내륙 유전과 해저 유전 개발사업에 착수하였다. 이에 대해서는 다음 장에서 상세하기 다루기로 하고, 본 장에서는 앞 장의 뒷부분에서 다룬 시어도어 루스벨트의 해양 패권 계획(파나마운하 건설, 대규모 해군 창설)에 대해 다루겠다.

    이러한 것들을 통해 미국은 해양 질서라는 관념을 서서히 가지게 되었다. 본 장에서는 20세기에 일어난 두 차례의 세계대전에서 큰 역할을 한 미국이 해양 국제 질서를 선도하는 대국으로 성장하게 된 메커니즘을 밝히겠다.

해양 파워를 목표로 삼은 대통령

시어도어 루스벨트 대통령(재임 1901~1909년)은 미국을 세계 최고의 해양 파워로 만들기 위해 제해권 확보와 통상 루트 장악을 염두에 두고 두 가지 해양 정책을 강력하게 추진하였다. 하나는 대서양·카리브해와 태평양을 잇는 파나마운하 건설(1904년 착공, 1914년 개통)이고, 다른 하나는 영국 해군과 어깨를 나란히 할 수 있는 세계굴지의 해군력을 보유하는 것이었다. 두 가지 모두 루스벨트 정권이 이루어낸 위업이다. 해군 전략가 머핸의 가르침을 가슴에 품고 루스벨트는 대통령의 권한을 유감없이 발휘하여 해양 파워를 향해 망설이지 않고 돌진하였다.

또 미국 중심의 세계 질서를 머릿속에 그리며, 러일전쟁(1904~1905년) 강화회의를 포츠머스에서 개최하고 조정 역할을 맡아 러일전쟁을 종식시켰다. 이 업적을 인정받아서 1906년에 미국인 최초로 노벨 평화상을 수상하였다. 당시 풍자화 중에는 '곤봉(Big Stick, 군사력)'을 휘두르는 전쟁주의자 루스벨트가 평화상을 수상하였다며 비꼰 작품도 있다. 그러나 이러한 강화회의에서 조정자 역할을 함으로써 미국이 국제 정치에서 확실하게 대국 반열에 진입한 것은 명백한 사실이다. 20세기는 미국이 중심에 있는 새로운 시대의 여명기라고 국제사회에 어필할 절호의 기회가 되었다.

파나마운하 – 아메리칸 드림

루스벨트 대통령이 최초로 착수한 외교 및 안전보장 정책은 당시 콜롬비아령 내에 있던 파나마 '지협'에 운하를 건설하는 것이었다. 파나마운하가 건설됨으로써 역사상 최초로 대서양·카리브해와 태평양이 연결되었고, 세계 무역의 항로 및 군사 전략에 혁명적인 변화를 가져왔다.

원래 루스벨트가 파나마운하 건설의 중요성을 통감하였던 것은 앞 장에서 언급한 미국·스페인 전쟁(1898년) 때였다. 미국·스페인 전쟁이 불가피함을 간파한 루스벨트는 해군 차관으로서 미국 해군 함정을 카리브해에 집결시켜야 한다고 판단했다. 그래서 미국 서해안에 배치해두었던 군함 '오리건(기준 배수량 약 1만 톤, 승무원 및 병사 수 약 480명)'을 카리브해로 회항시켜 전력을 증강시켜야겠다는 방침을 세우고, 정박 중이던 샌프란시스코항에서 북대서양 전대로 보내 합류시킬 결단을 내렸다.

하지만 전쟁이 터지기 전에 그 결정을 미리 다 수행하지 못하였다. 당시에는 파나마운하가 아니라 남아메리카 남단의 혼곶이나 마젤란해협을 경유하여야 했기 때문이다. 카리브해에서 북대서양 전대와 합류한 것은 미국·스페인 전쟁(4월 25일 개전)의 총구멍이 열리고 한 달이나 지난 후였다.

마젤란해협 주변에서는 기상 조건 악화에 시달리고, 친스페인 세력이 있는 남아메리카 항만에서는 석탄 보급을 포기하는 등 항해 자체가 고난의 연속이었다. 갖은 고생 끝에 겨우 북대서양 전대와 합류하였지만, 미국·스페인 전쟁에서 활약할 기회는 없었다. 대서양과 태평양에 배치된 전함을 일체적으로 운영할 수 없었던 쓰라린 경험을 한 후 루스벨트는 파나마운하 건설이라는 비원을 품게 되었다.

혼곶이나 마젤란해협을 경유할 경우에는 극심한 기상 변화로 함선 통항에 종종 어려움이 발생하지만, 파나마운하를 경유할 경우에는 허리케인을 제외하면 안정적인 기상 여건이 보장되기 때문에 항행 자체가 차질 없이 이루어진다.

특히 민간 상선에 안전한 항행은 매일매일 고민하여야 하는, 그 무엇보다 절실한 문제였다. 파나마운하가 개통되기 전에는 대서양과 태평양을 잇는 해상 무역은 혼곶이나 마젤란해협을 경유할 수밖에 없었기 때문에 상선업계는 늘 골머리를 썩였다. 파나마 지협을 횡단하는 철도가 1855년에 개통된 상태였지만, 증기기관차도 소형인 데다가 단선(單線)이어서 대량 화물을 수송하기에는 적합하지 않았고, 또 대형 중량 화물은 철도로 수송할 수 없는 등 다양한 제약이 있었다. 이 철도 건설에도 미국 자본이 투입되었다. 이를 통해 미국이 19세기 중반부터 파나마 지협의 관리 및 지배에 상당한 관심을 기울였음을 알 수 있다.

이러한 대서양과 태평양을 잇는 해상 교통로의 난제를 모두 해결한 것이 파나마운하의 완성이었다. 파나마운하가 완성됨으로써 대서양과 태평양을 연계하여 해군 전략을 짤 수 있게 되고, 해양 파워를 구상할 좋은 조건을 손에 넣게 되었다. 동시에 해상 무역 방면에서도 대서양과 태평양을 일체화하여 항로를 정비할 수 있게 되었고, 그야말로 수에즈운하를 잇는 새로운 세계 무역 루트가 파나마운하가 완성됨으로써 열린 것이다.

이하에서는 파나마운하 건설 과정을 되짚어보고, 해양 파워를 지향한 미국이 운하 건설에 건 남다른 결의를 확인해보겠다.

수에즈운하와 마찬가지로 파나마운하 건설에서도 제1장에서 등장한 프랑스의 전 외교관 레셉스가 관여하여 프랑스 정부의 지원을 얻어냈지만, 결국 파나마운하 건설을 도중에 단념하지 않을 수 없었다. 그 후에 등장한 것이 레셉스가 이루지 못한 꿈을 이룬 시어도어 루스벨트였다. 대통령에 취임하자마자 강력한 리더십을 발휘하여 단숨에 건설 프로젝트를 추진시켰다.

수에즈운하 건설을 성공시킨 경험 탓에 실패한 레셉스

파나마운하 건설이 논의되었을 당시, 대서양과 태평양을 해수면으로 수평하게 잇는 프랑스 방식과 바위산에 계단처럼 격차를 만들어 배를 상하로 움직이며 전진시키는 미국 방식의 두 가지가 있었다. 전자인 프랑스 방식은 프랑스의 전 외교관 레셉스가 이미 수에즈운하 건설에서 채용하였던 방식이다. 이 경우에는 지중해와 홍해를 이을 때 이집트의 사막을 수평으로 개착하여 완성하였고, 지중해와 홍해의 해수면에 큰 차이도 없었기 때문에 홍해에서 지중해로 대량의 바닷물이 유입되지도 않았다.

이 방식으로 수에즈운하를 완성시킨 레셉스는 프랑스에 귀국한 후에도 은퇴하지 않고 만년이 되어서도 인류의 새로운 꿈을 실현하기 위해 계속 도전하였다. 그것이 바위산을 개착하는 가혹한 파나마운하 건설이었다. 수에즈운하 완공으로부터 약 10년의 세월이 흐른 1881년에 레셉스는 만국파나마인터내셔널운하회사를 파리에 설립하였고, 정치인을 끌어들여가면서 다양한 시민으로부터 건설자금을 모으는 데 성공하였다. 하물며 투자가는 중산계급부터 저소득층의 소액 투자가까지 폭넓었으며, 서민에게는 마치 복권과 같은 것이 되었다. 수에즈운하의 성공 신화가 시민에게까지 널리 퍼진 결과였는지도 모르겠다.

레셉스가 1881년에 파나마운하 건설에 착수하였을 때는 망설임 없이 수에즈운하 건설과 같은 방식을 선택하였다. 지중해와 홍해 사이에 있는 사막을 수평으로 개착한 방식으로, 대서양과 태평양도 수평으로 개착하려고 하였다.

그런데 파나마 지협은 험준한 바위산과 열대 식물에 둘러싸여 있었고, 하물며 말라리아와 황열병 등 모기를 매개로 하는 열대병이 만연하여 레셉스가 진두지휘한 현장에서 약 2만2,000명의 작업원이 열대병으로 목숨을 잃는 등 가혹한 운명이 기다리고 있었다. 수에즈운하 건설 때는 한 번도 경험한 적 없는 큰 시련이 버티고 있었던 것이다.

공사 진행은 지지부진하였고, 파나마운하를 건설하기 위해 만든 파나마운하건설회사는 1889년에 도산하였다. 경영자 레셉스와 아들은 출자자들에게 고소당하였다. 그들은 실의에 빠진 채 귀국하지 않을 수 없었다. 프랑스 정치인에게 거액의 뇌물을 바치며 건설 프로젝트를 진행한 것이 밝혀지면서 레셉스 부자의 신뢰성은 땅바닥으로 떨어졌다.

파나마 지협은 당시 콜롬비아공화국의 일부였기 때문에 레셉스는 콜롬비아 정부로부터 개착권을 따내 건설 중이었는데, 이 권리도 공중으로 붕 떠버렸다. 그 틈을 노린 것이 미국의 시어도어 루스벨트 대통령이었다.

미국의 야심 – 파나마 지협의 영유화

시어도어 루스벨트는 전술한 바와 같이 1901년 9월에 예기치 않게 대통령직에 취임하였는데, 취임 후 그때까지 마음에 품어온 외교 안전보장 정책을 강력하게 추진하였다. 그중의 하나가 파나마 운하를 건설하며 카리브해에 '곤봉' 외교를 펼쳐 파나마 지협 일대를 병합하는 것이었다.

파나마운하는 전체 길이 약 80km의 갑문식 운하로, 미국 정부가 막대한 비용을 투입하여 1914년 8월 15일에 완성(정식으로 개통)하였다. 그러나 시험적인 통항은 전년도 1913년부터 이미 시작한 상태였다.

파나마운하 건설 루트 구상에는 콜롬비아를 개착하는 루트와 니카라과를 통과하는 루트의 두 가지가 있었고, 원래 미국은 니카라과 루트 쪽으로 구상하고 있었다. 프랑스가 선택하였던 콜롬비아 루트가 보류된 상황에서, 미국 연방 의회는 1902년 1월에 니카라과 루트로 운하 건설을 하기로 결정하였다. 여기에는 콜롬비아 정부와 건설 교섭을 하는 과정에서 콜롬비아가 미국에 터무니없는 계약금을 요구하였기 때문에 콜롬비아 루트를 단념하고 니카라과 루트를 선택한 배경이 있다.

최종적으로 루스벨트 대통령은 대책회의를 열어 루트를 변경하기로 하였고, 프랑스가 선택하였던 콜롬비아 루트로 건설하기로 결정하였다. 그 배경에는 대통령의 정치적인 야심이 있었던 듯하다. 콜롬비아공화국의 반정부 세력을 지지함으로써 무장봉기를 일으켜 콜롬비아에서 분리 독립시킨 후 미국군을 주둔시켜 파나마 지협 일대를 직할지로 지배하려는, 즉 파나마를 병합하려는 속셈을 품고 있었다.

반정부 세력이 분리 독립하려는 움직임을 보이자 루스벨트는 콜롬비아 앞바다에 미국 해군 함정 10척을 배치하고 포함 외교(강대국이 함대의 무력을 바탕으로 전개하는 외교 정책-역자 주)를 펼쳤고, 해병대까지 동원해가며 콜롬비아 정부군이 파나마운하에 진군하지 못하도록 엄중하게 감독하였다. 이리하여 파나마는 1903년 11월 콜롬비아에서 분리 독립하였고, 미국은 파나마 지협을 방위한다는 명목으로 미군을 주둔시켜 실질적으로 직할지로서 병합하였다. 이처럼 미국이 반정부 세력을 능숙하게 이용하여 분리 독립시킨 것은 파나마가 처음이 아니다. 하와이 병합 때 이미 사용하였던 수법이다.

미국 정부는 파나마공화국 정부와 11월에 워싱턴에서 파나마운하 조약을 체결하고, 파나마운하 지대를 직할지로서 지배하기로 확정지었다. 이 조약에 따라서 미국은 첫 번째로 파나마의 독립을 보장하고 보호국으로 삼는다, 두 번째로 파나마운하를 독점적으로 관리·운영하고 영구 조차지로 삼는다, 그리고 세 번째로 운하 지대를 방위하기 위해 군대와 경찰을 배치할 수 있다고 규정하였다. 즉 미국이 운하 지대에 주권을 행사할 수 있게 된 것이다. 이때 미국은 파나마 정부에 조약 체결 시에 1,000만 달러를 지불하고 또 연간 계약료로 25만 달러를 지불하기로 함으로써 합의를 이끌어냈다.

경제 인프라 정비부터 시작

미국이 파나마 지협 개착에 착수한 것은 1904년이며, 10년 후 1914년에 드디어 파나마운하가 개통되었다. 프랑스가 1889년에 철수한 후에도 건설 현장에 자료와 시설 등이 남아 있어서 미국 정부는 프랑스 측과 협의하여 이 자료와 시설을 모두 미국 측으로 이관한 연후에 운하 착공에 들어갔다.

미국 정부는 수도 워싱턴에 지협운하위원회를 발족시켰지만 비전문가 집단으로 구성되어 유명무실하였기 때문에 루스벨트 대통령은 주임 엔지니어를 교체하기로 결정하고 실력자 존 스티븐스(John Frank Stevens)를 현지로 보냈다. 또 말라리아와 황열병 예방대책을 본격적으로 마련하기 위해 열대병 전문가도 보냈다. 대통령의 강력한 지도력으로 겨우 운하 건설을 궤도에 올릴 수 있었다.

그중에서도 스티븐스를 현지로 보낸 의미가 크다. 그는 로키산맥을 관통하는 철도 노선을 완성해낸 주역으로, 이 기술을 높이 평가받아 파나마운하 주임 엔지니어로 발탁되었다. 그때의 경험을 바탕으로 굴착장비를 장착한 서블선과 크레인선 등의 중기계를 모았고, 건설공사를 하기 위해서는 철도 수송망 정비가 불가결하다고 판단하고 여러 대의 증기기관차를 미국 본토에서 들여왔다. 후방 지원을 해줄 거점 도시를 건설한 후에 개착공사를 시작하지 않으면 이 어려운 공사를 해낼 수 없겠다고 확신하였고, 실제로 개착공사를 시작하기 전에 후방 지원 도시 콜론을 개조하는 데 일 년 반을 썼다. 이러한 대형 기반 정비사업을 끝낸 다음에 작업원을 대량으로 한 번에 투입하였다.

스티븐스는 그들을 장기간 동안 안정적으로 확보하기 위한 대책도 연달아 실행하였다. 최종적으로 약 6만 명의 작업원을 위한 쾌적한 주거 여건 정비(고위 간부를 위한 개인실과 가족용 주택도 마련), 레스토랑과 호텔, 병원 건설(수술실 완비), 말라리아와 황열병을 없애기 위한 철저한 작업(모기 발생원이 되는 물웅덩이에 기름 살포), 여러 대의 증기기관차를 도입한 철도망 정비 등을 추진하였다. 또 작업원의 오락과 여가 생활에도 힘을 쏟아 연예인 등의 엔터테이너를 정기적으로 파견하여 그들이 즐거운 시간을 보낼 수 있도록 하였다.

난공사를 원활하게 진행하기 위해 미국 본토에서 최신 증기식 셔

불선, 증기식 굴착기, 증기식 크레인 여러 대를 가져와 작업 효율을 비약적으로 상승시켰다. 바위산을 분쇄하기 위해 방대한 양의 폭약 '다이너마이트(그리스어로 '힘'이라는 뜻)'도 사용하였다. 경제 인프라가 정비되자 카리브해에 면한 항구도시 콜론은 즉시 활기를 띠었다. 현지에서는 식료품을 일절 조달할 수 없었기 때문에 뉴욕과 시카고에서 식료품을 대량으로 조달한 후 전용 화물선에 실어 콜론으로 배송하는 시스템을 구축하는 등 미국 정부가 파나마운하 건설에 쏟은 열정은 이루 헤아릴 수 없다. 미국 본토와 중남미에서 모집한 작업원의 정착률이 높아졌고, 좋은 조건에 끌려 희망자가 쇄도하기도 하였다. 레셉스 시절에 약 2만2,000명이 병에 걸려 사망한 악몽 같은 기록이 있는 파나마 지협에서 레셉스가 저지른 시행착오를 되풀이하지 않겠다는 강한 결의를, 루스벨트 대통령이 보인 용의주도한 계획에서 읽을 수 있다.

미국은 당시로서 세울 수 있는 만반의 대책을 세웠지만, 그런데도 매년 수천 명이 말라리아에 걸렸고, 때로는 그 수가 1만 명에 달하기도 하였다. 사고와 열대병으로 목숨을 잃은 작업원은 10년간 5,609명(이 중에서 백인 미국인은 350명)으로 집계되었다. 그야말로 엄청난 희생을 동반한 위업이었다.

파나마운하가 정식으로 개통된 직후, 최초로 운하를 이용한 미국 화객선 '안콘(미국 정부 계열 파나마철도회사 소유)'이 통항하는 데 소요된 시간은 9시간 45분이었다. 같은 해에 처음으로 파나마운하를 지난 일본 국적선은 닛폰유센(日本郵船)의 '도쿠시마마루'였다.

종래의 혼곶과 마젤란해협을 경유하는 항해가 약 한 달이나 걸렸던 것을 생각하면 그야말로 마치 꿈처럼 항해 일수가 단축되었다고 하겠다.

개통 직후에는 제1차 세계대전의 영향으로 통행량이 적었다. 대전 중에는 하루에 4~5척이 통행할 정도여서 연간 2,000척도 되지 않았다. 대전이 끝나고 통행량이 증가하기 시작하여 1920년대에는 연간 5,000척에 달하게 되었고, 수에즈운하 통행량과 어깨를 나란히 할 정도가 되었다.

미국은 대서양·카리브해와 태평양을 잇는 운하 항로를 관리하에 두기 위해 군대를 주둔시킴으로써 실질적으로 파나마를 병합하는 데 성공하였다. 영국이 해양을 지정학적으로 파악하고 수에즈운하를 지배한 것처럼, 미국도 파나마운하를 지정학적으로 파악하고 막대한 자금과 최신 기술, 그리고 대량의 노동력을 투입하여 완성시켰다. 20세기 해양은 미국에 의해 개척될 것이라는 인상을 세계에 준 사건이었다.

미국 해군의 강화

시어도어 루스벨트 대통령이 착수한 두 번째 과제는 미국 해군 강화였다. 그는 대통령으로 취임하기 전에 해군 차관으로 해군을 지휘하던 당시부터 미국은 마땅히 해양 파워가 되어야 한다고 굳게 믿으며 해군을 증강하기 위한 정책을 끊임없이 제안하였다.

대통령으로 취임하자마자 해군 전함을 증강할 계획을 실행으로 옮겼고, 재임 중에 대서양 함대를 16척의 전함으로 편성하는 규모로까지 확대했다. 나아가 세계 최고의 해양 파워가 되기 위해 전함 16척으로 세계 일주 항해를 하였다. 군함 색깔은 으레 짙은 회색이기 마련인데, 모든 군함을 흰색으로 다시 칠하였기 때문에 '그레이트 화이트 플리트'라고 불리게 되었다. 화이트는 '평화'를 상징한다.

루스벨트 대통령은 '곤봉 외교'와 '포함 외교'를 전면에 내세운 대통령이었고, 그야말로 그레이트 화이트 플리트는 그러한 상징적인 존재였다. 전함 16척으로, 해군과 해병대 병사 약 1만3,000명을 태우고, 1년 2개월에 걸쳐 서쪽으로 돌아서 세계 일주를 해냈다. 대서양 함대의 모항 노픽에서 1907년 12월에 출항하여 1909년 2월에 모항으로 돌아오는 장대한 항해였으며, 그야말로 미국 해군의 원양 항해 능력을 평가하는 테스트 항해이기도 하였다.

평화와 친선을 목적으로 하는 연습 함대의 세계 일주 계획은 시어도어 루스벨트 대통령과 극히 소수의 측근이 준비한 계획으로, 모항 노픽에서 출항한 후 3개월이 지난 시점에 처음으로 세계 일주 항해 계획을 공표하였다. 평화와 친선과는 반대로 당시 미·일 관계는 긴장으로 넘쳤고, 두 나라 간에 전쟁이 터지는 것이 아니냐고 사람들이 수군거릴 정도로 양국의 관계는 최악인 상황이었다.

당시 상황을 되돌아보면 ①일본이 러일전쟁에서 승리를 거두어 태평양의 승자가 되고 러시아 태평양 함대는 붕괴되었다. ②러일전쟁 강화회의를 개최한 루스벨트 대통령은 노벨 평화상을 수상하였지만, 전후에 일본 경계론자로 변모하였다. ③영국은 주력함을 북해로 이동시키고 가상 적국 독일의 도발에 대비하기 위해 준비 태세에 들어갔고, 극동·태평양에는 일본 해군만 존재하게 되었다. ④미국 국내에서 애국주의가 대두하며 서해안 캘리포니아주에서 일본을 배척하자는 운동이 일어나 반일 감정이 터져 나왔다.

이와 같이 미·일 관계는 평화와 친선과는 거리가 먼 상황이었다. 미국은 일본을 군사적으로 견제할 필요성을 느끼고 대서양 함대를 태평양으로 회항시켰고, 유사시에는 미국 해군을 동원할 결의를 보이고 있는 실정이었다. 친선을 목적으로 연습 함대가 세계 일주를 할 것이라고 미국 정부가 발표한 것은 1908년 3월이었다. 방문국 기항지에 일본은 포함되어 있지 않다. 미국의 숨겨진 의도가 반일임을 꿰뚫어본 일본 정부는 고도의 외교적 판단을 내려, 반대로 미국 함대에 방일을 강력하게 요청하였고, 미국 함대가 요코하마에 기항하자 공전의 환영 행사를 열어 미국을 향해 열렬한 우호 친선의 의사 표시를 하였다.

실로 훌륭한 외교 지혜가 아닐 수 없다. 이 환영 행사를 계기로 미·일 관계는 급속하게 호전되었고, 같은 해 11월에 루트·다카히라 협정(정식 명칭은 '태평양 방면에 관한 미·일 교환 공문')을 맺어 미·일 관계를 안정시킬 테두리를 만들었다.

해군의 군비 확장 레이스

　20세기 개막부터 제1차 세계대전에 이르기까지의 시기에는 해군의 군비 확장 경주가 격렬하게 펼쳐졌다. 유럽 대륙에서는 영국, 독일, 프랑스, 오스트리아·헝가리, 러시아가 각축을 벌였고, 여기에 미국과 일본이 참가하여 7개국이 군비 확장 경쟁을 벌였다.

　특히 영국과 독일의 해군 경쟁이 더욱 치열해졌는데, 영국 해군은 독일에 대항하기 위해 혁명적인 신형 전함 '드레드노트(Dread-nought, 두려움을 모르는 용맹함)'를 1906년에 건조하여 세계를 깜짝 놀라게 만들었다. 모두 12인치(약 30cm)짜리 주포 10문(선회식)을 탑재했고, 소구경 부포는 폐지하였다. 기준 배수량은 1만7,900톤이었고, 증기 터빈 엔진을 사용하여 최대 속력 21노트라는 엄청난 속도로 항해할 수 있었다.

　종래의 대형 전함은 대구경 대포(거포)를 탑재하고 거기에다 방탄 성능을 높이기 위해 강철판을 두껍게 하면 스피드가 떨어지는 것이 보통이었다. 대함거포주의(大艦巨砲主義)라는 전함의 상식을 뒤집은 것이 영국의 드레드노트였다. 일본에서는 이 신형 전함의 앞 글자 'D'를 '노(弩)'나 '도(ト)'로 음차하여 드레드노트급의 대형 전함을 '노급(弩級)' 또는 '도급(ト級)'이라고 부르게 되었다. 이 신형 전함보다 성능이 한 단계 더 높은 전함은 '초노급(超弩級)' 또는 '초도급(超ト級)'이라고 부른다.

　시어도어 루스벨트 대통령이 전함 16척으로 편성된 '그레이트 화이트 플리트'로 세계를 일주하는 모습을 전 세계에 과시하였지만,

'도급' 전함은 한 척도 없었다. 다소 심하게 표현하자면 시대에 뒤처진 구식 전함을 단기간에, 하물며 대량으로 만들었다고 하겠다. 영국의 신형 드레드노트 전함이 등장하자, 이번에는 전 세계의 주요 해군 국가의 관심이 '도급' 전함 제작에 쏠렸고, '도급' 전함 군비 확장 경쟁에 박차를 가하였다. 넉넉한 경제력과 공업력을 활용하여 군대의 근대화를 급속하게 추진할 수 있었던 미국은 1910년에는 독일과 어깨를 나란히 하며 영국을 잇는 세계 제2의 해군 군가가 되었다.

당시는 전함 보유 수가 그대로 해군력 규모를 보여주는 시대였다. 1900년 시점에 1위가 영국(37척), 2위가 러시아(12척), 3위가 프랑스(10척), 4위가 미국(7척), 5위가 독일(6척)과 일본(6척), 7위가 이탈리아(3척), 오스트리아·헝가리는 0척으로, 영국이 압도적인 힘을 자랑하였다(제임스 브래드퍼드[James C. Bradford], 2016).

영국은 전술한 바와 같이 1889년부터 '이국표준주의(Two-Power Standard)'를 해군 전략으로 정하고, 영국 해군은 2위와 3위 국가 해군력의 합계를 늘 상회하여야 한다는 방침을 세워놓고 있었다. 영국은 해군력으로 압도적인 우위를 유지한다는 원칙이었다. 하지만 영국은 자신들이 개발한 '도급' 전함 때문에, 영국이 보유한 전함 대부분이 구식에 속하게 되어, '도급'을 기준으로 하였을 때는 이국표준주의가 무너지는 아이러니한 결과를 낳고 말았다.

제1차 세계대전이 일어난 1914년의 해군력을 되짚어보면, 1위 영국(70척, 도급 24척), 2위 독일(40척, 도급 17척), 3위 미국(33척, 도급 10

척), 4위 프랑스(22척, 도급 4척), 5위 일본(18척, 도급 4척), 6위 오스트리아·헝가리(12척, 도급 3척), 그 이하는 이탈리아(11척, 도급 3척), 러시아(12척, 도급 2척)였다. 영국 이국표준주의의 대상인 2위 독일과 3위 미국이 보유하는 '도급' 전함의 합계는 27척이므로 결국 영국의 '도급' 전함 24척을 상회하게 되었고, 영국이 반드시 지켜야 할 규칙으로 여겨온 이국표준주의는 눈 깜짝할 사이에 무너지고 말았다(James C. Bradford, 2016).

게다가 제1차 세계대전으로 영국 해군은 상당한 타격을 입었고, 독일 해군도 파멸적이라고 할 만큼 손해를 입었다. 세계대전의 전장이 되지 않은 미국은 해군력을 온존하여 영국을 제치고 세계 제일의 해군력을 보유하는 새로운 시대를 맞이하였다.

제1차 세계대전에 참전한 미국

여기서부터는 제1차 세계대전(1914~1918년)에서 중립 정책을 펼치던 미국이 어쩔 수 없이 참전을 단행하게 된 배경을 확인하고, 종전처리계획에서 해양 문제를 어떻게 다루었는가 하는 점에 특히 주목해보겠다.

유럽 대륙에서 제1차 세계대전이 1914년 8월에 발발한 직후, 미국은 즉각 중립 선언을 하였다. 많은 미국 국민이 중립을 희망하였고, 전쟁에 관여하는 것에 반대하였다. 먼로 선언을 한 이래로 미국은 유럽 대륙의 정세에 관여하지 않는 고립주의 자세를 유지하여왔다. 제1차 세계대전의 방아쇠가 된 것은 보스니아·헤르체고비나의 수도 사라예보에서 발생한 오스트리아·헝가리제국의 황위 계승자 암살사건(1914년 6월)인데, 세계대전의 저류에는 영국과 독일의 해군 경쟁이 있었고, 해양 패권을 둘러싼 싸움이 있었다.

제해권을 장악한 영국이 독일에 대해 해상을 폐쇄하였다. 전함 등의 해양 함정 규모에서 영국에 뒤지는 독일은 정면 공격으로는 영국과 맞붙을 수 없었기 때문에 꾀를 내어 여러 대의 잠수함(유보트)을 만들어 대항하려 하였다. 유보트란 독일어로 잠수함의 약칭인데, 영어권에서는 독일 해군의 잠수함을 뜻한다.

해양 패권 장악을 꾀한 독일은 1915년 2월 영국을 출·입항하는 모든 함선(군함과 민간 상선)을 독일 잠수함으로 공격하는 무차별 잠수함 작전을 선언하고 이를 실행하였다. 섬나라 영국으로 식량과 물자가 반입되는 것을 저지하고 보급로를 차단함으로써 영국을 약화시키고 전투 능력을 빼앗으려는 작전이었는데, 영국은 끈질기게 살아남았다. 당시의 총리 데이비드 로이드 조지(David Lloyd George, 재임 1916~1922년)는 호송선단 방식을 도입하여 해군으로 하여금 그룹으로 편성된 민간 상선을 호위케 함으로써 민간 상선의 손실을 크게 줄였다.

독일은 대전 중에 약 300척 이상의 잠수함을 출격시켰다. 영국 해군의 순양함을 격침하고, 약 5,000척 이상의 민간 상선을 공격하여 침몰시켰다. 독일은 당초에는 민간 상선에 사전 경고를 한 다음 어뢰로 공격하여 격침시켰는데, 세계대전 후반에 이르자 경고 없이 민간 상선을 공격하였다. 미국은 당초에는 중립 정책을 표방하며 유럽 대륙의 전쟁에 관여하지 않겠다는 태도를 보였지만, 독일이 1919년 1월 무경고 무차별 잠수함 작전에 돌입하자 이에 반응하여 중립 정책을 버리고 같은 해 4월에 참전하였다. 이를 계기로 미국은 먼로주의를 통해 더욱 명확하게 밝혔던 전통적인 고립 정책을 포기하고 '세계의 경찰관'의 길을 걷기 시작하였다.

참전 배경

1917년 4월에 미국이 대독일전에 참전한 배경에는 두 가지 큰 사건이 있다. 첫 번째는 영국의 호화 여객선 '루시타니아호'가 독일 잠수함의 공격을 받아 미국인 승객이 다수 사망한 것이다. 두 번째는 제1장에서 언급한 바와 같이 독일이 멕시코 정부 앞으로 보낸 극비 전보(치머만 전보)가 해독되어, 독일이 멕시코 정부에 등 뒤에서 미국을 공격해달라고 요청한 것으로 밝혀졌기 때문이다.

첫 번째는 영국의 호화 여객선 루시타니아호(커나드 라인 소유, 3만 2,500톤, 세계 최대이자 최고 속도를 자랑, 승객 1,257명, 승무원 702명)가 1915년 5월에 미국 뉴욕에서 영국 리버풀을 향해 항해하던 중 아일랜드 근해에서 독일 잠수함의 어뢰 공격을 받아 승객과 승무원 1,198명이 희생되었는데, 그중에 미국인 승객 128명도 포함되어 있었던 사건이다.

이 비극적인 사건 소식을 듣고 우드로 윌슨(Thomas Woodrow Wil-

우드로 윌슨

son) 대통령(재임 1913~1921년)은 독일에 강력하게 항의하였고, 이를 계기로 미국 국내 여론은 독일에 강경한 태도를 보이자는 입장으로 크게 기울었다. 미국을 필두로 국제 여론이 독일을 강하게 비난하자 독일은 무차별 잠수함 작전을 일단 중지하였다.

하지만 독일은 이 작전을 재개하지 않을 수 없었다. 영·독의 주력함에 의한 유일한 함대 결전이 될 유틀란트 해전이 일어났다. 덴마크의 유틀란트반도 앞바다에서 1916년 5월 31일~6월 1일에 치러진 해전으로, 독일 함대는 패배하지는 않았지만, 제해권을 쥔 영국 해군에 압도되어 전투로 잃은 군함을 제외한 주력 부대는 독일 군항으로 돌아가 움직일 수 없는 상태가 되었다.

유틀란드 해전에서 영국은 전함, 순양 전함(대포는 전함급의 대구경이지만 선체는 경장갑 순양선 레벨), 순양선 등 151척을 동원하였지만 군함 14척과 장병 약 6,500명을 잃었다. 한편 독일은 동종의 함대 99척을 모았는데, 군함 11척이 격침되고 장병 약 3,000명이 사망하였다. 젤리코(John Jellicoe) 제독이 지휘한 영국 측의 손해도 컸다는 것을 부정할 수 없지만, 독일 함대를 킬 군항 등에 가두는 상황을 만들어냈다.

영국에 해상 봉쇄를 당한 독일은 전황이 크게 호전될 가능성이 없다고 판단하고, 최후의 수단인 무차별 잠수함 작전을 1917년 2월에 재개하였다. 이를 보고 미국은 대독일 참전으로 입장을 전환하였고, 윌슨 대통령은 연방 의회에 선전포고를 요구하였으며, 양원(상·하원)은 같은 해 4월에 압도적인 다수로 승인하였다.

치머만 극비 전보 사건

두 번째는 독일의 아르투르 치머만 총리가 1917년 1월에 멕시코 정부에 보낸 극비 전보가 해독된 것이다. 전보에는 멕시코가 배후에서 미국을 공격하여 독일이 전승국이 되면, 멕시코가 미국 남부의 일부를 탈환할 수 있게 해주겠다는 밀약 내용이 담겨 있었다. 그러자 미국 여론은 독일을 비난하는 목소리 일색이 되었다.

과거 1846~1848년에 멕시코는 미국·멕시코 전쟁에서 패한 결과, 국토의 3분의 1에 해당하는 북부 영토(미국 캘리포니아에서 텍사스에 이르는 광대한 땅)를 잃었다. 잃어버린 이 영토를 멕시코가 탈환하게 해주겠다는 조건으로 독일은 멕시코에 대미 참전을 제의한 것이다. 결국, 멕시코는 대미 참전을 하지 않았다.

이 극비 전보를 중간에서 확인한 것이 영국 해군이었다. 독일은 해저 케이블을 통해 극비 전보를 송신하였지만, 대서양을 횡단하는 해저 케이블은 영국이 부설한 것이고, 영국은 해저 케이블로 보내는 전보를 모두 검열할 수 있는 입장이었다. 독일의 극비 전보를 영국 해군이 해독하여 미국에 알렸는데, 영국은 자신들이 해독하였다는 사실을 숨기는 것도 잊지 않았다. 영국의 암호 해독 능력 수준을 독일에 간파당하는 것을 원치 않았기 때문이다.

이 극비 전보를 접한 미국 정부는 독일에 강경한 태도를 취하자는 쪽으로 기울었고, 최종적으로 대독일전에 참전하기로 결심을 굳혔다. 정부는 극비 전보를 3월에 공표하였고, 흐름에 따라서 자연스럽게 4월에 선전포고를 하였다.

'14개조 평화 원칙'을 제안

제1차 세계대전 발발 후 미국이 참전하기까지 약 2년 9개월의 시간이 걸렸으므로 미국은 전쟁에 대해 충분히 생각할 시간적인 여유가 있었을 것이다. 대서양에 부설한 영국 해저 케이블을 통해 영국과 유럽 대륙에서 생생한 전황 정보가 시시각각으로 전해져왔을 것이다. 수도 워싱턴과 유럽 출신 이민자로 넘치는 뉴욕에서는 어떻게 하면 유럽 전쟁을 끝낼 수 있을까에 관한 논의가 활발하게 이루어졌고, 미국의 역할을 테마로 토론회도 자주 열렸다.

영국 호화 여객선 루시타니아호에 승선하고 있던 다수의 미국인 승객이 독일의 무차별 잠수함 작전으로 희생된 것을 계기로 전쟁을 더 진지하게 고려하였을 것임을 어렵지 않게 상상할 수 있다. 윌슨 대통령과 측근 하우스(Edward Mandell House) 대령은 전쟁을 종결시키기 위해 미국 주도로 평화 구상을 제안하여야 한다는 결론에 이르렀다.

민주당 대통령으로서 자유주의적인 입장에서 이상주의 외교를 펼친 것으로 유명한 윌슨 대통령은 프린스턴대학교 교수를 거쳐 학장을 역임한 경력을 통해서도 알 수 있듯이 지적인 작업의 프로였다. 그리고 공직에 오르지 않고 학자 출신 대통령의 브레인으로서, 배후의 측근으로서 대통령 곁에서 잠시도 떠나지 않은 인물이 하우스 대령이다.

대령이지만 군인은 아니었다. 실업가로서 역대 텍사스 주지사를 섬기며 군사 문제에 조언하였기 때문에 일종의 닉네임으로서 '대령(Colonel)'이라고 부른 것뿐이다. 두 사람이 골몰하여 짜낸 세계대전 평화 구상이 '14개조 평화 원칙'이다. 이상주의자 대통령과 실무가 출신 측근의 공동 작업이 맺은 결실이다.

미국이 참전한 때로부터 약 9개월이 경과하였을 때, 독일과의 전쟁이 계속되던 중에 윌슨 대통령은 1918년 1월 8일 연방 의회에서 '14개조 평화 원칙'으로 알려진 종전 처리에 관한 평화 원칙을 공표하였다. 이하에 영어 원문을 참고하여 본서의 내용과 관련된 다섯 가지 조항을 소개하겠다.

(1) 비밀리에 국제적 합의를 하는 것을 금지하고, 공개적으

로 평화 규약을 정한다.

(2) 영해 이외의 바다(=공해)에서 안전하게 항행할 자유를 보장한다.

(3) 오스만제국 내에서의 터키의 주권을 보장하고, 터키 지배하에 있는 여러 민족의 생명과 자치를 보장함과 동시에, 다르다넬스해협을 영원히 개방하고, 선박과 통상의 자유로운 통항을 확보한다. 이를 국제적으로 보장한다.

(4) 폴란드의 정치적·경제적인 독립과 영토 안전을 보장하고, 또한 바다(the Sea=발트해)에의 자유로운 출입을 보장한다.

(5) 모든 국가의 정치적인 독립과 영토 안전을 서로 보장하기 위해 국가 간 조직을 설립한다.

윌슨의 '14개조 평화 원칙'을 보면 유럽 대륙 중에서 독일군의 침략으로 국토가 전장이 된 나라들을 하나하나 들었고, 제1차 세계대전이라기보다 유럽 전쟁에 어떻게 대처할 것인가에 주안점을 두었음을 알 수 있다. 유럽의 정치와 전쟁에 대한 미국의 혐오감까지도 읽힌다. 또 러시아에서 혁명가 레닌이 일으킨 러시아 혁명도 진행 중이던 상황이어서 러시아의 향방에 대한 불안도 커지고 있었다.

그리고 전승국이 될 영국과 일본의 역할에 관한 언급은 없지만, 영국의 전통적인 외교 수법을 정면으로 부정하는 내용이기도 하다. 영국의 특기인 비밀 교섭과 비밀 조약을 비판하고 금지하였기 때문이다.

유럽에서 펼쳐지던 권모술수와 결별하고, 복잡기괴한 외교를 버리고, 공정하고 열린 국제사회를 건설하자고 미국이 영국과 유럽 제국에 '14개조 평화 원칙'를 통해 문제 제기를 한 것이다. 이는 신흥 대국으로 부상한 미국의 입김을 느끼게 하는 것이며, 대국으로서 새로운 국제사회를 구축해나가고자 하는 이상론이 담겨 있다.

마지막 제14항에 나오는 '국제 간 조직'은 나중에 '국제연맹'으로 현실화되었다.

'항행의 자유'를 해양 규칙으로 제창

윌슨 대통령의 '14개조 평화 원칙'에서는 해양에 관한 세 가지 원칙을 제안하였는데, 이를 통해 미국이 해양 문제에 깊은 관심을 가지고 있음을 읽어낼 수 있다. 제1항에서 비밀 조약을 부정하고 공개 외교를 요구하였고, 제2항에서 공해에서의 '항행의 자유'를 보장하여야 한다고 주장하였다.

'항행의 완전한 자유'에서 '완전한(absolute)'이라는 단어를 사용한 점에도 주목하여야 한다. 국제사회에서 '완전한' 것은 아무것도 없음에도 불구하고, '14개조 평화 원칙'에서는 '완전한'이라는 단어를 전문(前文)과 제2항의 '항행의 자유'에서 사용하여 이상주의를 강조하는 문장으로 작성하였다. '항행의 자유'는 평화 원칙의 두 번째 항목으로 들었을 만큼 큰 의미를 지닌다.

일반적으로 생각하면 대국이 된 미국이 세계 최대급의 해군을 구축하고, 대서양·카리브해와 태평양을 잇는 파나마운하를 완성시켜 해양을 지배하는 입장이 되자, 전 세계의 바다에서 자유롭게 활동하고 싶어서 '항행의 자유'를 요구하였다고 생각하기 쉽지만, 그리 단순한 문제가 아니었다. 당시의 국제적인 상황을 생각하면 상당히 심각하였던 당시의 전황을 반영한 획기적인 제안이었음을 알 수 있다. 왜냐하면 영국과 독일이 채택한 해군 정책에 정면으로 도전장을 던지고, 이들 양국의 해양 정책을 전면적으로 부정하였기 때문이다.

전술한 바와 같이 영국은 대독일전을 유리하게 이끌기 위해 해상을 봉쇄하여 독일의 발을 묶었고, 이에 대항하기 위해 독일은 영국을 출·입항하는 모든 군함과 민간 상선을 잠수함으로 무차별 공격하였다. 이러한 영국과 독일의 해군 정책을 부정한 것이 윌슨 대통령이었다.

'항행의 자유'에 덧붙여, 제12항에서 '다르다넬스해협을 영원히 개방하고, 선박과 통상의 자유로운 통항을 확보한다. 이를 국제적으로 보장한다'고 제안하였다. 나아가 제13항에서는 '폴란드의 정치적·경제적인 독립과 영토 안전을 보장하고, 또한 바다(the Sea=발트해)에의 자유로운 출입을 보장한다'고 제안하였다. 극단적으로 말해 유럽의 바다는 모두 개방되어야 하고, 자유로운 통항도 보장되어야 한다고 주장한 것이다.

미국이나 영국과 같은 대국이 '통항의 자유'를 강력하게 주장하면 이러한 원칙은 국제 규칙으로서 차츰 정착된다. 냉정하게 생각하면 미국은 카리브해를 지배하에 두고 있고, 미국이 관리하는 카리브해와 파나마운하에 대한 '항행의 자유'를 인정한 것에 지나지 않지만, 자국중심주의 대국이 세계 질서를 구상하고 여러 국가들이 이를 받아들이면 새로운 해양 질서가 생겨난다.

미국 주도로 이루어진 해군 군축 – 미·영의 공동 패권

'14개조 평화 원칙'을 공표한 후 독일이 항복을 받아들였기 때문에, 연합국은 1919년 6월 파리 근교의 베르사유 궁전 '거울의 방'에서 독일과 베르사유 조약을 체결하였다. 강화조약 제1편에 국제연맹 설립에 관한 내용이 담겼으며, 강화조약이 가져온 유럽의 평화를 베르사유 체제라고 부른다.

윌슨 대통령은 국제연맹 설립에 진력한 공적을 인정받아 1919년에 노벨 평화상을 수상하였다. 하지만 아이러니하게도 미국 연방의회 상원은 강화조약에 의해 미국의 주권이 위협받을 수 있다는 판단을 내렸고 조약을 비준하지 않았다. 또 베르사유 체제는 패전국 독일에 지나치게 가혹한 배상을 요구하였다. 이에 히틀러가 대두하였고, 베르사유 체제는 1930년대에 와해되었다.

이처럼 윌슨 대통령의 평화 구상이 순조롭게 추진되었다고는 할 수 없지만, 특히 해양과 관련해서 보면 '항해의 자유'를 주장하였고, 미국의 주도하에 해양 평화를 이루기 위해 다음번 워런 하딩(Warren Gamaliel Harding) 대통령(재임 1921~1923년)이 워싱턴에서 회의를 여는 등 미국은 해양 질서가 확립되는 데 큰 공을 세웠다(후술). 이런 과정에서 과거의 영국 주도형 해양 질서가 미국 주도형으로 착실하게 이행되고 있음을 엿볼 수 있다.

제1차 세계대전 종결을 통해 미국은 자신이 대국임을 인식하게 되었고, 해양 패권을 잡으려는 움직임을 가속화하였다. 미국이 그린 구체적인 계획은 세계 해양에서 영국과 공동 패권자가 되는 것이었다. 세계대전으로 경제가 완전히 피폐해졌음에도 여전히 영국은 세계 최대의 해양국으로 인식되었고, 미국이 한 번에 영국을 대체할 최강의 해양국이 되지는 못하였다. 이에 영국과 협력하여 먼저 공동으로 해양 패권을 확립하는 길을 선택하였다.

그 공식적인 자리가 된 것이 1921년 11월부터 다음 해 2월까지 미국에서 개최된 워싱턴 회의였다. 세계 최초 군축회의로 역사에 이름을 남긴 회의이다. 미국을 포함한 9개국의 전권대표가 모여 뼛속까지 시린 겨울에 워싱턴에서 토의를 반복하는 나날이 계속되었다. 참가국은 미국, 영국, 일본, 프랑스, 이탈리아, 네덜란드, 포르투갈, 벨기에, 중국 등 아홉 개 국가였다. 그러나 중요한 해군 군축회의는 주역인 미국, 영국, 일본 등 3개국이 긴밀하게 진행하였고, 조역인 프랑스와 이탈리아를 합한 5개국이 함께 군축을 현실화하였다.

미국이 구상한 군축계획은 전함과 순양 전함을 보유한 주요국의 해군을 축소하여 세계를 평화롭게 만들고, 이로써 군사 예산을 대폭으로 줄이고, 미국을 포함한 각국의 경제 체제를 군사 경제에서 평화 경제로 전환하는 것이었다. 그리고 군축 대상에는 새로운 함대 종류인 항공모함도 대상에 넣었다.

미국이 염두에 둔 주요국은 자국에 도전할 만한 해군력을 가진 영국과 일본 두 나라뿐이었다. 이때는 일본을 세계 유일의 가상 적국으로 보지 않았다. 또 아시아 지역에서는 중국의 정치 정세를 안정화하고, 미국이 자유롭게 경제 진출을 하기 위해서라도 일본이 중국에 제출한 '대중국 21개조 요구(1915년)'를 백지화하는 것이 중요하였다. 중국 대륙 개방에 관한 존 헤이(John Milton Hay) 국무장관의 '문호 개방' 선언(1899년, 1900년)이 여전히 영향력을 발휘하고 있었다. 좌우간 미국은 일본의 대국화를 저지하기 위해 적극적으로 움직였다. 세계대전이 종결되고 유럽에서는 영구(항구) 평화에 관한 이야기가 나왔지만, 태평양에서는 미국과 일본이 여전히 해군력 강화에 힘썼고, 미·일 관계는 극도로 긴장되어 있었다.

이러한 미국의 전략적인 의도를 파악한 일본은 군축 대상 수정안을 제출함과 동시에, 미국이 태평양의 섬들(괌과 필리핀)에서 요새를 강화 중이라는 사실을 문제시하고, 태평양의 군비를 현상 유지하라고 역제안함으로써 미국을 견제하였다. 태평양 군비 문제에서는 미국, 영국, 프랑스, 일본 등 4개국이 대상이 되었다.

그 결과, 워싱턴 회의에서는 해군 군축을 목적으로 하는 5개국 조약(미국, 영국, 프랑스, 이탈리아, 일본), 중국의 지위를 보전하는 9개국 조약(미국, 영국, 프랑스, 이탈리아, 일본, 네덜란드, 포르투갈, 벨기에, 중국), 그리고 태평양에서의 영토 및 권익 등까지를 모두 포함해서 현상을 유지하기로 결정한 4개국(미국, 영국, 프랑스, 일본) 조약이 체결되었다. 이리하여 만들어진 세계 질서를 '워싱턴 체제'라고 부른다.

제1차 세계대전 후의 세계를 '베르사유 체제'라고 표현하는데, 이는 독일을 대상으로 하여 유럽의 평화를 디자인한 것이었다. 이에 반해 '워싱턴 체제'는 일본을 대상으로 보고 아시아·태평양의 평화를 구상하는 것에 주안을 두었다는 점에서 크게 다르다.

해군 군축의 비율

하딩 대통령은 세계대전으로 피폐해진 미국 국민에게 '평상시로의 복귀'를 슬로건으로 내걸고 대통령으로 당선된 만큼 군사 예산을 대폭으로 삭감하고 이와 동시에 국내 경제를 부흥시키는 것이 급선무였다.

주력함(전함과 순양 전함) 보유 수가 군사력을 보여주는 시대였기 때문에 주력선 보유 수를 줄이면서 어떻게 미국이 해양 주도권을 잡을 것인가가 과제였다. 큰 재정적인 부담을 안고 있었으며 세계대전으로 상처를 입기도 한 영국이 군축을 쌍수 들고 환영하는 입장이었던 만큼 미국이 해양 패권을 장악할 절호의 기회였다.

워싱턴 회의 제1회 총회가 열린 11월 12일, 미국 수석 전권대표 찰스 휴스(Charles Evans Hughes) 국무장관은 약 2,000명의 출석자(회의 참가자, 수행원, 신문기자 등) 앞에서 미국은 제작 중인 전함을 모두 파기하겠다고 일방적으로 선언하고, 영국과 일본에도 제작 중인 전함을 폐기하라고 요구하였다. 그리고 전함 축조를 앞으로 10년간 멈추자는 획기적인 제안을 하였다.

미국이 제안한 전함 보유 비율은 미국 10, 영국 10이라고 하였을 때 일본은 6으로 하는 것으로, 일반적으로는 '5·5·3'으로 알려져 있다. 명백하게 일본에 불리한 비율이었다.

이 제안을 받고 사흘 후인 11월 15일에 열린 제2회 총회에서 영국 수석 전권대표 아서 밸푸어(Arthur Balfour) 추밀원 의장(전 총리·해군장관·외무장관)이 미국 제독의 군축에 찬성한다고 발언함으로써 회의의 큰 흐름을 만들었다. 세계 최대의 해군력으로서 미국의 제안에 맹렬하게 반대할 것으로 예상되었던 영국이 쉽사리 찬성 측에 서자, 일본 측은 예상 밖의 전개에 몹시 당황하였다. 나중에 밝혀진 사실이지만, 이 회의 직전에 미국과 영국이 비밀 교섭을 하였다. 비밀 외교를 결단코 용납하지 않을 것이며 공개 외교를 하여야 마땅하다고 주장한 미국이 영국과 뒤에서 타협하고 입을 맞춘 것이다.

이러한 미국과 영국이 만든 군축의 큰 흐름에 일본이 강력하게 반대하지 않을까 하는 대부분의 예상을 깨고 일본 수석 전권대사로 참석한 가토 도모사부로(加藤友三郎) 대신(재임 1915~1923년)이 미국의 군축 제안을 받아들이겠다고 발언하여 박수갈채를 받았다.

당시의 총리 하라 다카시(原敬, 재임 1918~1921년)는 국제 협조 노선을 구상하였고, 전후의 경제 불황에서 탈출하기 위해서도 군사비 삭감이 급선무라고 생각하고, 해군 내부의 강경파를 억누르기 위해 현역 군인, 하물며 해군 대신 가토 도모사부로를 수석 전권대사로 임명하고 군축회의에 참석시켜 이해 조정 역할을 맡겼다. 가토가 워싱턴 회의에 참석하였을 때 해군 군복이 아니라 정장 차림으로 참석하여 미국, 영국, 유럽 참석자에게 신선한 놀람을 주었던 듯하다. "국방은 군인의 전유물이 아니다"라고 말한 것으로 유명한 가토는 균형 감각이 뛰어났다.

일본 해군의 '88전대(전함 8척, 순양 전대 8척)'안의 강력한 추진자여서 미국과 영국에서 군비확대론자로 보던 가토가 대국적인 견지에서 군축을 받아들이자 회의장에 있던 사람들은 충격을 받았고, '애드미럴 스테이츠맨(Admiral Statesman, 정확한 정치 판단을 할 수 있는 해군 제독)'이라며 가토를 칭송하였다.

그 결과, 이듬해인 1922년 2월 6일에 주요국의 해군 군비 제한조약이 체결되었다. 각국이 보유하는 전함과 새로운 함대 종류인 '항공모함(Aircraft Carriers)'도 추가하여 총 톤수(기준 배수량)로 규제하였다. 조약문에 비율은 명기되어 있지 않지만, 총 톤수가 기재되어 있다. 이를 총 톤수 비율로 정리하면 미국 10, 영국 10, 일본 6, 프랑스 3.5, 이탈리아 3.5가 된다. 이 규제에 순양함은 포함되지 않고, 또 전함 신규 제작도 10년간 하지 않기로 정하였다. 이를 '해군 휴일(Naval Holiday)' 또는 '건함(建艦) 휴일'이라고 부른다.

가토는 미국에 미국 대비 6할을 받아들이는 대신에 현재 제작 중이며 완성을 목전에 둔 신예 전함 '무쓰'를 파기 대상에서 제외할 것을 조건으로 내걸었고, 미국 수석 전권대표 휴스로 하여금 받아들이게 만들었다. 왜냐하면 미국은 제작 중이던 전함 '메릴랜드'를 워싱턴 회의가 개최되기 직전에 완성시켜 보유 전함 1척을 늘려놓았기 때문이다. 유리한 기정사실을 만들어놓은 것이다.

일본 입장에서 보면 미국의 방식은 페어플레이가 아니었다. 일본은 미국의 건함에 관한 정보를 모아왔고, 미국의 기정사실에 반론을 제기한 셈이었다. 정보 수집은 국익과 직결되는 중요한 임무라는 교훈을 준다.

또 가토는 4개국 조약에서는 미국이 태평양에서 영유한 섬들(필리핀, 괌)을 요새화하는 것을 멈추고 태평양의 군비를 현상 유지하라는 역제안을 하였고, 이것도 미국으로 하여금 받아들이게 만들었다. 미국과 영국 모두 가토의 역제안을 받아들였고, 이로써 미국은 어떻게든 군축 제안을 원안의 비율대로 채택할 수 있었다. 가토가 수석 전권대사였기 때문에 워싱턴 해군 군비 제한조약이 이루어졌다고 해도 과언이 아니다.

정밀한 조약

워싱턴 해군 군비 제한조약을 영어 원문으로 처음 읽었을 때 그 구체성과 정밀함에 놀라지 않을 수 없었다. 변호사 출신이자 뉴욕 주지사 및 최고재판관 등의 요직을 거친 휴스 국무장관이 미국을 대표한 만큼 군축 대상 주요국별로 보유 가능한 전함의 총 톤수(기준 배수량)를 명기하고, 나아가 보유 가능한 전함의 이름(함명)을 일람표로 기재해놓았다. 여기에는 '10·10·6'이나 '5·5·3' 등의 비율이 명기되어 있지 않고, 총 톤수만 기재되어 있다. 이 일람표에 기재되지 않은 전함은 모두 폐기 대상이 된다. 모호한 점을 단 하나도 남기지 않고 제거한 것이다.

미국이 주도하여 정리한 해군 군비 제한조약이기 때문에 그 문장들은 당연히 미국에 유리하게 작성되었다. 군함 보유 수는 세계 최고인 영국에 맞추어 미국은 영국과 동일하게 보조를 맞추고, 일본의 군비 증강은 억제하는 방향으로 계획하고 이를 실현해냈다.

1920년대부터 1930년대까지의 시대를 '국제 협조의 시대'라고 표현하는데, 이를 구현한 것이 워싱턴 해군 군비 제한조약이었다. 이와 같이 '국제 협조의 시대'가 되도록 만들고, 대국으로서 해양 패권을 확립하려고 움직인 것이 미국이었다.

이리하여 탄생한 '국제 협조의 시대'가 1936년까지는 어떻게든 유지되었다. 워싱턴 회의에서는 대상이 되지 않았던 보조함(전함보다 작은 순양함과 구축함) 보유를 규제하기 위해 1927년에 스위스 제네바에서 해군 군축회의가 열렸지만, 미국과 영국의 이해가 대립하여 결렬되고 말았다. 1929년에 세계 공황이 발생한 직후에도 군축을 하려는 노력은 거듭되었다. 1930년에 영국 런던에서 해군 군축회의가 열려 미국, 영국, 일본의 보조함 보유 비율을 '10·10·7'로 하기로 최종적으로 결정 내렸는데, 여기에서도 결국 일본은 열세 비율에서 벗어나지 못하였다.

군축에서 군확의 시대로, 전함에서 항공모함의 시대로

유럽에서는 베르사유 체제에 대한 불만이 쌓인 독일이 재군비를 시작하였고, 1933년 국제연맹에서 탈퇴하였다. 1939년 9월 독일이 폴란드에 진군함으로써 제2차 세계대전(1939~1945년)이 시작되었다.

일본 국내에서는 열세 비율로 맺은 군축조약에 불만을 품은 해군 강경파가 대두하였고 군비를 강화하여야 한다는 목소리가 점점 커졌다. 일본은 만주사변(1931년), 국제연맹에서 탈퇴(1933년), 런던 해군 군축조약에서 탈퇴(1936년 1월에 통고)의 길을 걸었고, 대미국 개전(1941년 12월)에 들어갔다. 군비 축소에서 군비 확대로 시대가 바뀌었다.

일본은 런던 해군 군축회의에서 탈퇴한 이듬해인 1937년에 대함 거포주의의 심벌이 된 거대 전함 '야마토'의 제작에 착수하였다. 하지만 일본이 1941년에 대미국 개전을 결정하고 12월 8일에 하와이의 진주만(펄하버)을 공격하였을 때 큰 역할을 한 것이 새로운 종류의 군함인 항공모함이었다. 대형 항공모함 '아카기', '가가', '소류', '히류' 등에는 약 400기의 전투기와 폭격기(0식 함상 전투기, 급하강 폭격용 99식 함상 폭격기, 어뢰 공격용 97식 함상 공격기) 등이 탑재되었으며, 훈련을 충분히 받은 조종사가 조종하는 함재기로 진주만의 미 해군 기지를 급습하여 미국 태평양 함대의 전함 '애리조나'를 포함한 다수의 함정을 대파·침몰시켰다.

일본 해군의 전함과 순양함에서 함포 사격을 해서 진주만을 공격한 게 아니라 어디까지나 항공모함에 탑재된 함재기가 주역이었다. 일본 해군은 항공모함을 전쟁에서 본격적으로 운용한 세계 최초의 해군이다.

또 진주만 공격 후 이틀째인 12월 10일, 영국과 싸운 말레이 앞바다 해전에서도 일본은 베트남 전선 기지에서 폭격기를 띄워 영국 동양함대(극동함대)의 전함 '프린스 오브 웨일스'와 순양 전함 '리펄스'를 폭탄 및 어뢰 공격으로 격침하였다.

'프린스 오브 웨일스(Prince of Wales)'라는 칭호는 영국 황태자가 내린 특별한 이름이었기 때문에 당연히 영국인의 자존심에 몹시 큰 상처를 입혔다. 그 주력 전함을 일본이 항공기로 파괴한 것이었다. 폭탄과 어뢰가 탑재된 항공기의 위력을 확실하게 각인시킨 해전이었다(영국 해군은 이미 대독일전으로 주력함을 잃은 상황이었고, 프랭클린 루스벨트 미 대통령은 영국을 전면적으로 지지하였기 때문에 1941년 3월 11일 미국 의회에서 연합국에 무기 및 군수물자를 대여해주는 것을 가능케 하는 무기대여법을 제정하였다).

이와 같이 일본 해군은 항공모함의 유용성을 충분히 실감하였을 터이지만, 대전 중에는 대형 전함을 중시하는 사고방식이 사라지지 않아 항공모함 제작은 우선순위에서 결코 높은 순위를 차지하지 못하였다. 당시에 항공모함 기동부대를 운용한 것은 일본, 미국, 영국의 3개국뿐이었다. 이 점 때문에 미국과 영국이 일본을 두려워한 것이기도 하다.

항공모함 기동부대의 해전

진주만 공격을 경험한 미국은 전함의 유용성을 인식하면서도 해군 전략은 항공모함을 중시하는 방향으로 수정하였고, 해군 항공부대도 강화하였다. 영국이 말레이반도 해전에서 패배한 것도 미국에는 큰 교훈이 되었다. 항공모함의 신규 제작, 함재기의 신규 개발, 나아가 젊은 조종사 양성이 급선무가 되었고, 이것을 모두 실현해낸 나라가 미국이었다. 역시 마지막에 가서는 경제력, 기술력, 인구 규모, 그리고 합리적인 전략적 발상이 중요하다.

미국에는 행운, 반대로 일본에는 불행이었던 것은 미국 태평양함대의 주력 항공모함이 한 척도 진주만 공격으로 피해를 보지 않은 것이다. 항공모함 '엔터프라이즈', '새러토가', '렉싱턴' 세 척은 다른 임무를 수행하느라 진주만에 정박해 있지 않았다. 진주만에서 패한 것을 교훈 삼아 미국은 이 항공모함 3척을 중심으로 고속 항공모함 기동부대를 편성하고 신규 항공모함을 차례로 제작하면서 일본에 대한 반격에 나섰다. 미국 해군은 주력함을 전함에서 항공모함으로 바꾸고, 대전 중에 항공모함 대량 제작을 단행하였다.

미국이 대전 중에 운용·제작한 항공모함 수는 무려 약 140척에 이른다. 항공모함은 주력 대형 항공모함(항공기 약 100기 탑재, 고예산), 경항공모함(소형·고속 항공모함, 순양함 등을 개조, 저예산), 그리고 호위 항공모함(소형·저속 항공모함, 선단 호위용, 저예산) 등의 세 가지 타입으로 나뉘었다(야기 고지, 「미국 해군 항공모함의 탄생과 발전」). 한편 일본 해군의 항공모함은 대형과 소형을 합해도 약 25척으로, 일본과 미국의 차이는 확연하였다.

남태평양 파푸아뉴기니 앞바다의 산호해 해전(1942년 5월)은 세계 최초의 항공모함 기동부대 간 전투였다. 일본이 다소 우세하였지만, 미·일 쌍방에 큰 손해가 발생하였고, 확정적인 승리는 아니었다. 그런데 한 달 후 미드웨이 해전(같은 해 6월)에서 전황이 크게 바뀌었다.

이번에도 항공모함 기동부대 간 전투가 벌어졌는데, 미국은 쉼 없는 정찰 활동으로 일본 기동부대를 재빠르게 발견하여 일본의 주력 항공모함 4척(아카기, 가가, 소류, 히류)을 급하강 폭격 등으로 파괴하였다. 일본 측은 탑재기(전투기, 폭격기) 약 300기를 당연히 잃고 대패하였다. 그리고 무엇보다도 일본의 재산인 많은 우수한 장병을 잃었다. 역시 여기에서도 신속한 정보 수집이 결정타가 되었다. 전함 야마토는 항공모함 기동부대에서 멀찍이 떨어진 후방에서 전투태세를 취하고 있었지만, 항공모함 기동부대가 패하였다는 소식을 듣고 해당 해역에서 벗어나 일본으로 돌아왔다.

미드웨이 해전에서 대패한 후 일본은 태평양의 제해권과 제공권을 모두 잃었고, 전황은 미국에 우세하게 흘러갔다. 과달카날 전투와 솔로몬 해전(1942년) 등에서 일본은 더욱 큰 상처를 입었다.

일본이 잃은 상선 – 일본선주협회

일본이 잃은 것은 우수한 장병과 다수의 전함, 항공모함뿐만이 아니었다. 태평양과 동남아시아에서 가장 큰 피해를 본 것은 일본 전국에서 징용된 민간 상선, 그리고 이들 상선에 승선한 선원과 승무원들이었다.

당시 상황을 알기 위해 요코하마에 있는 '닛폰유센역사박물관(日本郵船歷史博物館)'과 화객선 '히카와마루(氷川丸, 국가 지정 중요문화재)'에 여러 차례 발걸음을 하였다. 대형 선박회사 닛폰유센이 사회 공헌 활동의 일환으로 개관한 박물관이다. 이 박물관을 견학하면 메이지 시대(일본 근대화의 여명기, 1868~1912년-역자 주)부터 현대까지의 일본 해운 역사를 배울 수 있다. 근대 일본의 관광 산업에 대해 알 수 있는 좋은 기회인 한편, 전쟁의 비참함을 재확인할 수 있는 장이기도 하다.

닛폰유센이 간행한 『70년사』, 『항적─닛폰유센 창업 120주년 기념』, 『일곱 개의 바다에서 1세기─닛폰유센 창업 100주년 기념 선박 사진집』, 또 이 박물관의 「상설 전시 해설서」를 보면 근대 일본이 걸어온 흐름을 잘 알 수 있다. 「상설 전시 해설서」 제5장 「전쟁과 파멸」을 보면 민간 상선이 태평양전쟁에 징용되었으며 육군, 해군, 선박 운영회의 관리하에 있었음을 도표를 통해 알 수 있을 뿐 아니라 미군의 공격으로 다수의 선박을 잃었고 무엇보다 우수한 선원 다수가 희생되었음을 알 수 있다. 닛폰유센만도 보유 중이던 222 척 가운데 185척을 잃었고, 희생된 사원은 5,312명(그중 해상 근무자는 5,157명)에 달한다.

이러한 비참한 사태는 오사카상선(大阪商船), 미쓰이선박(三井船

닛폰유센역사박물관 (사진 : 동 박물관 제공)

舶), 가와사키기선(川崎汽船) 등 일본을 대표하는 선박회사 모두에 해당되었다(오사카상선과 미쓰이선박은 전후에 합병하여 오사카상선미쓰이선 박이 되었고, 그 후에 다시 나빅스라인[Navix Line]과 합병하여 상선미쓰이[商船三 井]가 되었다).

현재 이들 대형 선박회사는 일본선주협회를 조직하고 있다. 선 박회사의 역사를 되돌아보기 위해 동 협회가 간행한『일본선주협 회 연혁사』,『일본선주협회 50년사』를 펴보았다. 동 협회의 전신은 1892년에 설립된 일본해운업동맹회(日本海運業同盟会)인데, 근대 일 본이 '언덕 위의 구름(일본을 유럽과 같은 근대국가로 만들기 위해 자신들의 목 표를 추호도 의심하지 않고, 언덕 위의 하늘에서 빛나는 한 덩어리의 구름을 잡으려 고 앞만 보며 필사적으로 걸어갔던 당시의 시대적인 고양감을 상징하는 표현-역자 주)'을 잡으려 하던 시기에 선박회사도 일본의 미래를 짊어지고 있었음을 알 수 있다.

그 후 일본선주동맹회(日本船主同盟会)로 개칭하였고, 1920년에는 전국적인 단일 선주단체로서 일본선박협회가 탄생하였다. 하지만 중일전쟁이 일어난 후 일본 정부의 해운 통제가 엄격해졌고, 1940년에는 일본해운협회(日本海運協会)라는 조합 조직으로 개편하라는 강요를 받았다. 제2차 세계대전 후에는 미국의 점령 정책으로 1947년에 일단 해산하라는 명령을 받았지만, 그 이듬해에 사단법인으로 부활하였고, 그 후 일반 사단법인이 되어 지금에 이르렀다.

닛폰유센의 '가마쿠라마루(1만7,526톤)'와 오사카상선의 '브라질마루(1만2,752톤)'를 비롯한 일본선주협회에 가맹된 선박회사의 대형 선박 대부분이 제2차 세계대전 중에 미국의 공격으로 침몰되었다. 배가 물고기 밥이 된 것처럼 선원과 승무원도 마찬가지로 같은 운명을 걸었음을 잊어서는 안 된다.

일본이 잃은 선원 – 전일본해원조합

선박회사에 이어서 선원과 승무원이 직면한 가혹한 상황에 대해 더 자세하게 알고 싶어 고베의 해안 거리에 면해 있는 '전몰한 배와 해원의 자료관(戰没した船と海員の資料館)'을 방문하였다. 이 자료관은 전일본해원조합(全日本海員組合, 약칭 JSU) 간사이지방 지부의 2층에 위치하며, 제2차 세계대전 때 침몰한 상선의 사진과 선원의 유품이 전시되어 있다.

가마쿠라마루(위)와 브라질마루(아래) (사진 : 모두 전일본해원조합 제공)

또 자료 코너에 가면 닛폰유센, 오사카상선, 미쓰이선박, 가와사키기선 등의 대형 선박회사가 전쟁 전부터 계속 발행해온 귀중한 사사(社史)가 진열되어 있어 일본 해운사를 공부하기에 최적이다. 이 조합의 전신 일본해원조합(日本海員組合)이 조직된 것은 제1차 세계대전 직후인 1921년으로 23개 단체와 약 2만 명이 참가하였다. 구미 각국의 선원조합을 모델로 삼아서 선원의 생명과 재산을 보호할 목적으로 조직하였다.

필자가 자료관을 견학한 것은 한여름의 어느 날이었다. 때마침 고등학생과 대학생 그룹과 마주쳤는데, 아름답게 정리된 전시를 넋 놓고 보던 그들의 모습을 보고 적잖은 감동을 받았다. '전몰한 배와 해원의 자료관(고베)'과 '닛폰유센역사박물관(요코하마)', 양쪽 모두 청소년 해양 교육의 장으로서 기능하고 있음을 깨닫고 선박회사와 선원조합의 이와 같은 사회 공헌 활동에 새삼 경의를 표하고 싶은 마음이 들었다.

그렇다면 대체 일본 전국에서 상선과 선원이 얼마나 희생되었을까? 앞에서는 닛폰유센의 피해를 중심으로 살펴보았는데, 이번에는 일본 전국의 피해 규모를 파악하기 위해 전일본해원조합이 간행한 『바다 더욱 깊게—징용된 선원의 비극(상·하)』, 『전몰선 사진집』, 『전일본해원조합 40년사—해상 노동운동 70년의 흐름』 등의 사료와 비교·대조해보았다.

'태평양전쟁 때 군사 징용되어 물자 수송, 병사 수송의 임무에 종사'한 민간 선박(어선 포함) 가운데 약 7,200척이 피해(어뢰, 공중 폭격, 기계 수뢰, 악천후 등에 의한 해난)를 보았다.

약 6만 명의 선원이 목숨을 잃었다. 이들 선박에 승선해 있던 선원 중에는 14세부터 19세까지의 소년 선원도 약 1만9,000명이나 되는 것으로 집계되었다. 육해군 사망률을 두고 흔히 약 21%였다고 하는데, 선원의 사망률은 배에 달하는 약 43%를 기록하였다. 선박 손해율은 80%를 넘으며, 원양 항로가 가능한 선박은 거의 파멸 상태였다.

전쟁 기간 일본 상선의 침몰 원인은 94%가 '전쟁 해난'이었다. 즉 미국 잠수함 등에 의한 어뢰 공격(뇌격 56.5%), 전투기와 폭격기에

전몰한 배와 해원의 자료관 (사진 : 전일본해원조합 제공)

의한 공격(공중 폭격 30.8%), 부유 중이던 기계 수뢰에 접촉(기뢰에 접촉 6.7%) 등으로 침몰하였다.

어째서 상선과 선원이 이렇게까지 막대한 피해를 보았을까 하는 문제의식을 갖고 당시 국가 정책과 법령을 되짚어보았다. 동 조합과 동 자료관이 편찬한 연표가 도움이 되었다. 중일전쟁이 일어난 1937년부터 제2차 세계대전이 끝난 1945년까지 일본 선박과 선원은 국가의 관리하에 있었다. 임시선박관리령, 국가총동원법, 선원징용령을 공포하고, 일본해원조합과 선원협회(船員協会), 해사협동회(海事協同会)를 합하여 일본해운보국단(日本海運報国団)으로 개편했으며, 해운통제국책요강과 전시해운관리요강 결정, 조선통제회와 선박운영회 설립, 긴급선원동원강화요강 등을 발동하여 합법적으로 선원과 선원을 징용하였다.

여기에서 안타까운 점은, 일본에는 "수송을 맡은 상선을 호위하는, 소위 콘보이(Convoy, 호송 선단) 개념이 없었기 때문에 전시에 전쟁 피해와 사고를 당한 선박이 대단히 많았다"(『전일본해원조합 40년사_료). 즉 민간 상선은 맨몸으로 물자 수송에 동원된 것이다. 너무나도 가혹한 상황이었음을 인정하지 않을 수 없다.

해군 군인 및 군속 사망자 수는 41만4,879명(군인이 약 30만 명, 군속자가 약 11만 명)이었다. 군속자가 어떤 사람들이었는지를 조사하면, 놀랍게도 선원뿐 아니라 해외에서 상선 운항 관리를 하던 선박회사 사원이 다수 포함되어 있음을 알 수 있다. 일본선주협회와 전일본해원조합이 오늘날에도 전쟁에 관여하는 것에 민감한 반응을 보이는 것은 이와 같은 슬픈 역사를 짊어지고 있기 때문이다.

제2차 세계대전 직후인 1945년 10월, 일본 전국의 선원들이 결집하여 전일본해원조합(All Japan Seamen's Union, 약칭 JSU)을 결성하였다. 나아가 선원의 국제적인 연계·협력을 추진하기 위해 동 해원조합은 국제수송노동조합연맹(International Transport Workers' Federation, 약칭 ITF)에 가입하고, 선원의 생명과 안전에 관한 국제 규칙을 확립하기 위해 진력하고 있다.

제 4 장
해양 규칙의 형성

　20세기 전반까지 전 세계의 해양은 영국이 중심이 되어 결정한 '영해'와 '공해'로 구분되었으며, 지극히 단순하게 파악되었다. 하지만 영해와 공해라는 도식을 덮고 새로운 해양 질서를, 그것도 일방적으로 선언한 것이 대국 미국이다. 그 배경에는 포경산업 쇠퇴와 함께 진행된 석유 시대의 개막이라는 시대적인 동향이 있다. 처음에는 석유 개발이 광대한 내륙에서 이루어졌기 때문에 해양과 관련이 없었다.

　하지만 내륙에서의 개발이 정체되자, 태평양에 면한 앞바다의 해저 유전에서 석유를 굴착하려는 계획이 부상하였다. 이러한 국내 석유 개발의 연장선상에 본 장에서 다룰 트루먼 선언이 있다. 이하에서는 이를 탄생시킨 역사적인 배경을 확인하고, 미국이 모색한 20세기의 해양 질서 형성과 그 영향에 대해 살펴보겠다.

트루먼 선언이란 무엇인가 – 연어와 원유

미합중국 대통령 해리 트루먼(Harry Truman, 재임 1945~1953년)은 1945년 9월 28일에 미 대륙에 접한 해양에 관한 두 가지 선언을 발표하고, '대륙붕'에 관한 새로운 권리와 수산 자원의 확보 및 관리라는 새로운 발상을 제안하였다. 이를 '트루먼 선언'이라고 하고, 전자를 '대륙붕 선언'이라고 한다.

트루먼 선언은 본디 프랭클린 루스벨트 대통령 시대에 구상된 것이어서 루스벨트 대통령의 선언으로 발표될 예정이었다. 하지만 루스벨트가 엄동의 얄타 회담(1945년 2월)을 끝내고 귀국한 후 머지않아 병에 걸려 급사하는 바람에 '루스벨트 선언'은 환상으로 끝나고 말았다. '환상으로 끝난 루스벨트 선언'을 이어받은 사람이 차기 대통령 트루먼이었다.

투르먼이 직면한 과제는 너무나도 방대하였고, 긴급성을 요하는 것이 줄지어 늘어서 있었다. 제2차 세계대전의 수행 및 전쟁 종식을 위해 영국 및 소련과의 이해 조정, 유엔 설립, 트루먼 독트린 발표, 마셜 플랜 발표, 중국 대륙에 관여(국민당 장제스[蔣介石]와 공산당 마오쩌둥[毛澤東]·저우언라이[周恩來]에 대응), 서베를린 공수작전(소련에 의한 베를린 봉쇄), 북대서양조약기구(NATO) 설립, 국방부(펜타곤) 설립, 한국전쟁 참전, 수소폭탄 실험 실시… 트루먼 정권은 이러한 중요 안건들을 모두 단기간에 처리하여야만 했다.

이와 같이 열거해놓고 보면, 대륙붕 영유권과 수산 자원 문제는 중요하기는 하나 정책 추진상의 우선도는 낮은, 미국이 세계를 상

152

해리 트루먼

대로 긴급하게 대응할 안건이 아닌 것처럼 보인다. 하지만 이 선언
은 나중에 해양 질서에 혁명적인 변화를 가져왔다.

트루먼 선언 전에는 전 세계 국가에 해양 지배란 '해면'을 지배하
는 것을 의미하였지만, 트루먼은 '해중과 해저'를 관리하겠다고 선
언하였다. 이로 말미암아 '해상'과 '해중' 그리고 '해저'에 관한 세 가
지 권리, 즉 해양을 삼층 구조로 파악하는 새로운 발상이 세계 해양
질서에 담기게 되었다.

본 선언은 미합중국에 접한 해저의 토지(바다 밑)와 지하(대륙붕)는
공해 아래라고 하더라도 미합중국에 '관할권'과 '관리'의 권한이 있
고, 또 미국 연안 앞바다의 일정 수역을 이동하는 해산 자원은 미합
중국이 보호하고 관리할 권한이 있다는 정책 문서였다. 수산 자원
의 구체적인 명칭은 언급하지 않았지만, 의심의 여지 없이 그 대상
은 가격이 비싼 연어였다. 대륙붕에는 풍부한 원유가 잠들어 있고,
앞바다에는 막대한 수의 연어가 산다. 트루먼은 원유와 연어 두 가

지를 모두 손에 넣기 위해 트루먼 선언을 발표한 것이다. 즉 트루먼 선언은 해저 유전의 개발과 수산 자원의 관리라는 두 가지 기둥으로 이루어졌다고 하겠다.

해저 원유에 관해서는 뒤에서 다룰 것이므로 여기에서는 수산 자원에 대해서만 슬쩍 이야기하자면, 트루먼 선언이 상정한 '수산 자원'이란 주로 '연어'를 가리키는데, 정착 어패류인 진주조개도 포함된다. 그중에서도 알래스카 앞바다의 연어를 보호·관리하는 것에 주안이 있었다. 북태평양은 연어가 많이 잡히는 황금 어장으로, 일본 어선들은 주로 원양 항해를 끝내고 돌아오는 길에 브리스틀만에서 조업하였다. 알래스카 수산업자들은 좋은 연어 어장을 이 일본 어선들이 망치고 있다고 전전 1930년대부터 문제를 제기했다. 특히 1937년부터 이듬해 1938년까지 미국에서는 상원의원이 루스벨트 대통령을 움직여 일본 어선 단속법안 통과를 모색하는 등 미국 국내에서 큰 문제로 보고 있었다. 국무부는 주일 미국대사 조셉 그루(Joseph Clark Grew)를 통해 일본 정부에 압박을 가하여 일본 어선이 알래스카 앞바다에서 조업하지 않도록 자체적으로 규제해달라고 요구하였고, 나아가 일본 수산 조사선을 단속해줄 것을 요청하는 등 미·일 관계는 수산업 분야에서도 긴장 관계가 높아졌다. 때마침 일본은 중국 대륙 진출을 가속화하고 있었고, 미국은 일본의 군국주의화를 염려하고 있었기 때문에 일본 어선이 알래스카에서 원양 조업하는 것도 일종의 섬뜩한 위협 요소로 받아들였다.

제2차 세계대전이 끝났음에도 미국은 일본 어선이 재차 공격해

올 것을 두려워한 것이다.

트루먼 선언을 국내 문제로 취급

트루먼은 대통령으로 취임한 후 달마다 선언과 행정 명령을 통고하여 트루먼 선언이 넘치는 상황이었다. 트루먼은 대륙붕과 수산 자원에 관한 '선언'을 발표한 후 즉시 '행정 명령'을 내렸다. 행정 명령이란 대통령이 법률과 정책 집행을 담당하는 소관 행정조직에 명령을 내리는 것으로, 미국 국민에게 명령하는 것이 아니다. 대륙붕 관할권에 대해서는 내무장관에게, 그리고 수산 자원 보호와 관리에 대해서는 국무장관과 내무장관에게 각각 행정 명령을 내린다.

행정 명령을 통고받은 입장에서 보면, 대륙붕 소관 책임자는 내무장관이지 국무장관(일본의 외무대신에 해당)이 아니다. 즉 대륙붕을 국내 문제로 다룬다는 것이고, 국제 문제로 보지 않았다는 뜻이다. 한편 수산 자원 보호와 관리는 외국 어선이 미국 연안 앞바다에서 조업하는 것을 규제하는 것이 목적이고 국제적인 충돌을 전제로 하였기 때문에 먼저 국무장관에게, 그리고 내무장관에게 통고한 것이다.

또 선언에서는 영유라는 말을 사용하지 않고 '관할권'과 '관리'라는 용어를 채택하였다. 이는 연방 의회의 참견을 회피하기 위한 대책이었을 것으로 추정된다. 영유에 관한 제안은 법률로서 의회에서 심의와 채택·결정이 필요하지만, 관할권이나 관리를 제안할 경우에는 의회에 물어볼 필요가 없어 대통령 선언으로 끝내버릴 수 있기 때문이다. 이러한 의회 문제를 어떻게 해결할 것인가까지 고려하여 계획된 것이 트루먼 선언이다.

본 장에서 다룰 트루먼 선언은 미국 외교와 현대사의 문헌에 나오는 냉전 시대를 상징하는 트루먼 독트린과는 다른 것이다. 세계사 교과서에 나오는 트루먼 독트린(1947년 3월)은 냉전 정책이고, 트루먼 선언은 새로운 해양 정책을 제안한 것이다.

트루먼 선언은 제2차 세계대전 종결 후 약 한 달 후에 발표된 선언으로서, 당시 유럽 대륙은 폐허가 되었고 일본과 영국의 주요 도시도 폭격으로 황폐해진 상황이었으며, 전 세계에는 기아가 만연하였다. 이러한 상황에서 지극히 조용하게 발표된 정책 문서와 행정 문서이기 때문에 후일 이것이 세계에 해양 혁명을 가져오리라고는 아무도 생각하지 않았다.

트루먼 선언이 세계 해양 질서에 어떠한 영향을 끼쳤는지를 구체적으로 생각하기에 앞서 애당초 미국이 어째서 해양 개발에 관심을 가지게 되었고, 어떠한 경위로 대륙붕 및 어업 수역에 관한 선언을 하기에 이르렀는지를 역사적으로 되돌아보겠다. 나아가 국내 정치 역학을 이해하면 트루먼 선언이 발표된 배경을 더욱 깊이 이해할 수 있을 것이다.

석유 이권을 둘러싼 국내 정치 역학

트루먼 선언이 대체 어떠한 배경에서 탄생하였는지에 대한 답은 그의 자서전 속에서 찾을 수 있다. 일본에서도 『트루먼 회고록』이라는 제목으로 출판되었는데, 제2권의 마지막 장 바로 앞부분인 「해저 유전 법안에 대한 단호한 거부권」(제30장)에 트루먼이 해저 유전 소유권 문제와 대륙붕 관리, 나아가 연어를 비롯한 수산 자원의 확보에 힘을 쏟았다는 내용이 나온다.

그러나 해저 유전의 존재에 주목하고, 유전을 개발하자는 분위기가 무르익은 것은 1940년대였다. 당시에는 굴착 기술의 수준이 낮아 소규모로만 굴착이 이루어졌지만, 제2차 세계대전으로 기술 혁신이 급속하게 진행되어 해저 유전 개발이 단숨에 가능해졌다. 해저 유전 굴착 기술이 비약적으로 진보한 가운데 엑슨 모빌(Exxon Mobil Corporation)의 전신 스탠더드오일회사(Standard Oil Company) 등이 해저 유전 개발에 본격적으로 뛰어들려고 하였다. 석유 기업은 주의회 의원과 연계하여 '주에 의한' 독점적인 대륙붕 개발에 착수하였다.

유전 개발 독점권 획득을 목표로 주의 정·재계가 움직였는데, 그중에서도 목청 높여 주장한 곳이 텍사스주, 루이지애나주, 미시시피주, 그리고 캘리포니아주였다. 미합중국을 구성하는 여러 개의 주가 영해 3해리 너머의 공해 밑에 펼쳐진 대륙붕의 소유권과 개발권을 주장하였고, 연방 의회 상원에 법안을 공동으로 제출하여 주 정부의 독점적인 소유권을 인정받으려 하였다. 결국 상원에 공동 결의안을 제출한 것이 캘리포니아주, 텍사스주, 루이지애나주 등 세 주였다. 상원에서 폭넓은 지지를 모으는 데 성공하였고, 이 결의안으로 말미암아 연방보다 주의 권익이 우선될 가능성이 높아졌다. 여기에 제동을 건 사람이 트루먼 대통령이었다.

『트루먼 회고록』에 나오는 '거부권'이란 캘리포니아주, 텍사스주, 루이지애나주가 공동으로 상원에 올린 '공해 밑에 펼쳐진 대륙붕의 소유권을 주장한 제안'에 대해 행사한 대통령의 거부권을 말한다.

트루먼은 회고록에서 "나에게 어떤 법안이 제출되더라도 이것이 국가 전체적으로 보았을 때 국민 다수에게 불리하다고 판단될 경우에는 가차 없이 부인하였다"(번역서 인용)고 하였고, 국익을 최우선으로 생각한다고 분명하게 말하였다. 트루먼에게 대륙붕은 연방 의회와 연방 재판소, 그리고 백악관이 있는 수도 워싱턴과 마찬가지로 그 어떤 주에도 속하지 않는 특별구이며, 국가와 국민을 위해 존재한다고 굳게 믿었다.

트루먼의 전임자 루스벨트 대통령 시대부터 '연방 정부'가 대륙붕을 소유하여야 한다는 법안이 상원의원과 하원의원에 의해 연방 의회에 제출되었지만, 번번이 반대에 부딪쳐 통과되지 못하였다. 석유 이권을 손에 넣고 싶어 하는 주의 연방 의회 의원이 주의 이권을 위해 모두 반대하는 쪽에 섰기 때문이다. 트루먼이 대통령으로 취임한 후에도 석유 이권을 둘러싸고 연방과 주는 계속 대립하였고, 이 대립에 종지부를 찍기 위해 그는 주 이익에 우선하는 국가 이익의 관점에서 1945년 9월 28일에 대통령 선언과 행정 명령을 발표하였다.

무슨 일이 있어도 대륙붕의 자원이 특정한 주에 귀속되지 않고 연방 정부에 귀속될 때 보편적으로 국민 전체의 이익에 기여한다. 그러한 강한 신념에서 대통령 선언과 행정 명령, 즉 '트루먼 선언'이 나온 것이다.

주의 석유 이권 독점에 대한 거부권

이 '거부권'에 대해 조금 더 설명하도록 하겠다. 미합중국 헌법 제7조에 '대통령 거부권'이 명기되어 있으며, 대통령의 권위를 상징하는 조항이다.

제7조 제3항에서는 "상하 양원 의원의 동의를 필요로 하는 모든 명령, 결의 또는 표결(휴회[休會]에 관한 사항 제외)은 이를 미합중국 대통령에게 송부하여야 하고, 대통령의 승인을 얻어 그 효력이 생긴다. 대통령이 승인하지 않을 때는 법률안의 경우에는 관련 규칙과 제한에 따라서 상원 및 하원 의원 3분의 2 이상의 찬성으로 재차 가결하여야 한다"고 규정하고 있다. 대통령이 법안에 대해 거부권을 행사하더라도 연방 의회에서 재가결하는 것이 가능하지만, 실제로는 연방 의회의 3분의 2의 표를 확보하여 법안을 재가결하는 것은 어렵기 때문에 대통령의 거부권은 절대적인 권한으로 이해된다. 트루먼은 석유 개발에 대한 주 정부의 독점적인 권리를 인정하는 법안을 저지하기 위해 비장의 수단, 즉 대통령 거부권을 행사한 것

이다.

이러한 당시 미국의 국내 정치 상황에 대한 이해가 없으면, 트루먼 선언을 제2차 세계대전 후 패권 국가가 된 미국이 전 세계에 일방적으로 고지한 선언으로 생각하기 쉽다. 하지만 실상은 주 정부와 연방 정부의 대립이라는 정치적 역학 관계에서 나온 국내 정책이었음을 이제 이해할 수 있을 것이다.

석유 개발의 역사

트루먼 선언이 발표된 1945년 당시에는 자원 에너지라고 하면 석유였고, 석유를 장악하는 자가 세계를 지배한다는 전 세계적인 공통된 인식이 있었다. 자동차, 선박, 항공기에는 거의 모두 석유로 작동되는 엔진이 탑재되었고, 군대에서는 전차와 장갑차, 전함과 항공모함, 전투기와 폭격기를 작전에 배치할 때도 석유 공급이 후방 지원의 가장 중요한 요소였다. 석유화학 제품 개발이 이제 막 궤도에 오른 시점이었기 때문에 석유의 용도는 오로지 연료 그리고 조명용 램프 오일로 한정적이었다. 경제 발전에도, 전쟁 수행에도 석유가 반드시 필수인 시대가 도래한 것이다.

이와 같이 석유가 일상생활에서 필수품이 되었고, 국가의 경제 발전뿐 아니라 국방을 위한 군사작전도 석유 공급을 전제로 계획과 구상이 이루어진 것을 생각하면, 석유 자원이 매장된 대륙붕의 관할권을 주장한 트루먼 선언이 미국에는 대단히 중요한 것이었음을 이해할 수 있다.

석유는 신비로운 액체여서 미국에서는 내장 질환과 관절염, 류마티스, 베인 상처, 화상, 타박상 등의 치료약으로, 즉 일종의 만병통치약으로 이용되었다. 그 후 조명용 석유램프의 연료로서 일상생활의 필수품이 되었고, 20세기 초반에 포드 모델 T로 대표되는 자동차가 발명되자 자동차 엔진을 움직이는 연료로서 미국의 경제 발전에 없어서는 안 되는 물자가 되었다. 석유는 미국과 전 세계에 에너지 혁명을 가져왔다.

본래 석유의 존재는 18세기에 이미 펜실베이니아주, 오하이오주, 켄터키주 등에서 확인되었으며, 특히 원주민 세네카족이 지배하던 영토에서 발견되어 일반적으로 세네카 오일이라는 이름으로 불렸다. 18세기 후반에는 석유 거래의 단위로 '갤런(gallon)'이나 '케그(keg)'를 사용하였다.

19세기가 되자 펜실베이니아주에서 약제사 새뮤얼 키어(Samuel Martin Kier)가 등장하여 아버지 소유의 소금 우물(소금물을 추출하기 위한 우물)에서 소금물을 추출할 때 솟아난 석유를 채취하여 병에 담아 이것을 1849년에 만병통치약이라며 팔았다. 당시 미국에서는 소금물 재취가 중요한 비즈니스여서 각지에서 우물을 팠다.

미국 대륙 중서부에서는 소금 우물 굴착작업 중에 석유가 뿜어져 나오는 일이 종종 있어서 개척자들을 깜짝 놀라게 하였다. 서서히 지표로 솟아 나온 석유가 고여 검은 액체 호수를 이루었고, 담뱃불로 이 호수에 불이 붙는 광경을 목격하게 되는 일도 있어서 사람들은 석유를 섬뜩하고 무서운 액체로 여기며 두려워하였다.

불붙은 석유는 며칠 또는 몇 주에 걸쳐서 불타는 경우도 종종 있었고, 검은 연기가 저 먼 곳에서도 확인되었기 때문에 지하에 검은 액체가 대량으로 묻혀 있는 지역이 어디인지를 많은 사람들이 알고 있었다. 석유의 이용 가치를 몰랐던 당시 개척자들에게 석유는 그저 성가신 액체에 지나지 않았을 것이다.

1850년 무렵, 새뮤얼 키어는 피츠버그에 미국 최초의 석유 정제 공장을 건설하였고, 병에 담긴 석유를 '키어 바위 기름', 나아가서는 '키어 석유 버터'라며 팔았다. 바위 기름은 영어 '록 오일'을 직역한 것이다. 록 오일은 마시면 내장 질환과 베인 상처를 치료하는 효능이 있는 약이라며 판매되었다. 이 만병통치약을 판매하여 키어는 미국 최초의 석유 벼락부자가 되었고, 석유 생산량 증대를 가속화하였다.

카본 오일의 발명 – 오일 램프의 탄생

석유는 순조롭게 증산되었지만, 생산량이 지나치게 많았던 나머지 공급이 수요를 상회하여 대량으로 남게 되었다. 만병통치약으로 판매할 수 있는 시장(수요)은 한정되어 있었기 때문에 석유를 유용하게 활용할 방법을 고안할 필요가 생겼다. 이에 키어는 펜실베이니아주의 도시 필라델피아에 거주하는 화학 전문가에게 석유의 활용성 분석을 의뢰하여 용도를 다각화할 방법을 모색하였다. 그 결과, 석유를 증류하면 양질의 등화유를 정제해낼 수 있다는 것을 밝혀냈다. 이것이 등유의 시작이다.

증류란 석유를 가열하여 증발시킨 후 그 기체를 식혀 액화하는 것을 말한다. 키어는 시행착오 끝에 석유 증류장치를 고안하여 대량의 석유를 등유로 정제하는 기술을 발명해냈고, 증류한 석유에 '카본 오일'이라는 이름을 붙였다. 이리하여 석유를 원료로 하는 조명용 연료유 정제에 성공한 키어는 미국에 등불의 혁명, 연료의 혁명, 즉 에너지 혁명을 가져온 선구자가 되었다.

카본 오일이 나오자 조명용 오일 램프가 고안되었고, 가정과 일터에 눈 깜짝할 사이에 보급되었다. 오일 램프가 보급됨에 따라 그때까지 인기 있었던 고래기름의 수요가 단박에 침체되었다. 고래기름은 가격이 비싸고, 하물며 불을 붙이면 특유의 냄새가 집 안에 가득 찼기 때문에 소비자는 앞다투어 석유를 원료로 하는 오일 램프를 사려고 밀려들었다. 고래기름 램프는 서서히 유행에서 밀려났고, 고래기름 채취가 목적이던 포경업도 쇠퇴의 길을 걸었다(제2장 참조). 석유 에너지 혁명은 이리하여 미국에서 시작되었다.

키어가 석유 에너지 혁명의 선구자이기는 하나, 미국 석유 산업을 부흥시키고 지배하였던 것은 아니다. 미국 석유 산업의 기원은 펜실베이니아주 타이터스빌 유전 개발에서 찾아볼 수 있다. 석유를 굴착하기 위한 특수한 기계를 써서 땅속에 드릴로 구멍을 파고 땅속에서 석유를 퍼올리는 시스템을 이 유전에 도입한 사람은 석유회사에 근무하던 굴착기사 에드윈 드레이크(Edwin Drake)였다.

드레이크가 개발한 기술을 활용하여 석유의 굴착, 정제, 판매, 유통을 기업 시스템으로 체계화한 것이 기업 경영자 존 록펠러(John Davison Rockefeller, 1839~1937년)였다. 그는 유례를 찾아보기 힘든 대단한 기업자로, 스탠더드석유회사를 설립하고 미국 국내에 점재하던 석유 관련 기업을 차례로 매수하며 시장 독점화를 추진하였다. 초기에는 석유의 판매와 유통을 주로 하였지만, 차츰 상류라고 일컬어지는 석유 개발과 채굴, 정제에도 손을 댔고, 소위 상류에서 하류(생산, 유통, 판매)에 이르는 모든 석유 비즈니스를 장악하였다.

처음에는 조명용 램프 등유로 시작하였지만, 그 후 디젤 엔진 등이 발명되자 연료유를 생산하기 시작하였고, 시장을 독점해나갔다. 록펠러는 미국 국내에서 거둔 성공을 발판으로 해외에도 적극적으로 석유를 수출하였다. 미국 국내에 유전이 풍부하게 존재하였기 때문에 국내 생산과 판매에 집중하고 해외 유전 개발에는 그다지 열을 올리지 않았다.

영국의 불운 – 석유의 부재

산업혁명을 주도하여 대영제국을 구축한 영국에서는 어째서 석유 혁명이 일어나지 않았을까 하고 의아하게 생각하였는데, 애당초 영국에는 석유가 없었다. 19세기 후반, 석탄에서 석유로 넘어가는 에너지 혁명이 일어나자 미국, 영국, 독일, 네덜란드, 프랑스, 러시아 등의 국가들은 국내의 석유를 개발하기 위해 혈안이 되었다.

하지만 국내에 석유가 있는 것으로 판명 난 것은 대륙 국가인 미국과 러시아뿐이었고, 산업혁명을 주도한 영국에는 석탄이 있었지만 석유는 없었다. 독일, 네덜란드, 프랑스 같은 나라들도 마찬가지로 유전을 발견하지 못하였다.

영국과 노르웨이 사이의 광대한 해역 북해에서 방대한 해저 유전이 발견되어 생산이 시작된 것은 1960년대이다. 미국에서 석유 굴착이 본격화된 것이 1859년이므로 영국 국내 개발은 미국에 약 100년이나 뒤진 셈이다. 영국은 18~19세기에 수력을 이용한 면직물(코튼) 방직기와 석탄을 이용한 증기기관의 발명(대표적인 사례는 증기선과 증기기관차)에서는 최첨단 기술을 자랑하였지만, 석유를 연료로 하는 기술 개발 분야에서는 미국과 격차가 벌어지고 말았다.

영국은 해외 유전을 개발하는 것밖에는 선택지가 없어 전 세계에서 유전을 찾고, 원유를 채굴하고, 그리고 정제에서부터 판매에 이르는 모든 것을 기업 연합으로 하였다. 중동 걸프만 연안 지역에서 영국이 석유 개발에 강세를 보이는 것에는 이러한 배경이 있다. 반대로 국내에 유전이 있는 미국과 러시아는 자국 유전의 발견과 개발에 집중하였다. 구태여 해외에 진출하여 유전을 개발할 필요가 없었기 때문이다. 미국 석유 기업은 자국에서 생산한 석유를 해외에 판매하는 것에 전념하였다.

그레이트 게임 – 석유 쟁탈전

19세기 후반부터 20세기 전반에 걸쳐서 석유를 둘러싸고 '그레이트 게임'이 세계 각지에서 격렬하게 펼쳐졌다. 원래 그레이트 게임은 19세기에 영국과 러시아가 중앙아시아의 패권을 둘러싸고 정보전을 벌이며 치열한 세력 다툼을 한 것을 표현한 말인데, 석유 쟁탈전에도 그야말로 그레이트 게임이라는 말이 어울린다.

영국의 석유 기업 셸(Shell)이 러시아산 원유를 수입하였기 때문에 러시아산 원유 수입 비율을 낮추기 위해서도 해외 유전 개발은 중요한 과제였다.

중앙아시아, 페르시아만, 나아가 영국령 인도에 촉수를 뻗치는 러시아의 남하정책을 저지하기 위해 영국이 현지에서 정보전을 벌여 19세기 중앙아시아는 그레이트 게임의 메인 전쟁터가 되었다. 늦든 빠르든 영국과 러시아가 패권을 두고 전쟁을 하지 않을까 하고 전 세계가 생각하였을 정도로 두 나라 사이의 긴장도는 점점 높아졌다.

노벨 문학상을 수상한 영국의 인기작가 러디어드 키플링(Joseph Rudyard Kipling, 1865~1936년)이 저서 『킴(Kim)』에서 '그레이트 게임'이라는 말을 써서, 다소 과장하여 말하면 전 세계에 퍼지게 되었고, 대국 간의 패권 싸움을 상징하는 말로 쓰이게 되었다. 19세기 말 영국령 인도에서 태어난 인도인 고아 킴이 우수한 스파이로 육성되어가는 이야기이다. 키플링은 영국령 인도의 정글에서 씩씩하게 살아가는 소년을 그린 『정글 북(The Jungle Book)』을 쓴 것으로도 유명하다.

어째서 석유를 둘러싸고 그레이트 게임이 벌어졌는가 하면, 전술한 바와 같이 미국 국내에서 원유를 정제하는 기술이 만들어졌고 각종 석유 제품이 발명되었기 때문이다. 미국에서 시작된 석유로의 에너지 전환 혁명은 세계를 크게 변화시켰고, 영국과 러시아는 석유를 둘러싼 새로운 그레이트 게임에 몰두하지 않을 수 없었다.

그레이트 게임의 무대가 된 중앙아시아, 페르시아만 주변 지역에서 19세기 후반에 유전 개발이 본격적으로 이루어졌고, 민간 기업까지 끌어들여가며 석유 쟁탈전은 격화되었다. 당시 영국은 산유국이 아니었기 때문에 오일 램프의 연료유로 쓸 등유를 대(大)산유국 미국과 러시아에서 수입하여야만 했다. 영국은 러시아와 패권 다툼을 하면서도 다른 한편으로는 러시아산 등유(아제르바이잔 바쿠의 유전)에 의존하는 등 러시아와의 관계는 모순으로 넘쳐났다.

그렇다고 미국 스탠더드석유회사가 공급하는 등유만 수입하면 대미 의존도가 높아져 국가 에너지 안전보장의 관점에서 보았을 때 취약성이 증가하게 된다. 역시 대미 의존도를 낮추기 위해 노력하여야 할 필요성이 있음을 고려하면 러시아산 등유 수입이라는 쓰고 떫은 선택지를 선택할 수밖에 없다. 영국으로서는 원유 조달처의 다양화가 절실한 과제였기 때문에 대외 관계가 언제나 쉽지 않았다.

20세기에 들어 텍사스주 등의 미국 남부에서 거대한 유전이 발견되기 전까지는 미국에서는 스탠더드석유회사가 독점 기업으로 군림하였고, 국내 유전의 개발부터 판매, 유통까지 일관하는 방식으로 기업을 경영하면서 영국, 유럽 대륙, 러시아에까지 석유를 수출하여 전 세계 시장을 석권하였다. 미국 국내에서는 19세기 말부터 주와 연방 레벨의 쌍방에서 독점금지법을 적용하여 거대화를 저지하려는 움직임이 생겨났다. 이와 동시에 해외에서도 스탠더드석유회사에 의한 세계 시장 독점을 제한하려는 움직임이 가속화되었고, 20세기 초반이 되자 영국과 네덜란드가 석유 시장에 뛰어들었다.

해외에서의 독점 저지 움직임은 1907년에 네덜란드와 영국의 합작 정유회사 로열더치셸그룹(Royal Dutch-Shell Group)이 탄생한 것으로 현실화되었다. 영국 기업 셸과 네덜란드 기업 로열더치가 손을 잡고 국경을 초월한 기업 연합을 이루어 스탠더드석유회사에 대항하고자 하였다. 로열더치가 네덜란드령 인도네시아에서 유전 개발을 하고 있어서 셸이 극동 지역으로 진출할 때는 경쟁 상대였지만, 단결하여 함께 투쟁하는 길을 선택하였다.

또 영국은 석유를 지배하는 자가 세계를 지배한다고 생각하고, 해외 식민지에서 유전 개발을 하는 방침을 국가 정책으로 굳혔고, 1908년에 앵글로페르시아석유회사(Anglo-Persian Oil Company, 1908년에 유전을 발견하였고, 사명은 나중에 앵글로이란석유회사[Anglo-Iranian Oil Company, AIOC], 또 브리티시석유회사[British Petroleum Company, BP]로 변경)를 설립하고, 해외 유전 개발에 힘을 쏟았다.

스탠더드석유회사는 독점금지법 위반 대상이 되어 여러 개의 회사로 분할되었고, 석유 기업의 재편이 이루어졌다. 미국에서는 복잡한 기업 합병과 기업 분할이 반복되었고, 또 영국과 네덜란드, 프랑스에서는 석유 기업이 생겨나 20세기 중엽이 되자 '메이저'라 불리는 거대 석유 자본이 탄생하였고, 그들은 전 세계에서 격렬한 경쟁을 벌였다.

해저 유전에 주목

스탠더드석유회사가 미국 북부 지대에서 유전 개발을 한 혜택을 받아서 뉴욕은 거대하고 근대적인 도시로 발전하였다. 또 텍사스주 등의 남부에서 대규모 유전이 발견되어 해외 유전 개발에 투자할 의욕은 더욱 저하되었고, 미국 대륙 본토에 있는 유전을 개발하는 것에 관심이 집중되었다.

대륙 본토의 유전 개발은 언젠가는 원유가 고갈되지 않을까 하는 공포심을 경영자에게 주었고, 이 공포심에 자극되어 미국의 각 지역에서 이루어지던 유전 개발에 한층 박차가 가해졌다. 이러한 치열한 국내 경쟁의 연장선상에서 연안 앞바다 해저 유전이라는 새로운 영역이 주목을 받게 되었다.

북부의 스탠더드석유회사 계열 기업에 대항하여 서해안의 캘리포니아주, 남부의 텍사스주와 루이지애나주, 동해안의 플로리다주 등의 각지에서 그 지역의 석유 기업이 해저 유전 개발에 나서게 되었다. 민간 기업을 후원하기 위해 주 정부와 주 의회는 그 개발을 지지하려는 움직임을 보였고, 주 레벨에서는 관민이 함께 해저 유전 개발에 착수하는 방향으로 방침을 잡았다. 이리하여 주가 독자적으로 권익을 확보하려는 움직임이 생겨났다.

제2차 세계대전이 1939년에 시작되자 석유 없는 전쟁 수행은 생각할 수 없게 되었고, 또 전쟁 수행을 하면서 막대한 양의 석유가 단기간에 소비된다는 것도 실증되었다. 그래서 미 대륙에 매장된 원유를 찾는 것에 석유 기업은 전력을 쏟았다. 그리고 캘리포니아주와 텍사스주는 주에 접해 있는 해저의 땅 '대륙붕'이 주에 속한다며 소유권을 주장하였고, 법적 인정을 받아내기 위해 연방 양원(상·하원) 의원을 동원하여 연방법 상정을 시도하였다. 본 장의 모두에서 설명한 바와 같이 이러한 주의 움직임을 저지할 목적으로 트루먼 대통령은 연방 정부가 대륙붕 해저와 지하 및 어업 수역을 관리한다고 선언하고 행정 명령을 내린 것이다.

석유 시대가 도래함으로써 유럽 국가들과 러시아를 중심으로 석유 쟁탈전이 펼쳐졌고, 한편 자국에 풍부한 유전을 보유한 미국에서는 석유 자원 개발과 이용 권리를 두고 주 정부와 연방 정부가 국내에서 다투는 독특한 구도가 생겨났다. 트루먼은 주 정부의 유전 개발을 억제하고 연방 정부가 그 주도권을 쥐어야 한다는 명확한 의도하에 트루먼 선언을 발표하였다. 이것이 해양법 분야에서 이야기하는 트루먼 선언 탄생의 전말이다.

남미 국가들의 합세로 세계적인 흐름이 가속

그럼 다음으로 트루먼 선언이 나온 후에 세계가 어떻게 돌아갔는지를 살펴보겠다. 트루먼 선언이 차츰 전 세계에 알려지자 전 세계 국가들은 원유가 잠들어 있는 대륙붕의 존재에 관심을 기울였고, 또 연어를 비롯한 수산 자원을 확보할 필요성을 깨닫기 시작하였다. 미합중국과 붙어 있는 중남미 국가들에는 특히 큰 영향을 끼쳐, 미국을 따라서 대륙붕 및 어업 수역에 관한 선언을 하는 국가들이 그야말로 도미노 현상처럼 생겨났다.

가장 빨리 반응한 것은 미국 소식을 가장 먼저 접하는 옆 나라 멕시코였다. 그도 그럴 것이 멕시코 앞바다에서 조업하는 미국 어선 단속을 둘러싸고 멕시코 정부와 미국 국무부가 어업 교섭을 벌이고 있었는데, 그 과정에서 트루먼 선언이 발표되리라는 것을 사전에 통고받았기 때문이다. 미국은 동맹국인 영국과 캐나다에도 사전에 알렸다.

트루먼 선언이 발표되고 한 달 후인 1945년 10월 29일에 멕시코는 대통령 선언을 통해 대륙붕의 권리를 보유하겠다는 취지를 분명하게 밝혔고, 그로부터 1년 후인 1946년 10월에는 아르헨티나, 그리고 1947년 6월에 칠레가 차례로 대륙붕과 200해리의 권리에 관한 선언을 하였다. 같은 해 8월에는 페루가 200해리를 보호·관리하겠다고 선언하였고, 에콰도르가 그 뒤를 이었다. 이리하여 미국 주도로 생겨난 새로운 해양 질서 조류가 중남미 나라들에서 차츰 생겨났다.

해양 혁명으로서의 트루먼 선언

트루먼 선언은 반복하여 말한 것과 같이 국내 정치 국면의 정치 역학을 반영한 것으로, 새로운 세계 질서를 만들겠다는 발상에서 나온 것이 아니다. 트루먼 선언이 방아쇠가 되어 중남미 나라들이 잇따라 200해리의 권리를 선언하자, 다양한 국가들이 전 세계의 바다를 무질서하게 영유할 것이라는 우려의 목소리가 쏟아져 나왔다.

이러한 우려를 불식하기 위해 공해의 대륙붕과 수산 자원 취급에 관한 국제회의가 여러 차례 열렸고, 대륙붕 조약(정식 명칭 '대륙붕에 관한 조약', 1964년 발효)이 채택되었다. 수산 자원 확보 문제 등은 나중에 배타적 경제수역(EEZ)의 개념으로 발전하였다.

대륙붕 조약의 정신은 나중에 유엔 해양법 협약(정식 명칭 '해양법에 관한 국제연합 협약', 1982년 채택, 1994년 발효)의 토대가 되어 지금에 이르렀다. 대륙붕 해중과 해저 및 지하의 천연자원에 관한 국제 규칙은 트루먼 선언에서 비롯된 것이어서 그러한 의미에서 전통적인 해양 질서에 혁명을 가져왔다고 말하는 것이다.

200해리 영유화를 요구한 산티아고 선언

트루먼 선언을 따라서 남미의 3개국 칠레, 페루, 에콰도르는 해상(상부 수역)의 지배권도 주장하며, '해상, 해중, 해저, 지하'를 영유하겠다고 선언하였다. 해저 천연자원에 덧붙여 해상부터 해중까지의 어업 권리도 주장하였다.

이들 3개국은 이해가 일치하여, 칠레의 수도 산티아고에서 1952년 8월에 국제회의를 열고 앞바다 200해리에 대해서 '주권 및 관할권을 가진다'고 합의하고 이를 '산티아고 선언'으로 채택하였다. 이러한 영해 200해리의 조류는 도미노 현상을 일으켜 1960년대 후반이 되자 아르헨티나, 우루과이, 브라질에 파급되었고, 그 파도는 중동과 아시아 국가까지 밀려갔다. 이제 그 누구도 막을 수 없는 개발도상국의 열기와 에너지가 세계로 전파되었다.

이에 미국은 산티아고 선언에 반대하며 강하게 항의하는 반응을 보였다.

유엔에서 해양 문제를 다루다 – 미국의 오산의 시작

영해 200해리를 주장하는 산티아고 선언을 참고로 많은 개발도상국이 200해리에 대한 경제적인 권리를 주장하였고, 유엔에서는 바람직한 해양 질서의 모습을 모색하였다. 미국의 트루먼 선언이 방아쇠가 되어 시작된 200해리 문제는 새롭게 탄생한 유엔이 풀어야 할 큰 과제가 되었다. 하물며 이것은 미국에는 오산의 시작이었다.

유엔은 제1차 유엔 해양법 회의를 1958년에 스위스 제네바에서 개최하고, 제네바 회의에 참가한 86개국의 이해를 조정하면서 '대륙붕에 관한 조약'을 채택하였다. 각국의 이해가 명백하게 드러났고, 큰 타협의 산물이자 새로운 가치의 창출로서 국제 규칙이 생겨났다.

국제적인 규칙을 받아들이고 따르는 국가들이 많으면 세계 질서는 안정적으로 기능할 것이고, 지키지 않는 나라가 많아지면 세계 질서는 불안정해질 것이다. 그리고 대국이 국제 규칙을 받아들이느냐 그렇지 않느냐가 국제 규칙의 실효성을 좌우하는 열쇠가 된다. 왜냐하면 대국이 바뀌고 시대가 크게 변하면 국제 규칙도 변화할 수밖에 없기 때문이다.

'바다의 헌법'으로 불리는 유엔 해양법 협약이 체결될 때까지 유엔이 주도한 해양법 회의는 1958년부터 1982년까지 3차에 걸쳐서 소집되었다. 제1차 유엔 해양법 회의는 1958년, 제2차 유엔 해양법 회의는 1960년, 그리고 제3차 유엔 해양법 회의는 1973~1982년의 10년에 걸쳐서 단속적으로 개최되어 유엔 해양법 협약이 채택되었다.

유엔이 주도하여 해양법 정비에 착수한 것이 1950년 무렵이므로 대략 30년의 세월을 거치며 우여곡절 끝에 유엔 해양법 협약이 탄생한 셈이다. 여기에 이르기까지 들인 많은 노력과 시간을 생각하면 전 세계 국가들을 불러 모아 이해 조정을 하는 것이 얼마나 힘든 일인지를 알 수 있다.

4개의 해양법 조약을 채택—제네바 회의

제네바에서 열린 제1차 유엔 해양법 회의에서는 소위 제네바 해양법 4조약이 1958년 4월에 채택되었는데, 그중 하나가 '대륙붕에 관한 조약'이다.

이하에 4개 조약의 정식 명칭을 열거하겠다.

①대륙붕에 관한 조약(CCS, Convention on the Continental Shelf)

②영해 및 접속수역에 관한 조약(CTS, Convention on the Territorial Sea and the Contiguous Zone)

③공해에 관한 조약(CHS, Convention on the High Seas)

④어업 및 공해 생물자원의 보존에 관한 조약(CFCLR, Convention on Fishing and Conservation of the Living Resources of the High Seas)

이 4개의 해양법 조약이 통합된 형태로 1982년에 유엔 해양법 협약(정식 명식은 '해양법에 관한 국제연합 협약')이 탄생하였다. 유엔 해양법 협약은 이 제네바 해양법 4조약을 기본적인 틀로 삼고, 거기에 심해저 등에 관한 새로운 생각들을 추가하고 발전시켜서 만든 것이다.

여기에서 꼭 기억하여야 하는 해양 질서 개념에 영해, 접속수역, 무해 통항, 공해가 있다. 이하에서 제네바 해양법 4조약에서 다룬

이 개념들을 정리하여 설명하겠다.

처음에는 영해를 3해리로 합의

과거에 세계의 해양은 영해와 공해로 크게 둘로 나뉘었고, 광대한 공해가 전 세계에 존재하였다. 하지만 19세기부터 20세기에 걸쳐서 주로 영국과 미국 등의 대국의 생각이 반영되어 접속수역이라는 개념이 등장하였고, 나아가 해양 자원의 탐사 및 개발·관리라는 새로운 발상에서 배타적 경제수역(EEZ)이 생겨났으며, 대륙붕이라는 말 등도 차례로 생겨났다. 한편 대국 주도로 해양 질서가 형성되는 것에 반대하여 '심해저'라는 새로운 개념도 등장하였지만, 이러나저러나 대국의 존재 없이는 혁신적인 새로운 개념도 생겨나지 않았을 것이다.

18세기부터 19세기에 걸쳐서 해양 대국으로 부상한 영국은 전 세계의 바다를 자유롭게 항행하고 싶은 강한 마음에 영해는 최대한 좁아야 한다는 입장을 관철하였지만, 밀수와 밀항, 관세 단속을 하기 위해 영해의 폭은 필요 최소한의 범위로 하는 것이 바람직하다는 생각에 기초하여 영해의 폭을 3해리(약 5.6km)로 정하였다.

영국이 주장한 영해 3해리 주의를 미국 역시 편의적으로 답습하고, 19세기에는 영국과 미국의 주도하에 영해 3해리 주의가 보급되었다. 물론 4해리를 주장하는 스칸디나비아 국가들과, 러시아처럼 관세와 어업을 위해 12해리를 요구하는 국가 등도 있고, 결코 모두가 한마음 한뜻이었던 것은 아니지만, 19세기 말까지는 대체로 3해리로 세계적인 합의가 이루어졌다. 하지만 20세기에 들어서서 재차 해양 규칙이 주요 논점으로 부상하였다.

미국의 토머스 제퍼슨(Thomas Jefferson) 국무장관이 영해를 3해리로 정하였다는 외교 문서를 주미 영국대사와 프랑스대사에게 1793년에 보내서, 미국의 영해 3해리의 기원을 1793년으로 본다.

그 후 미국이 영해를 3해리에서 12해리(약 22km)로 확대한 것은 약 200년 후인 1988년으로, 로널드 레이건(Ronald Reagan) 공화당 정권 시대였다. 당시 미디어는 소련의 스파이선이 미국 연안에 접근하는 것을 저지하기 위해 영해를 12해리로 확대하였다고 보도하였다.

일본은 전 세계에서 자유롭게 어업 활동을 하고 싶었기 때문에 이러한 관점에서 공해는 최대한 넓어야 하며, 영해는 좁게 3해리로 설정하여야 한다고 주장하였다.

1958년 제1차 유엔 해양법 회의에 일본 정부 대표단의 일원으로 참가한 국제법학자 오다 시게루(小田滋)는 회상록『국제법의 현장에서』에서 원양어업을 중시하는 일본은 그저 '수산물'만 중시하였지만, 미국은 '군함의 해협 통항의 자유'를 중요한 과제로 보았다면서 해양 문제를 대하는 일본과 미국의 자세에는 큰 차이가 있었다고 기록하였다.

'해양의 폭'을 정하지 않은 영해 조약

영해 12해리란 '영해의 폭'이 12해리라는 뜻이다. '폭'이란 해안 기준선에서 바깥쪽(바다 쪽) 해역까지의 거리를 의미한다. 일본, 미국, 영국은 전통적으로 영해를 3해리로 규정하였지만, 그 후 미국과 영국은 6해리로 바꿀 새로운 수정안을 생각해냈다. 영해 6해리에서부터 새롭게 6해리를 추가하고 이 공간을 어업권을 인정하는 경제수역으로 설정하여, 합해서 12해리를 연안국의 경제 권익으로 인정하는 것이었다. 이는 세계적인 추세에 따른 것이었다.

세계적인 추세란 유엔에서 다수의 의석을 차지하는 개발도상국과 소련을 중심으로 하는 소련·동구권 구역이 12해리 이상의 영해를 요구하며 유엔 투표 행동을 지배한 것을 말한다. 극단적인 사례를 들자면 전술한 바와 같이 칠레, 페루, 에콰도르 등 200해리의 주권을 주장하는 국가도 나타났다. 유엔은 해양 문제 등을 심의·의결하는 회의는 다수결 방식을 채택하고 있었기 때문에 유엔 가맹국 수로 보았을 때 개발도상국이 압도적으로 유리한 입장을 점하였다. 즉 소수파인 미국 등의 선진국이 약한 입장이었다.

제네바 해양법 4조약에서 '영해 및 접속수역에 관한 조약(통칭 영해 조약)'이라는 조약명은 결정하였지만, 제네바에서 열린 이 회의에서는 실제로 영해를 3해리(일본이 주장)로 할 것인지, 6해리(미국, 영국, 캐나다 주장)로 할 것인지, 그렇지 않으면 12해리(개발도상국이 주장)로 할 것인지에 대한 합의가 이루어지지 않았다.

1958년 4월 투표에서는 미국과 영국이 제안한 '영해 6해리+경제수역 6해리=12해리안'이 근소한 차이로 부결되어 제네바 회의는 결렬되었고, 가장 중요한 '영해의 폭'에 대한 참가국의 의견이 일치되지 않아 성과 없이 끝났다. 각국이 영해를 보유하여야 한다는 것에 대해서는 합의가 이루어졌지만, 영해의 폭을 결정하지 못하였기 때문에 조약으로서는 지극히 불완전한 것이었다고 말하지 않을 수 없다. 이 영해의 폭을 정하기 위해 제2차 유엔 해양법 회의가 재차 제네바에서 1960년에 열렸다.

1958년 회의에서는 영해 결정 방법(썰물 때의 가장 낮은 해안선을 기준으로 한다) 등에 관한 기술적인 조항, 나아가 뒤에서 다룰 무해통항권을 정하였다. 참가국이 타협할 수 있는 범위에서 합의를 이끌어 냈고, 영해의 폭이라는 가장 중요한 과제를 보류함으로써 일단 영해 조약을 매듭지을 수 있었다. 바다 세계는 관습법과 타협의 축적으로 이루어졌다고 하지 않을 수 없다.

접속수역이란 무엇인가

영해에 접속하여 있는 해역을 '접속수역'이라고 한다. 원래는 공해의 일부이며, 연안국이 영해에서 특정 법령 위반 방지 등을 원만하게 하기 위해 설정한 특별한 수역이다. 현재는 배타적 경제수역(EEZ)의 일부이며, 영해에 접속된 12~24해리의 폭을 접속수역이라고 부른다. 여기에서 관세 징수, 밀수와 밀항 단속을 비롯한 범죄수색·추적·체포 등의 경찰 행동, 전염병 등에 대한 방역 대책을 시행하는 행동들을 할 수 있다. 이와 같은 집행 관할권에 한정하는 것을 전제로 접속수역이 설정되었다.

영해 조약과 유엔 해양법 협약에 접속수역 조항이 담겨 있으며, 현재는 국제적인 규칙으로 정착된 상태이다. 하지만 연안국에 따라서는 영해와 접속수역을 항행하는 선박에 규제를 가하기도 하고, 사전 승인을 요구하기도 한다. 전 세계 국가가 모두 동일하게 대응하는 것은 아니다.

애당초 접속수역이란 19세기의 대국 영국이 영해 3해리 주의를 채택하면서 밀수 등의 범죄를 수사할 목적으로 영해에 접속하는 공해 일부에서 관할권을 행사하길 원해서 생겨난 것이다. 영국 당국의 함선이 예를 들어 밀수선을 3해리 영해 내에서 발견하고 추적하더라도 밀수선이 영해를 넘어 공해로 도주해버리는 일이 수시로 발생하여 범죄 수사에 지장이 있었다. 현장에서 겪는 이러한 문제를 해결하기 위해 18세기 중반 무렵부터 19세기에 걸쳐서 접속수역이라는 발상이 싹트게 되었다.

영국으로서는 두 가지의 국익—첫 번째로 전 세계 바다에서 '항행의 자유'를 누림으로써 얻을 수 있는 국익, 두 번째로 밀수를 저지함으로써 얻을 수 있는 국익을 동시에 손에 넣기 위해 고안해낸 것이 접속수역이었다. 밀수선은 고속 보트인 경우가 많아서 영해 3해리의 범위에서 추격해 검거하기가 어려웠다. 이 문제를 해결하기 위한 방책이 영해에 접속하는 공해 일부에 특별한 수역을 설정하여 영국 당국의 함선이 영해를 넘어 밀수선을 추격·검거할 수 있도록 하는 것이었다. 이리하여 탄생한 것이 접속수역이다.

밀수선 때문에 골머리를 앓던 것은 영국뿐이 아니었다. 미국은 신대륙에 합중국을 세웠지만 일상생활에 부족한 것투성이여서 기호품과 사치품은 구세계인 유럽 대륙에서 들어온 밀수품에 의지할 수밖에 없었다. 19세기 내내 미국에서는 밀수선이 암약하였다. 이 상황은 20세기에 들어선 후에도 계속되었고, 특히 금주법 시대였던 1920년대부터 1930년대 초반에 유럽에서 주류가 대량으로 반입되어 대서양 해안가의 항만도시에서는 밀수선을 단속하느라 골치를 앓았다.

밀수선 때문에 골머리를 썩이던 미국에서는 18세기 말부터 밀수선을 단속하기 위해 접속수역이라는 발상이 서서히 싹터 올랐다. 미국에서는 "1799년 법률로 연안 12해리 수역에서 외국 상품을 옮겨 싣는 것을 금지하고, 그 수역에서 외국 선박의 임검 수색을 하는 것"이 인정되었고, 1844년에는 "야간에 화물을 옮겨 싣는 것을 금지하는" 법령이 탄생하였다. 나아가 "영해에 접속하는 수역의 개념을 명확화하기 위해 미국은 1922년 관세법을 제정하였다".

이로써 "미국 해안에서 4리그(12해리) 이내의 모든 선박에 승선하여 송장을 조사하고, 선박 및 그 모든 부분, 선내의 모든 사람, 여행 가방 또는 화물을 검사·수색·조사하고, 그 목적을 위해 선박을 정박시키고, 그 법률을 준수시키기 위해 필요한 모든 무력을 행사하는 권한을 부여하게 되었다"(이상은 미즈카미 지유키의 『해양법』).

그리고 1924년에 미·영 조약이 체결되어 미국 연안에서 발견된

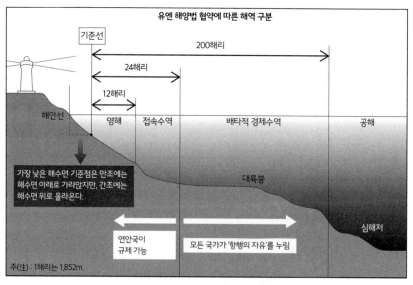

유엔 해양법 협약에 따른 해역 구분

기준선

200해리

24해리

12해리

해안선

영해   접속수역   배타적 경제수역   공해

가장 낮은 해수면 기준점은 만조에는
해수면 아래로 가라앉지만, 간조에는
해수면 위로 올라온다.

대륙붕

심해저

연안국이
규제 가능

모든 국가가 '항행의 자유'를 누림

주(注) : 1해리는 1,852m

(해상보안청 자료를 바탕으로 작성)

영국 밀수선을 미국은 한 시간에 한하여 추격할 수 있게 되었고, 영국 밀수선에 대한 승선, 수색, 나포(拿捕)가 인정되었다. 미국과 영국은 모두 영해 3해리를 채택하고 있었기 때문에 3해리를 넘어선 공해에서 추격하는 것이 미국과 영국 양국 간에서 합법이 되었다. 거리가 아니라 어디까지나 한 시간이라는 시간제한을 둠으로써 접속수역이 두 나라 간에 인정된 것이다.

미국과 영국의 영향을 받아 네덜란드 헤이그에서 1930년에 개최된 국제 법전 편찬 회의에서도 접속수역은 12해리라는 흐름이 형성되어 있었던 듯하다. 이와 같이 미국은 접속수역을 12해리로 설정하는 흐름을 만들었음에도 불구하고, 1935년에 새로운 밀수방지법을 제정하여 한 번 더 12해리 접속수역의 외측에서부터 바다 쪽으로 50해리를 접속수역으로 선언하고 밀수선 단속을 강화하였다. 영국과 유럽 여러 나라에서 주류를 들여오는 밀수선에 미국이 얼마나 신경을 곤두세웠는지를 알 수 있다.

제네바에서 1958년에 영해 조약과 대륙붕 조약이 심의되는 과정에서 접속수역이라는 발상은 지극히 자연스럽게 받아들여졌고, 드와이트 아이젠하워(Dwight David Eisenhower) 공화당 정권이 집권하던 1958년에 3해리를 12해리로 확대하였고, 1982년 유엔 해양법 협약으로 영해를 12해리로 정하였을 때 접속수역의 폭도 12해리(영해의 한계선인 12해리에서 바다 쪽으로 12해리, 도합 24해리)로 정착되었다. 미국에서도 빌 클린턴 민주당 정권 시대였던 1999년에 12해리에서 24해리로 폭이 확대되었다.

공해란 무엇인가 – '자유'가 넘쳐나는 공해 조약

제네바에서 1958년에 채택된 해양법 4조약 중 하나에 전술한 '공해 조약'이 있다. 이 조약의 원문을 읽고 깜짝 놀란 적이 있다. '자유'라는 미국을 상징하는 어구가 조약문에서 넘쳐났기 때문이다.

제1조에서 '공해'를 정의한 다음, 제2조에서 "공해는 모든 국가들에 열려 있다"는 문장으로 시작하여 '공해의 자유'로서 네 가지 자유, 즉 ①항행의 자유, ②어업의 자유, ③해저 케이블과 파이프라인을 부설할 자유, ④공해 상공을 비행할 자유를 명기하였다.

이 공해 조약이 채택된 1958년은 '냉전' 시대였고, 미국은 소련(현 러시아)과 전 세계적인 규모로 신경전과 이데올로기 전쟁을 벌이고 있었다. 전 세계에서 가장 풍요롭고 세계 최대 대국이라고 불리는 미국의 사상이 반영된 것이 공해 조약이 아닐까?

이 공해 조약에서 정의한 공해는 1982년 유엔 해양법 협약에서 규정한 공해와 큰 차이가 있다. 공해 조약에서는 "어떤 국가의 영해 또는 내수에도 포함되지 않는 해양의 모든 부분을 말한다"(제1조)라고 정의한다. 단순하게 말하면 영해를 제외한 넓은 수역을 '공해'라고 한 것이다.

하지만 유엔 해양법 협약에서는 영해와 내수(영해를 측정하는 기준선보다 육지 측에 있는 수역, 하구, 항만, 내해 등)와 함께 배타적 경제수역(EEZ)도 대상으로 보고, 단순하게 영해와 배타적 경제수역을 제외한 수역을 '공해'로 정의하였기 때문에 세계의 공해가 눈 깜짝할 사이에 좁아져버렸다. 좀 더 정확하게 말하면 유엔 해양법 협약에는 '군도국(群島國)의 군도 수역'이라는 용어도 있는데, 이것도 공해에 포함되지 않는다고 하였다. 이리하여 공해는 점점 협소화되었다.

공해 조약을 채택하였을 때는 영해의 폭을 둘러싸고 선진국과 개발도상국이 대립하여 전술한 바와 같이 영해의 폭은 정하지 않고 영해와 내수를 제외한 해양을 공해로 규정하였다. 영해라는 개념이 존재함을 받아들인 것에 지나지 않았다. 각국이 주장하는 영해는 미국, 영국, 일본은 3해리, 개발도상국은 12해리 등 제각각이었다.

나중에 유엔 해양법 협약에서 영해의 폭을 12해리로 정하였지만, 영해라는 개념으로 합의한 공해 조약이 채택된 때로부터 햇수로 24년이 흐른 후였다. 합의 도출이 가능한 분야부터 서서히 질서를 형성해온 해양법 역사를 엿볼 수 있다. 전 세계적인 규모로 장기간에 걸쳐서 복잡한 교섭과 이해 조정, 그리고 최종적으로는 각국의 타협 끝에 현재의 해양 질서가 탄생하였다고 하겠다.

영해의 무해 통항

　예를 들어 일본의 영해를 미국과 중국과 같은 제3국의 군함을 포함하는 선박이 자유롭게 통항할 수 있는 것이 '무해(無害) 통항'이고, 그 권리는 '무해통항권'이라고 부른다. 영해 조약과 유엔 해양법 협약(제17조~제21조)에 무해통항권에 관한 내용이 담겨 있다. 바다는 자유로운 공간이기 때문에 선박이 자유롭게 항행하여도 된다는 것을 상징하는 용어로서 알려져 있다.

　이 무해 통항이라는 개념을 강력하게 주장해온 나라가 영국과 미국이었다. 이는 바다가 누구에게나 자유로운 공간이라는 사상에서 생겨난 게 아니라, 역시 영국과 미국의 군함을 포함하는 선박이 전 세계의 바다를 자유롭게 지나다니며 군사 행동과 통상 무역을 자유롭게 하기 위해 무해 통항할 권리가 필요하였기 때문에 생긴 개념이다. 세계 각국이 영해를 되도록 좁은 폭으로 채택하여야 공해가 최대한으로 넓게 확보되어 영국과 미국의 군함이 자유롭게 항행할 수 있다는 생각과 겹친다.

유엔 해양법 협약(제19조)은 "통항은 연안국의 평화, 질서 또는 안전을 침해하지 않는 한 무해하게 이루어져야 한다"고 규정한다. 그럼 유해하다는 것은 대체 무엇일까?

이 조약에서는 다음의 12항목을 유해한 것으로 본다. 즉 ①무력에 의한 위협과 무력행사, 연안국의 주권과 영토 보전에 위반되는 행위, 연안국의 정치적인 독립에 관한 것, ②무기를 이용한 훈련과 연습, ③연안국의 방위와 안전을 해칠 수 있는 정보 수집을 목적으로 하는 행위, ④연안국의 방위와 안전에 영향을 끼치는 것을 목적으로 하는 선전 행위, ⑤항공기의 발착과 적재, ⑥군사 기기의 발착과 적재, ⑦연안국의 법령(통관, 재정, 출입국 관리, 위생)에 위반되는 물품이나 통화, 사람의 적재나 하역, ⑧고의 또는 중대한 오염 행위, ⑨어획 활동, 조사 활동이나 측량 활동의 실시, 연안국의 통신계 또는 다른 시설을 방해할 목적으로 하는 행위, 통항에 직접적인 관계가 없는 기타 활동.

이상과 같이 연안국에 유해한 대상을 명확하게 기재하고 있다. 군함을 포함하는 선박이 연안국의 영해를 지나는 것을 인정하지만, 통항하는 것 이외에는 아무것도 하지 않는다는 것을 조건으로 무해 통항이 인정된다.

바닷속에 몸을 숨기고 통항하는 잠수함의 경우에는 "영해에서는 수면 위를 통항하고, 또한 깃발을 내걸지 않으면 아니 된다"(제20조)고 규정하여 모든 잠수함에 부상의 의무를 부과하고 있다. 즉 잠수한 채로 통항하는 잠수함은 무해 통항이 아니라 연안국에 유해한 것으로 간주한다.

특히 미국은 제2차 세계대전 후 강력한 군사력을 내세워 '세계의 경찰관'이 되었기 때문에 미국 해군 함정이 전 세계 바다에서 자유롭게 항행할 수 있는 것이 무엇보다 중요하였다. 세계 함선이 미국의 영해를 자유롭게 통행하는 것을 상정한 게 아니라 미국 해군의 함정이 전 세계의 영해를 자유롭게 통행하는 것을 염두에 두었기 때문이다.

또한 일본은 전통적인 3해리파(派)였지만, 세계의 동향을 주시하며 1977년에 '영해 및 접속수역에 관한 법률(영해법)'을 제정하여 영해를 12해리로 정하였다.

하지만 일본은 영해 12해리를 적용하지 않는 예외 해역을 설정하였다. 일본열도를 둘러싼 다섯 개의 해협을 '특정 해역'으로 지정하고 3해리를 유지하였기 때문이다. 다섯 개의 해협이란 소야해협, 쓰가루해협, 대한해협 동수도, 대한해협 서수도, 오스미해협이다. 홋카이도와 아오모리현 사이에 있는 쓰가루해협의 거의 중앙부는 일본의 영해가 아니다.

대륙붕 조약의 탄생―트루먼 선언의 국제화

제네바에서 채택한 대륙붕 조약에서 '대륙붕'을 어떻게 정의하고 있는지 잠시 살펴보겠다. 연안국의 해안에 접속된 해저의 땅 가운데 해안에서 수심 약 200m까지의 해저지역을 대륙붕이라고 규정하였다. 또 기술력이 있어서 깊이 200m 너머의 해저를 개발할 수 있을 경우에는 연안국의 대륙붕으로 인정한다고 되어 있다. 연안국의 해안에는 '섬'도 포함된다.

구체적으로 말하자면 수심 200m 이상의 깊은 해저에서 천연자원을 개발할 수 있는 기술력이 미국과 같은 대국에 있으면 대륙붕으로 선언할 수 있다는 뜻이다. 조약에 미국과 같은 대국의 논리가 작용한 것이다.

조약문을 보면 다음과 같이 제1조 제1항에서 두 종류의 '해저'를 '대륙붕'으로 지정하고 있다. "(a)해안에 접속하고 있으나 영해의 밖에 위치하는 해저 구역이며, 수심 200m까지 또는 수심이 그 한도를 넘지만 천연자원 개발이 가능한 한도까지의 해저" 및 "섬 해안에 접속되어 있는 마찬가지 해저 구역의 해저"라고 정의하고 있다.

대륙붕의 정의는 이에 그치지 않는다. 나아가 계속되는 제2조 제1항 및 제2항에서 '주권적인 권리'와 '배타적'이라는 말을 등장시켜 대륙붕에 접속된 연안국이 실질적으로 영유하는 것을 인정하고 있다. 이러한 어구를 채택하는 과정에서 '관리와 관할권'이라는 용어도 주장되었는데, 최종적으로는 '주권적인 권리'로 정착되었다.

'주권'이 영토에 대한 모든 권리를 의미하는 데 반해, '주권적인 권리'는 경제 영역에 대한 국가의 권리를 의미하므로 주권과는 다르다고 보는 관점도 있지만, 국제법 전문가는 이해하더라도 문외한

인 일반인은 그 차이를 이해하기 어렵다. '관리'와 '관할권'은 그야말로 트루먼 선언에 나오는 용어로, 대륙붕 조약의 초안 작성 과정 자체가 국제 관계를 투영하고 있다.

주권이라고 말하지 않고 구태여 주권적인 권리라는 미묘한 차이가 있는 표현을 써서 미국과 같은 대국의 요망을 받아들이면서도 다른 나라를 배려하는 문장으로 작성한 것이다. 트루먼 선언을 국제 조약으로 만들기 위한 작업의 일환으로 이러한 눈물겨운 조정이 이루어졌다.

제2조 제1항에서는 "연안국은 대륙붕에 대하여 이것을 탐사하거나 그 천연자원을 개발하기 위한 주권적인 권리를 행사한다"고 규정하고 있다. 그리고 계속해서 제2조 제2항에는 "1항의 권리는 연안국이 대륙붕을 탐사하지 않거나 또는 그 천연자원을 개발하고 있지 않은 경우에도 해당 연안국의 명시적인 동의를 얻지 않고 이러한 활동을 하거나 또는 해당 대륙붕에 대하여 권리를 주장할 수 없다는 의미에서 배타적이다"라고 명시되어 있다.

법률을 전공하지 않는 학생이나 일반 독자에게는 이러한 조약문 하나하나를 이해하고 기억하는 것은 피곤한 일일 것이다. 이 제2조를 직설적으로 해석하자면, 미국 본토 근처에 있는 대륙붕은 모두 미국에 속하므로 제3국은 멋대로 개발하거나 조사하여서는 안 된다는 의미라고 해석할 수 있다.

제2차 세계대전 후 새로운 해양 질서는 따라서 미국 주도로 형성되었다.

새로운 대륙붕의 정의 – 유엔 해양법 협약

대륙붕 조약(1958년)이 채택된 후 약 20년이 흐른 1970년대 후반이 되자 대륙붕에 관한 정의가 진화하여 복잡해졌다. 카리브해에 있는 섬나라 자메이카의 도시 몬테고베이에서 1982년 4월 30일에 유엔 해양법 협약이 채택되어 대륙붕에 관한 새로운 정의가 탄생하였다.

전술한 바와 같이 정식 명칭은 '해양법에 관한 국제연합 조약(UN-CLOS, United Nations Convention on the Law of the Sea)'이며 1982년에 채택되고 1994년에 발효되었다. 일본은 1996년에 비준·공포하였다. 제네바 해양법 4조약의 집대성이다.

유엔 해양법 협약은 '바다의 헌법'이라고 표현되듯이 현재 해양 질서의 큰 틀을 만들었다는 점에서 획기적인 조약이라고 할 수 있다. 이 협약은 영해, 접속수역, 배타적 경제수역, 대륙붕, 공해, 심해저 등에 관한 국제적인 규칙을 제시하고 있다.

일본 외무성은 "해양에 관한 안정적인 법적 질서 확립에 이바지한다"고 평가하였고, "세계의 주요 해양 국가인 우리나라에 있어서 조약은 우리나라의 해양 권익을 확보하고, 해양과 관련되는 활동을 원만하게 하기 위한 기초가 된다"며 지지하였다(외무성 자료 「해양의 국제법 질서와 유엔 해양법 협약」 2018년 6월 25일).

이와 같이 일본은 유엔 해양법 협약을 받아들였고, 이 협약하에서 해양의 질서를 지키겠다는 입장을 견지하고 있다. 그러한 일본과 공고한 동맹 관계를 맺고 있는 미국은 유감스럽지만 이 협약에 가맹하고 있지 않다. 애초에 대륙붕의 영유권을 주장한 나라가 미국이고, 대륙붕 조약에는 미국의 의견이 들어갔고, 또 유엔 해양법 협약에도 미국의 견해가 반영되어왔을 터이다. 대륙붕에 관한 정의가 그 좋은 사례이지만, 미국은 후술할 심해저에 관한 조약문에 반대하여 이 협약 체결국이 되는 것을 단념하였다.

이 협약이 채택된 시점에 유엔의 전문기관으로서 1958년에 설립된 '정부간해사협의기구(IMCO)'가 국제해사기구(IMO, International Maritime Organization)로 1982년에 이름을 변경하고 재출발하였다. IMO(본부 런던)는 선박의 안전과 해양 오염 등의 해사 문제에 관한 국제 협력을 촉진하는 것을 목적으로 하고 있다.

발상의 전환 – '깊이'에서 '거리'로 변경

이 국제 해양법 조약에 따라서 대륙붕을 보는 방식이 크게 수정되어 새로운 정의가 탄생하였다. 여태까지는 '깊이'로 측정하던 것을 이번에는 연안에서 바다 쪽을 향해서 해저의 '거리'로 측정하였다.

"연안국의 대륙붕이란 해당 연안국의 영해 너머 해수면 아래 해저 지역의 해상(海床, 바다 밑바닥) 및 그 하층토이며, 그 영토의 자연적인 연장선을 따라서 대륙 주변부의 외연(外緣)에 이르기까지, 또는 대륙 주변부의 외연이 영해의 폭을 측정하기 위한 기준선에서 200해리의 거리까지 이어져 있지 않은 경우에는 해당 연안국의 영해 바깥쪽 해저 지역의 바다 밑바닥 및 그 하층토이며, 해당 기준선에서 200해리 거리까지를 말한다."(유엔 해양법 협약, 제6부 '대륙붕', 제76조 '대륙붕의 정의' 제1항)

유엔 해양법 협약에서 채택된 새로운 정의에서는 해안 기준선에서 200해리까지 또는 동 조약이 정한 조건을 충족한 경우에는 이를 넘어서 최대 350해리까지의 해저를 대륙붕으로 규정한다. 이전의 대륙붕 조약에서는 수심 200m(또는 개발 가능한 수심까지)를 기준으로 하였으므로 커다란 발상의 전환이 일어났다고 하겠다.

여기서 새로운 대륙붕의 정의를 조항별로 나열하겠다. ①해안(기준선)에서 200해리까지의 해저를 대륙붕으로 한다. 해저 아래(하층토)도 대륙붕으로 한다. ②영해 12해리는 대륙붕에 포함되지 않는다. 영해의 해저는 영토의 일부이기 때문이다. 영해의 밖에서부터 200해리까지가 대륙붕의 대상이다. ③대륙붕 주변부가 200해리를 넘어서 뻗어 있을 경우에는 대륙붕한계위원회가 인정하면 최대 350해리까지를 대륙붕으로 할 수 있다.

대륙붕의 범위는 대륙 주변부(Continental Margin)라 불리는 해저로 이루어진다. 대륙 주변부는 ①대륙붕(Continental Shelf), ②대륙사면(Continental Slope), ③대륙대(Continental Rise, 대륙 사면 기부[基部]의 완만한 경사면)의 3종류 구역으로 이루어진다.

혼란을 야기하는 점은 대륙 주변부라 불리는 구역에 대륙붕이라는 용어가 들어 있는 것이다. 여태까지는 육지에서부터 대륙붕 주변부를 파악하였는데, 그러면 대륙붕이라는 용어가 좀처럼 머릿

속에 들어오지 않는다. 반대로 해저 쪽에서 대륙붕을 보면, 융기된 부분(Rise)이 있고, 그 위에 경사면(Slope)이 있고, 그 너머에 안정적인 평평한 선반(Shelf) 같은 공간이 있다. 깊은 해저에서 접촉하는 대륙붕의 한계가 대륙붕 주변부이고, 거기에서부터 육지를 올려다보면 이해하기 쉽다.

새로운 해양 혁명과 미국의 반발 — 심해저에 관한 주장

아직까지 미국은 유엔 해양법 협약에 조인하지 않았다. 가장 큰 이유는 '심해저'라고 불리는 깊은 해저의 자원 개발 방식과 관련하여 반대 입장을 취하고 있기 때문이다. 심해저에는 희소금속(Rare Metal)이나 희토류(Rare Earth) 등의 희소 자원이 잠들어 있다. 부존(賦存) 상황이나 형태 등에 따라서 심해저 자원은 '망간 단괴', '코발트 리치 크러스트(코발트를 많이 함유한 심해 광물자원)', '해저 열수 광상'으로 분류된다. 이 심해저의 관리와 개발에 관한 조항이 들어가자, 미국은 유엔 해양법 협약에 조인하길 거부하였다.

유엔 해양법 협약은 '바다의 헌법'이라 일컬어지지만, 다른 한편으로 미국의 보수 세력은 '잃어버렸다(LOST)'라는 네 개의 첫머리 글자로 유엔 해양법 협약을 야유하고 비꼬았다. LOST란 'Law of the Sea Treaty'의 첫머리 글자를 딴 것으로, 자원 개발의 '자유'를 빼앗겼다고 말하는 미국 보수파의 강경한 자세가 엿보인다.

유엔 해양법 협약에서는 '심해저 및 그 자원'을 '인류의 공동 재산

(제136조)'으로 규정하고, 특정 국가가 영유하여 관리·개발하는 것을 금지하고 있다. 심해저란 연안국 대륙붕의 바깥쪽에 있는 그 어떤 나라의 관할권도 미치지 않는 해저 및 그 아래를 가리킨다. 유엔 해양법 협약은 '심해저' 조항에서 구태여 영어로 'The Area'라고 기술하였다.

심해저에 관한 조항은 명백하게 개발도상국의 이익을 지나치게 반영하고 미국의 국익은 완전히 무시하였다고 생각하여, 미국은 유엔 해양법 협약 그 자체에 노(No)를 외쳤다. 독자적으로 개발한 기술로 전 세계의 해저를 자유롭게 개발하고 싶은 미국은 기술력을 가진 나라에 개발할 권리가 있다고 강하게 생각한다. 이러한 미국의 생각에 정면으로 도전한 것이 자본력과 기술력이 없는 개발도상국이었다.

몰타 정부 대표 파르도(Arvid Pardo)는 1967년 11월 유엔총회 연설에서 심해저를 인류의 공동 유산으로 지정하여야 한다고 주장하였다. 이와 같이 주장한 배경에는 미국을 필두로 하는 선진 공업국이 자본력과 기술력을 구사하여 전 세계의 해저를 개발함으로써 실질적으로 심해저를 분할 및 영유하고 최종적으로는 군사 목적으로 이용할 가능성이 있다는 우려가 있다. 개발도상국 주도의 새로운 해양 혁명이 시작된 것이다.

파르도의 연설에 많은 개발도상국은 갈채를 보냈고, 1970년에는 유엔총회 결의로서 심해저의 제도화가 포함되었다. 또 국제적인 기구가 설립되기까지는 심해저에서의 자원 개발을 삼가라는 요지의 글도 추가되었다. 자본력과 기술력이 없는 개발도상국 입장에서는 유엔이라는 장을 이용하여, 전 세계의 자본과 기술을 동원하여 인류를 위해(즉, 개발도상국을 위해) 심해저를 활용하려는 것이었다. 일본 정부 대표로서 유엔 회의에 참석한 오다 시게루의 회고록(전술)에 따르면 오다가 본래 가지고 있던 지론이 파르도의 연설에 반영되었다고 한다.

자원 내셔널리즘과 신국제 경제 질서 – 유엔 해양법 협약의 성립

파르도의 제안은 1970년대에 들어서자 신국제 경제 질서(NIEO, New International Economic Order, 개발도상국이 선진국 주도형인 현재의 국제 경제 질서를 대신하여 개발도상국의 이익을 중시하는 새로운 경제 질서를 요청한 것-역자 주)를 둘러싼 세계적인 조류를 탔고, 개발도상국의 자원 내셔널리즘(천연자원은 이를 산출하는 국가의 것이라고 인식하려는 사상. 개발도상국이 자기 나라에서 산출되는 자원에 대한 주권을 주장하고 그 지배권을 확대하려는 태도를 이른다-역자 주) 주장과 겹쳤기 때문에 유엔 해양법 협약 수정작업에 큰 영향을 끼쳤다. 석유 파동(오일 쇼크)과 자원 내셔널리즘의 소용돌이 속에서 파르도의 제안은 개발도상국의 이익을 반영하는 심벌로서 특별한 의미를 지니게 되었고, 유엔 해양법 협약에 담기게 되었다. 선진국의 자원 개발 독점에 반발한 개발도상국이 자원 내셔널리즘을 고무한 시대를 반영하고 있다.

유엔에서는 1974년에 자원 문제에 관해 토의하기 위해 제6회 특별 총회 '유엔 자원 특별총회'를 개최하였고, 콘센서스 방식으로 '신국제 경제 질서 수립에 관한 선언(결의 3201호)'과 행동 계획(결의 3202호)을 채택하였다. 통상적으로 유엔총회에서는 결의안을 투표로 결정하는데, 세부 사항에서 불일치가 발생하면 결의안을 가결할 수 없게 된다. 총론에는 찬성하지만 각론과 세부 사항에 반대하여 불성립이 되는 사태를 피하기 위해 결의안의 취지에 대체로 찬성하면 의장이 콘센서스 방식을 제안하여 결의안을 가결시키는 방식이 고안되었다. 유엔 자원 특별총회에서는 이 콘센서스 방식이 도입되었다.

이 획기적인 자원 특별총회 개최를 제안한 것은 당시 비동맹제국회의와 아랍석유수출국기구(OAPEC)의 의장국이던 알제리였다. 유엔 가맹국 과반수의 지지를 얻어내는 데 성공하여, 경제 문제를 테마로 하는 최초의 특별총회(특별총회로서는 여섯 번째, 하지만 경제 문제를 다룬 것은 최초)를 개최하기에 이르렀다.

석유 파동의 발생

이러한 배경에는 한 해 전인 1973년 10월 6일에 일어난 제4차 중동전쟁으로 발생한 세계 경제 대혼란이 있었다. 시나이반도의 지배권 등을 둘러싸고 이집트와 시리아 2개국이 적국 이스라엘을 기습 공격하여 전쟁이 일어났다. 이스라엘의 불패 신화를 깨뜨리고 초전에서는 이집트와 시리아 연합군이 전쟁을 유리하게 이끌어나갔지만, 후반에 이스라엘군이 반격하여 10월 23일에 휴전에 들어갔다.

아랍 산유국은 이집트와 시리아를 지지하기 위해 석유 전략을 개시하였고, OAPEC은 이스라엘을 지지하는 국가에 대한 석유 금수 조치를 발표하였다. 또 OPEC(석유수출국기구)는 석유 가격을 약 네 배로 인상하였다. 이것이 석유 파동을 일으켜 순식간에 세계 경제를 미증유의 혼란에 빠뜨렸다. 아랍 산유국은 처음으로 자원 에너지 수출 여부가 선진국에 휘두를 무기가 될 수 있다는 것을 인식하게 되었다.

기간산업의 대부분을 석유에 의존하는 일본과 구미 국가들에서는 석유 수입량 삭감과 가격 급등이 예상되어 거의 모든 상품 가격이 급상승하였고, 마트의 상품 선반에서는 많은 상품들이 자취를 감추었다. 이러한 세계 경제 혼란으로 가장 막대한 영향을 받은 것은 원유를 생산하지 못하는 개발도상국이었다.

세계 경제가 혼란에 빠진 가운데 선진국 주도형 국제 경제구조에 대한 수정을 요구하는 목소리가 개발도상국에서 들끓어 올랐다. 개발도상국이 요구한 변혁이란, 선진국과 개발도상국 간의 경제 관계 방식을 수정하고, 개발도상국이 자국 영토 내 천연자원에 대한 주권을 보유하는 것을 확인함과 동시에 선진국 기업이 주도해 개발도상국에서 개발되는 상품 가격을 재조정하자는 것이었다. 아울러 원유 등의 생산국 카르텔의 합법화, 개발도상국에 대한 선진국 시장의 개방, 구미의 다국적 기업에 대한 규제 강화, 선진국의 개발도상국에 대한 특혜 제도 강화 등이 포함된다.

심해저를 둘러싼 파르도의 제안은 그야말로 신국제 경제 질서를 수립하여야 마땅하다고 주장하는 개발도상국의 강한 요청을 따른 것이며, 유엔총회 결의를 좌우할 수 있는 표수를 가진 개발도상국에 아주 좋은 비장의 무기가 되었다. 심해저에 관한 유엔 결의는 그 후 유엔 해양법 협약에 반영되었지만 그 대가는 컸다. 전술한 바와 같이 세계의 초강대국으로 군림하던 미국과 영국이 심해저에 관한 조항을 담은 유엔 해양법 협약에 정면으로 반대하며 이 협약 가입을 거부하였기 때문이다.

이리하여 대국인 미국과 영국의 동의를 얻지 못한 채 자원 내셔널리즘의 고양감이 계속되는 가운데 1982년에 유엔 해양법 협약이 성립되어 새로운 해양 질서가 탄생하고 말았다. 다수결 원칙 때문에 개발도상국의 영향력이 큰 유엔의 장에서는 미국이 뜻대로 할 수 없는 국면이 종종 발생하였는데, 유엔 해양법 협약이 그 대표적인 사례이다.

미국의 해양 선언 – 200해리 배타적 경제수역(EEZ)

미국은 유엔 해양법 협약에 참가하지 않기로 결정하면서, 독자적인 해양 정책을 1983년 3월 10일에 발표하였다. 로널드 레이건 대통령(재임 1981~1989년)이 발표하였으며, 하나의 선언과 하나의 성명으로 이루어졌다. 같은 날에 대통령 선언과 성명을 동시에 발표한 것이다. 공화당의 레이건은 원래 할리우드 영화배우였는데 캘리포니아주지사를 거쳐 대통령 선거에서 승리를 거두고 제40대 대통령이 된 인물이다.

레이건 대통령은 '대통령 선언 5030호―미합중국의 배타적 경제수역'을 발표하고, 미국 연안에서부터 앞바다 200해리까지 '해양에 접속하는 수역'을 배타적 경제수역(EEZ)으로 하겠다고 선언하였다. 선언 모두에서 레이건은 기존의 '국제법'을 존중한다면서도 '해양의 현명한 개발과 이용'을 요구하였고, 국제법이 배타적 경제수역을 인정하고 있다고 지적하였다. 이 국제법에서는 연안국이 "천연자원에 관한 주권적인 권리와 관할권을 행사할 수 있다"고 인정하고 있으며, 이 국제법이 인정하는 권리에 입각하여 레이건은 200해리 배타적 경제수역을 선언하였다.

여기에서 언급한 '국제법'이란 의심의 여지 없이 유엔 해양법 협약을 말하는데, 신기하게도 유엔 해양법 협약이라는 조약명은 언급하지 않고 추상적으로 국제법이라는 표현을 썼다. 그 정도로 심해저에 관한 조항이 담긴 유엔 해양법 협약에 대한 극렬한 반발심이 있었던 것이다.

레이건은 선언 속에서 200해리 배타적 경제수역을 통해 "해양 자원의 개발을 촉진하고 해양 환경의 보호를 추진"하는 것이 목적임을 분명하게 밝혔고, 앞바다 200해리까지의 수역에 대한 '주권적인 권리와 관할권'을 주장하였다. 지리적으로는 미합중국 본토 및 푸에르토리코, 북마리아나제도 등에 적용하여 모두 연안 기준선에서부터 200해리로 하였다.

'주권적인 권리'라는 어구는 미국과 영국이 영향력을 행사한 대륙붕 조약(1958년)에도 담긴 표현으로, 새로운 영토와 영해를 획득하면 주권이 발생하는데, 이를 주권적인 권리라고 표현함으로써 개념을 모호하게 만들었다. 새로운 수역에 대한 연안국의 경제 권익을 주권적인 권리라고 표현한 것이다.

또 '관할권'이라는 말은 전술한 바와 같이 1945년 트루먼 선언에서 사용된 정치적인 용어이며, 전술한 바와 같이 연방 의회 대책으로 쓴 용어이다. 새로운 영토와 영해를 선언하기 위해 미국에서는 연방 의회에서 법률을 가결할 필요가 있는데, 이 의회 프로세스를 우회하기 위해 만들어낸 말이 '관할권'이다. 과거에 트루먼 대통령이 이용한 정치 수법을 약 40년의 시간이 흐른 뒤에 레이건 대통령이 재차 이용한 것이다.

이리하여 미국의 새로운 경제 권익으로서 200해리 배타적 경제수역(EEZ)이 '선언(Proclamation)'되었는데, 레이건 대통령은 동시에 미국의 기본적인 해양 정책을 설명하고 이것을 '성명(Statement)'으로 발표하였다.

레이건 미 대통령의 해양 정책

미국은 유엔 해양법 협약에 조인하는 것을 단념하고, 배타적 경제수역을 발표한 레이건 선언과 함께 기본적인 해양 정책(오션 폴리시)에 관한 대통령 성명을 발표하였다. 레이건 대통령은 1983년 3월 10일에 '합중국의 해양 정책에 관한 성명'을 발표하였고, 이것이 현재까지도 미국 해양 정책의 기본적인 뼈대를 이루고 있다.

여기서 미국 해양 정책에 관한 레이건 대통령 성명의 요점을 열거해보겠다. ①미합중국은 해양에 관한 '관습법'을 정비하는 데 지도적인 역할을 해왔다. ②법질서를 정비하는 것을 지지한다. ③미합중국은 1982년 7월 유엔 해양법 협약에 조인하지 않겠다고 발표하였다. 동 조약에 담긴 심해저 광물 자원 개발에 관한 조항이 '공업 국가의 이익과 원칙에 반한다'고 판단하였기 때문이다. ④미합중국은 해양의 전통적인 활용, 즉 항행과 상공 통과의 자유를 요구하였다. ⑤미합중국은 '연안에서부터 200해리'에 '배타적 경제수역'을 설정하고 천연자원에 대한 '주권적인 권리'를 행사한다. ⑥어떠한 나라든 배타적 경제수역을 공해의 일부로 활용할 수 있지만, 천연자원에 관해서는 그렇지 아니하다(즉, 통항과 상공 통과의 자유는 인정하지만, 해양의 개발은 인정하지 않겠다=필자의 해석). ⑦배타적 경제수역의 해양 환경 보호와 관련하여 유엔 전문기관인 국제해사기구(IMO)와 협력할 의향이 있다. ⑧국가의 관할권을 넘는 심해저의 광물 자원 개발에 관하여 미합중국은 '불필요한 정치적·경제적인 제한을 배척'하기 위해 '레짐(Regime)'을 정비할 것이며, 마찬가지로 관계 국가들과 협력할 의향이 있다(즉, 유엔 해양법 협약에 담긴 국제해저기구는 인정하지 않지만, 심해저에 관한 협의에는 응하겠다=필자의 해석).

미국의 해양 정책은 허심탄회하게 표현하자면, 심해저 조항을 제외하고 유엔 해양법 협약의 해역에 관한 뼈대를 받아들이고, 해양에 관한 국제적인 관습법의 전통을 존중하겠다는 것이다.

대략적으로 미 해양 정책의 요점을 정리해보면 다음과 같다. ① 영해 12해리, ②접속수역 24해리, ③배타적 경제수역 200해리, ④ 대륙붕 200해리, ⑤대륙붕 연장은 미국이 독자적인 조사로 결정(하지만 유엔 해양법 협약의 대륙붕한계위원회의 역할은 존중)하고, ⑥심해저 개발은 자유롭게 하겠다.

레이건 대통령은 해양 정책에 관한 '성명'을 발표함으로써 미국이 국제사회와 대립하는 입장이 아니며 유엔 해양법 협약의 정신과 뼈대를 충분히 이해하고 있음을 드러내 보이면서도, 심해저 개발과 관련된 국제해저기구와 같은 조직은 인정하지 않겠다고 명시한 것이다.

레이건 이후의 대통령을 되돌아보더라도 공화당의 조지 부시(George Herbert Walker Bush) 대통령, 민주당의 빌 클린턴 대통령, 공화당의 조지 부시 2세(George Walker Bush) 대통령, 민주당의 버락 오바마 대통령, 그리고 공화당의 도널드 트럼프 대통령까지, 미국의 해양 정책은 레이건의 '선언'과 '성명'을 계승하여왔다.

물론 역대 정권이 무조건적으로 레이건의 해양 정책을 지지한 것은 아니다. 오바마 대통령은 연방 의회 상원에 유엔 해양법 협약에 조인하라고 요청한 적이 있다. 하지만 공화당 계열 보수파 의원의 저항으로 아직까지 유엔 해양법 협약에 가입하지 않은 상태이다.

미국과 영국의 참여를 유도하기 위한 고심 — 유엔 해양법 협약의 수정

미국과 영국 등의 해양 파워가 심해저에 관한 조항에 거부반응을 보이는 것을 보고 유엔 해양법 협약의 수정작업이 이루어졌고, 1994년 7월 유엔총회에서는 '1982년 12월 10일 해양법에 관한 국제연합 조약 제11부의 규정 실시에 관한 협정(A/RES/48/263)'을 채택하였다. 이를 '실시 협정'이라고 부른다. 조약 자체를 수정할 수는 없으므로 실시 협정을 채택함으로써 실질적으로 조약을 수정한 것이다.

미국의 입장에서 보면 심해저 조항은 '해양의 자유'를 침해하는 것이며, 사회주의적인 발상에 기초하여 인류가 심해저를 공유하는 것으로 보이기 때문에 도저히 받아들일 수 없는 것이다. 이러한 미국의 의심을 해소하기 위해서도 유엔총회는 실시 협정을 채택하였다.

이 협정에서는 '두루 모든 국가가 참가'하는 것을 요구하는 '보편적인 참가'라는 말을 써서 미국과 영국에 참가할 것을 촉구한 문장이 눈길을 끈다. 'The Area(심해저)'의 자원을 개발하기 위해 레짐을 설립하겠다고 제안하고, 가맹국의 협력을 전제로 자원 개발을 추진하겠다고 진술하는 한편, 전문기관에 의한 독점적인 매니지먼트의 가능성을 부정하였다. '레짐'이라는 용어는 레이건 대통령의 해양 정책에서 등장한 용어여서 미국을 염두에 두고 이 용어를 쓴 것으로 추정된다. 이 실시 협정이 미국과 영국 등 해양 파워의 가맹을 의식하여 작성되었음을 알 수 있다. 또 전문기관의 권한을 축소하여 조직의 효율화를 도모하고, 심해저의 개발에 시장경제 원칙을 도입하겠다는 점도 포함시켰다.

이리하여 유엔은 심해저를 관리하기 위한 전문기관으로서 '국제해저기구'를 1994년 11월에 설립하고 사무국을 자메이카의 수도 킹스턴에 두었다. 유엔 해양법 협약에서는 사무국 소재국으로 자메이카를 명기하고 있다(제15조). 이 기구의 목적은 심해저의 광물 자원을 관리함으로써 심해저에 대한 활동을 조직하고 관리하는 것이라고 되어 있다.

일련의 움직임으로 선진국의 의심이 상당히 불식되어, 드디어 영국이 1997년 7월에 가맹 신청서를 제출하였고, 다음 달 8월부터 정식 체약국이 되었다. 하지만 미국은 여전히 문을 굳게 닫은 채 그대로이다.

국제해저기구는 유엔에 설립된 새로운 관료기구이며, 스태프가 자원 개발계획을 입안해 시행하고 자원 개발에 동반되는 자원을 징수하는 시스템으로 구상되었기 때문에 실시 협정에 의해 개선되었다고는 하나 미국 보수파로서는 받아들이기 힘든 것이었다. 다국 간 협정이 아니라 어디까지나 미국 중심으로 2개국 간 협정을 맺어야 한다는 목소리도 나왔다. 미국은 국제해저기구의 설립 멤버도 아니고 분담금도 내지 않았다.

이 국제해저기구에 분담금을 많이 낸 나라는 일본이다. 국제기구의 중요성을 인식하고 세계적인 '법 지배'를 확립하고자 하는 의도가 저류에 있음에 틀림없다. 법치국가 일본이 국익이 충돌하는 국제사회에서 살아가기 위해 취하는 처세술 중에서 외교가 하는 역할이 크다.

미국이 유지하는 해양 질서

미국과 영국 등의 해양 파워를 빼고 유엔이 해양 질서를 만들어 보아야 실효성이 부족하기 때문에 앞서 언급한 실시 협정이라는 수단을 마련하여 미국의 우려를 불식하려는 시도도 한 것이다. 이와 같이 유엔 해양법 협약에 가맹할 조건이 정비되었음에도 미국은 여전히 가맹하지 않고 있는 실정이다.

유엔 해양법 협약에 가맹해 있지 않다는 사실은 중대한 문제여서, 미국이 중국의 해양 진출에 대해 법 지배를 주장하였지만, 미국 자신이 유엔 해양법 협약에 의한 법 지배를 받아들이고 있지 않기 때문에 중국으로부터 역으로 비판받는 입장에 내몰리고 말았다. 다만 미국의 입장과 논리에서는 유엔 해양법 협약을 관습법으로서 받아들이고 있으므로 실질적으로 유엔 해양법 협약을 받아들인 것이다.

유엔 해양법 협약이 법 지배로서, 실효성 있는 해양 질서로서 기능해온 것은 누가 뭐라고 하든 미국과 서방 동맹국의 군사력에 의해 담보되고 있기 때문이다. 미국의 군사력이 전 세계에 퍼져 있기 때문에 유엔 해양법 협약이 존중되어온 것이라는 사실을 잊어서는 안 된다.

법 지배를 유효화한 것은 조약을 받아들인 가맹국의 의지가 아니라 미국과 서방 동맹국의 군사력이 크게 작용하고 있음을 잊어서는 안 된다.

'세계의 경찰관' – 그 원점은 트루먼 시대

제2차 세계대전이 끝나고 보니 미국에 도전할 수 있는 해군국은 하나도 존재하지 않았다. 물론 해군뿐 아니라 육군, 공군, 해병대 분야에서도 미국은 압도적인 군사 대국의 지위에 있었다. 세계의 3대양(대서양, 태평양, 인도양)의 제해권을 확보하는 것이야말로 미국의 평화 그리고 세계의 평화를 실현하는 길이라는 가치관이 생겨났다.

미국에 도전할 수 있는 해군국이 존재하지 않으므로 대규모 항공 기동부대를 운용하는 것에 의문이 제기되기도 하였지만, 한국전쟁 발발(1950년)로 항공모함의 가치가 재평가되었다. 인천상륙작전 등의 국지 전쟁에서는 항공모함이 몹시 효과적인 수단이라는 것을 이해하게 되었고, 미국은 새로운 대형 항공모함 제작을 단행하였다. 이와 동시에 해병대의 중요성도 재인식되었다. 제2차 세계대전 후 세계에서는 핵병기나 전략폭격기가 중요해졌고, 해군에서도 탄도미사일 탑재 원자력 잠수함과 원자력 항공모함이 잇따라 제작되었다.

세계대전 후 황폐해진 유럽 대륙과 아시아 대륙을 앞에 두고 미국은 '세계의 경찰관'이 되는 것을 새로운 사명으로 삼았다. 여기에서 다시 한 번 트루먼 대통령 시대를 돌아보고 그 원점을 확인하고자 한다.

트루먼 대통령은 1947년 3월 12일 미국 연방 의회 연설에서 소련을 중심으로 하는 공산주의 세력과 대결하겠다고 분명하게 선언하였다. 미국을 자유민주주의의 맹주로 자리매김하고, 소련을 공산주의를 세계에 널리 퍼뜨리려는 명백한 적으로 규정하였다. 연설에서는 소련을 전체주의 국가라며 맹비난하였다.

미국인이 동경하던 유럽이 너무나도 무참하게 파괴되어 옛 자취조차 남지 않게 되자 절망감과 낙담이 교차한 듯하다. 그 결과, 미국은 세계의 패권 국가로서 자신의 사명을 인식하고 새로운 자화상을 그림으로써 과거에 영국이 하던 패권 국가의 역할을 계승하겠다는 명확한 의식과 단호한 결의를 가지기에 이르렀다.

전승국이 된 소련이 전략적 요충지인 그리스와 터키에 영향력을 끼쳐 이들 국가가 소련의 지배하에 놓여 공산화되는 것이 아닐까 하는 위기감이 생겼다. 이러한 새로운 위협에 직면하고 트루먼 대통령이 그리스와 터키 양국을 지원할 목적으로 연방 의회에 4억 달러를 원조해달라고 요청하였다. 이를 '트루먼 독트린'이라고 한다.

당시의 기록 영상을 보며 트루먼 대통령의 망설임 없는 힘찬 연설에 귀 기울이면, 트루먼 독트린은 미국이 독립주의를 버리고 유럽, 나아가 세계를 위해 큰 역할을 수행하여야 한다는 신념을 가지고 연설문을 작성하였다는 것을 느낄 수 있다. 그리스의 국명을 반복하여 그것도 강한 어투로 연호하는 등 그리스 지원에 역점을 두고 있음을 알 수 있다.

트루먼은 전후 세계를 자유주의권과 전체주의권으로 양분하고, 전자의 맹주는 미국이고 후자는 소련이 주도한다는 선악이원론(선=미국, 악=소련)에 기반한 단순명쾌한 연설을 하였다. 연설 내용을 정리하면, 미국과 소련의 대결을 선과 악, 자유와 전제, 민주주의와 전체주의, 자본주의와 공산주의의 대비 관계로서 강조하며 전후 세계가 위기에 처해 있다고 호소하였다. 단순 명쾌한 주장이었기 때문에 국민에 대한 설득력은 어마어마하였고, 트루먼 독트린은 외교 및 안전보장 정책의 중핵이 되었다. 이리하여 미국은 세계의 경찰관이 되는 길을 걸어나가기 시작하였다.

19세기 초반 이후 미국에서는 먼로 독트린(먼로주의)이라고 불리는 전통적인 고립 정책이 맥맥히 이어져왔는데, 약 120년 동안 미합중국이 고수해온 먼로 독트린 외교 원칙을 보란 듯이 뒤집은 것이 트루먼이다. 자유주의 세계를 지키기 위해 전 세계의 문제에 관여하겠다고, 소위 외교 혁명을 선언한 것이다.

마셜 플랜과 패권 국가 미국

영국뿐 아니라 독일과 프랑스, 그리고 유럽 대륙에서 전장이 된 국가들은 예외 없이 기아 문제에 직면하였다. 식량이 없고 영양실조가 만연하는 등 유럽 대륙에서는 모든 것이 부족하였다. 농업과 낙농은 붕괴되었고, 공업 제품의 제조 상황은 절망적이었다. 이러한 유럽 국가들을 경제적으로 원조하기 위해 마셜 플랜을 계획하였다. 그야말로 '팍스 아메리카나(미국의 지배하에서 세계 평화가 유지되는 상태)'의 시대가 도래한 것이다.

마셜 플랜이란 조지 마셜(George Catlett Marshall) 국무장관이 1947년에 제안한 유럽 부흥계획으로, 그가 처음으로 공식 제안하였기에 마셜 플랜이라고 부른다. 원래 육군 출신인 마셜은 제2차 세계대전 중에는 육군 참모총장으로서 전쟁 수행에서 중책을 맡았고, 전후에는 트루먼 정권의 국무장관(1947~1949년)으로 발탁되었으며, 그 수완을 인정받아 국방장관(1950~1951년)으로도 임명된 군 출신 정치가이다. 마셜은 1947년 6월 5일 하버드대학교에서 약 1만5,000명의 청중을 앞에 두고 유럽 부흥계획의 필요성을 역설하였고, 이것이 이듬해 마셜 플랜으로 결실을 맺었다.

미국은 1948년부터 4년간 약 120억~130억 달러를 지출하여 유럽 부흥을 궤도에 올렸다. 마셜 플랜을 받아들인 서유럽 국가들은 4년간 급속하게 부흥을 이루어냈고, 전전의 수준을 15%나 뛰어넘을 정도로 급속하게 경제성장을 이루었다. 유럽 부흥에 진력한 공적을 인정받아서 마셜은 1953년에 노벨 평화상을 수상하였다.

세계를 지도하는 새로운 패권 국가 미국은 정치적인 틀로는 트루먼 독트린을 내걸었고, 경제적인 틀로서는 마셜 플랜을 실시하였다. 트루먼 정권 시대를 되돌아보더라도 미국이 중대한 관심을 기울이고 또 큰 역할을 하여야 하는 분야가 너무나도 많다. 연표를 살펴보더라도 중요한 사건으로 넘친다.

1945년에 제2차 세계대전 종결, 국제연합 설립, 국제부흥개발은행(IBRD) 설립, 국제통화기금(IMF) 설립, 트루먼 선언 발표, 1946년에 제1차 인도차이나전쟁 발발, 1947년에 트루먼 독트린 발표, 미주 상호 원조조약(리우 조약) 체결, 1948년에 마셜 플랜 개시, 브뤼셀 조약(서유럽 동맹 조약, 반공 정책과 독일 재군비 저지가 목적) 체결, 미주기구(OAS) 설립, 소련의 베를린 봉쇄.

이어서 1949년을 살펴보면 북대서양조약기구(NATO) 설립, 독일의 분열로 서독과 동독 탄생, 중화인민공화국 탄생, 1950년에 한국전쟁 발발, 그리고 1951년에 태평양 안전보장 조약(ANZUS) 체결, 샌프란시스코 강화회의 개최, 미·일 안전보장 조약의 날인.

이러한 사실과 현상만 보더라도 세계정세가 눈이 핑핑 돌 정도로 빠르게 움직였다는 것을 쉽게 이해할 수 있다. 숨 쉴 틈도 없는 세계 변화에 미국은 대응하여야 하였다. 그야말로 미국은 새로운 세계 질서를 만들기 위해 격동하는 세계와 정면으로 맞붙기로 결심하였고 그리고 관여하였다.

대국으로서 세계의 패권을 잡는 것은 위대한 일이지만, 동시에 큰 정치적인 책임과 경제적인 부담도 짊어지게 된다. 책임과 부담의 크기를 생각하면 패권 국가로서의 수명이라는 것은 영원할 리가 없다.

미소 냉전이 끝난 후 소련이 내부 붕괴되어 러시아가 탄생하자 미국에 도전할 국가가 사라진 것처럼 보였지만, 문제는 그리 단순하지 않았다. 2001년 9월 11일에 동시다발 테러 사건(9·11)이 발생한 후에는 대테러 전쟁이라는 새로운 국면을 맞이하였고, 알카에다나 이슬람 과격파 조직 '이슬람국가(IS)' 등의 비국가 조직이 적이 되었다. 나아가 후술할 중국이 대국으로 대두함으로써 미국은 안전보장 정책을 재정의하여야 하는 상황에 봉착하였다.

미국의 군사력 – 해양 질서를 뒷받침하다

트루먼 대통령부터 트럼프 대통령에 이르는 역대 정권을 뒤돌아보더라도 3대양(대서양, 태평양, 인도양)의 안전보장을 담보하여온 것은 미국 군대이다. 실제로는 이들 3대양에 지중해와 페르시아만이 추가된다.

여기에서 현재 '세계의 경찰관'의 규모를 개관해보겠다. 미국 국방부의 데이터(2019년 3월 말)에 따르면 군 전체에서 군인은 약 215만 명, 비군인은 73만 명으로 집계된다. 합계 약 288만 명으로, 미국방부가 분명하게 언급한 바와 같이 '미국 최대의 고용주'이다. 중국 인민해방군은 약 200만 명으로 군인의 수로는 미국과 거의 호각이다. 하지만 종합력으로 보면 미국이 우세하며, 미·중 양국에는 큰 차이가 있다.

해외에 퍼져 있는 미국군의 증강과 축소, 나아가 철수와 재편성 등은 그때그때의 내외 정세를 반영하여 정권이 바뀔 때마다 큰 화제가 되지만, 해양 안전보장과 직결되는 해군과 해병대는 늘 중요한 전투구역에 배치되어 있다. 물론 베트남전쟁과 아프가니스탄전쟁과 같은 국지전이 발생하면 특정 전투구역에서 군 규모가 크게 변동되기도 한다.

미국은 현재 세계를 여섯 개의 전투구역으로 구분하고 군대를 배치하고 있다. 여섯 개의 전투구역에서는 해군, 해병대, 육군, 공군을 조합하여 지역군을 편성하고, 코스트 가드(연안경비대)가 특정 전투구역에 추가된다.

여섯 개의 전투구역을 열거하면 다음과 같다. ①인도·태평양군(아시아·태평양과 인도양을 담당, USINDOPACOM), ②중앙군(중동·중앙아시아 지역을 담당, USCENTCOM), ③북방군(북미 지역을 담당, USNORTHCOM), ④남방군(중남미 지역을 담당, USSOUTHCOM), ⑤유럽군(유럽 지역을 담당, USEUCOM), ⑥아프리카군(아프리카 지역을 담당, USAFRICOM).

이 여섯 개의 전투구역에는 약 700개의 기지와 시설이 있다. 미국방부의 「기지 구성 보고서」 2018 회계연도판에는 해외 기지 및 시설이 40개국 이상에 배치돼 있으며, 상위 3개국으로 독일 194개, 일본 121개, 한국 83개라고 기재되어 있다.

미국군이 전 세계에 퍼져 있기 때문에 현재 해양 질서가 유지되고 있는 것이라고 말해도 과언이 아닐 것이다. 존재감이 큰 만큼 반대로 문제가 발생하는 것도 필연적인 일이지만, 특히 해양 질서와 관련하여 살펴보면 '항행의 자유'가 어떻게든 유지되어온 것은 세계의 경찰관인 미국군이 존재하기 때문이다.

그러한 미국이 세계의 경찰관 업무를 방기하는 경향이 표면화되고 있다. 아시아에 한정해서 보면, 멀게는 베트남전쟁에서 패배한 후 베트남에서 미국군이 1973년에 철수하여 주변 해역에 작은 '힘의 공백'이 발생하자 1974년에 중국이 파라셀제도를 군사력을 동원해 공격하였다. 하지만 미국군이 필리핀에서는 계속 주둔하였기 때문에 남중국해에서는 큰 힘의 공백이 발생하지 않았다.

다음으로, 미국군이 1991~1992년에 필리핀의 클라크 공군 기지와 수빅 해군 기지를 폐쇄하고 철수하자 남중국해에 큰 힘의 공백이 생겼고, 그 틈을 노려 중국이 남중국해에 진출하여 인공 섬을 건설하였다. 버락 오바마 대통령은 2009년에 핵 군축에 매진한 업적을 평가받아서 노벨 평화상을 수상하였지만, 아시아만 놓고 보자면 중국군의 남진을 간과한 나머지 결과적으로 남중국해의 긴장도를 높이고 말았다. 오바마 대통령은 미국의 세계 전략을 재고하고, 아시아·태평양을 중시하는 자세를 보이며 '재균형 정책'을 발표하였지만, 아이러니하게도 중국의 존재감을 거대화하는 결과를 초래하였다. 또 트럼프 대통령은 2019년에 호르무즈해협 주변 해역에서 여러 개의 민간 상선(일본 관계 선박 1척 포함)이 탄환을 맞았을 때 미국은 세계의 경찰관이 아니라며, 미국 단독으로 항행의 자유를 지키는 일은 없을 것이라는 발언을 하였다.

이어서 제5장에서는 남중국해에 큰 힘의 공백이 생겨 중국이 난사군도(스프래틀리군도)를 비롯한 남중국해의 섬들은 중국 고유의 영토라고 일방적으로 선언하고 영해법을 제정한 사례를 살펴보고,

현재의 해양 질서와 국제 규칙에 도전하는 중국에 대해 검토하겠
다.

제 5 장
국제 규칙에 도전하는 중국

국제사회가 30년 이상의 시간을 들여서 어렵게 해양 국제 규칙 '유엔 해양법 협약(1982년 성립, 1994년 발효)'을 탄생시켰는데, 중국이 이에 도전적인 태도를 취하였다.

중국은 국제사회의 일원이 되기 위해 1996년에 유엔 해양법 협약을 비준하였지만, 비준하기 4년 전에 국내법으로서 '영해법(1992년 2월 발효)'을 제정하였다.

중국의 영해법은 유엔 해양법 협약을 존중하면서도 유엔 해양법 협약에 구속되지 않겠다는 뜻을 명문화한 것이다. 즉 유엔 해양법 협약을 전면적으로 수용하는 것은 아니라는 의지하에, 독자적인 해양 전략을 실행하기 위해 예방선을 친 것이다.

본 장에서는 이 영해법에 초점을 맞추어 중국의 해양 정책이 생겨난 배경과 그 실태를 당시의 국제 관계 상황에 비추어 살펴보겠다. 이 영해법에는 중국의 지정학적인 관점이 반영되어 있다.

'영해법'이란

정식 명칭은 '중화인민공화국 영해 및 인접구역법' 또는 '중화인민공화국 영해 및 접속수역법'이며, 약칭은 '영해법(이하 영해법이라고 표기)'이다. 1992년 2월 25일 전국인민대표대회(전인대) 상무위원회(일본의 국회에 상당) 제24회 회의에서 채택됐으며, 양상쿤(楊尙昆) 국가주석이 그날 바로 공포·시행하였다. 인민일보 등의 중국 미디어에도 다음 날인 26일에 영해법 전문(17조)이 게재되었다.

중국의 영해법을 이해하기 위해서는 정치적인 시점이 필요하다. 중국은 현재에 이르기까지 많은 해양 관련 법률을 제정하였지만, 그중에서도 영해법은 가장 중요한 국내법이다. 제1조에 '국가의 안전'과 '해양 권익'을 처음으로 명기한 해양 관련 최초의 법률이기 때문이다. 그리고 영해법은 국제 규칙인 유엔 해양법 협약에 우선한다.

먼저 영해법은 제1조에서 "중화인민공화국의 영해에 대한 주권 및 인접구역(접속수역-저자 주)에 대한 관제권(관할권-저자 주)을 행사하고, 또한 국가의 안전 및 해양 권익을 수호하기 위해 이 법률을 제정한다"고 규정하고 있다.

하물며 "해양 권익을 수호한다"고 규정하면서도 무엇이 해양 권익인지에 대해서는 언급하고 있지 않다. 이는 그때그때 중국 정부가 '국가의 안전'을 정의하고, 시대의 변화와 함께 '해양 권익'을 자유자재로 판단하겠다는 뜻이다. 이 규정을 들이밀면 중국 정부는 자유재량으로 해양 문제에 관여할 수 있다.

제1장에 이어서 제2장에서는 영해를 구성하는 '육지 영토'를 열거하고, 여기에서 일본의 센카쿠제도(중국 명칭은 댜오위다오[釣魚島])도 중국령이며, 남중국해도 거의 전역이 중국령이라고 규정하였다. 이 규정을 내세워 중국은 주변 여러 나라의 해역에 '중국해경국(해경)'의 공선(公船)과 인민해방군 등을 파견하고, 해당 해역을 중국의 영해라고 주장할 수 있다.

일본이 예를 들어 국제 조약에 가입하면, 국내법을 정비하여 양자에 모순이 없도록 법체계를 일치시킬 것이다. 하지만 중국은 해양 분야에 한정해보았을 때 국제 규칙에 맞추어 국내법을 정비하지 않은 듯하다. 중국은 영해법을 제정한 후에도 배타적 경제수역 및 대륙붕 법(1998년 6월), 무인도의 보호 및 이용 관리 규정(2003년 7월), 중화인민공화국 해도(海島) 보호법(2009년 12월) 등을 제정하여 해양 권익을 추구할 수 있는 가능성을 확대하였다.

이하에서는 영해법의 어떤 부분이 국제 규칙에 도전하는 부분인가를 되도록 이해하기 쉽게 검토하겠다. 다만 필자는 중국어로 된 1차 자료를 독해할 능력이 없어서 전적으로 일본어와 영어 문헌에 근거하였음을 미리 밝혀둔다. 영해법 등 중국 법령의 일본어 번역본은 중국종합연구·편집위원회 편저 『현행 중화인민공화국 육법』(교세이출판사)에 의거하였다.

중국 영해법은 이하의 세 가지 점에서 국제적인 해양 규칙에 저항하였거나 또는 국제 규칙을 받아들이지 않았다. 첫 번째는 중국이 주변 해역의 섬들을 모두 영유한다고 일방적으로 선언한 점이다. 두 번째는 외국의 군용 선박(군함 등)에 대한 '무해 통항'을 금지하고 중국 정부로부터 사전 허가를 받아야 한다고 요구한 점이다. 세 번째는 영해와 접속수역을 일체화하여 파악하는 것을 가능케하고, 해양 문제를 해결하기 위해 인민해방군을 동원하겠다고 명기한 점이다. 그럼 이 세 가지 점에 대해 더 자세하게 검토해보도록 하자.

주변 해역의 영유화

먼저 첫 번째는 중국은 주변의 섬들을 모두 영유한다고 일방적으로 선언하고, 주변국이 실효적으로 지배하고 있더라도 이를 무시하고 중국의 영유를 주장한다는 점이다. 예를 들어 일본의 센카쿠 제도가 그 대표적인 사례이다.

그리고 후술하겠지만, 남중국해에서는 중국이 영유를 희망하는 대상 섬들을 그룹화하고, 남중국해에 점재하는 섬들을 지도상에서 연결한 후 '남해9단선'이라고 부르는 비공식적인 경계선을 중국제 지도에 인쇄하고, 섬들을 잇는 해역 모두가 중국 영해라고 주장한다.

하물며 중국에서 출판되는 지도마다 남해9단선의 위치는 약간씩 달라, 국경선에 대한 의식이 희박함을 알 수 있다. 일본에서 출판되는 지도는 정확도를 추구하는데, 이와 달리 중국 지도는 정확도를 추구하지 않고 정치적인 바람을 투영한다.

영해법 제2조에서는 영해를 구성하는 '육지 영토'를 명확하게 선언하고 있다. 하지만 그 구체적인 개별 명칭은 없으며, 지극히 애매모호한 표현으로 이루어져 있다. '육지 영토'로서 '중화인민공화국의 대륙 및 그 연해의 제도'라고 서론을 뗀 다음에 이하의 섬들을 열거하였다. ①대만 및 댜오위다오를 포함하는 그 부속 제도(=센카쿠제도), ②펑후제도, ③둥사군도(프라타스군도), ④시사군도(파라셀군도), ⑤중사군도(메이클즈필드뱅크), ⑥난사군도(스프래틀리군도) 및 기타 모든 중화인민공화국에 속한 섬들.

이와 같이 영해법에서는 중국 주변에 존재하는 섬들은 모두 중국이 영유한다고 선언하고 있다. 이 섬들을 모두 실효 지배하고 있지 않음에도, 영해법이라는 법률을 제정하고 주변 해역을 영유할 정당성이 있다고 주장한다. 게다가 일본의 센카쿠제도와 필리핀이 실효 지배 중인 남중국해의 스카버러 암초도 중국령으로 규정하고 있다.

난사군도의 경우에도 구체적인 섬과 암초의 명칭은 명시하지 않고, 난사군도라 불리는 해역의 섬들은 모두 중국이 영유한다고 법률로 명기하고 있다. 하지만 법률은 일단 제정되고 나면, 조문 스스로 힘을 발휘하기 시작한다.

제정 후 10년에서 20년이 경과한 뒤에, 중국은 영해법에 근거하여 난사군도를 모두 영유하고 있다고 주장하고, 인공 섬을 조성하여 바위였던 것을 섬으로 만든 후 섬들에 이름을 붙이고, 그 귀결로서 최종적으로 영해를 확대는 수법을 구사하였다. 이리하여 남중국해의 거의 전역을 중국령으로 규정하고 있는 것이 현 상황이다. 여기에 '남해9단선'이 또한 그 증거라며, 중국은 역사적으로도 남중국해를 영유해왔다고 주장한다.

영해법을 시행한 때로부터 20년이 지난 2012년 6월 중국은 시사, 난사, 중사의 3군도를 관할하는 새로운 행정 단위 '싼사시三沙市'를 하이난성에 설치하였다. 싼사시 청사 소재지는 '시사군도 융싱섬 베이징로 1호(西沙群島 永興島 北京路 一号)'인데, 그 실체는 바다 위 도시 공간에 지나지 않는다. 하물며 동남아시아를 대상으로 중국에서 발신하는 위성 TV 방송을 통해 싼사시의 일기예보를 내보냄으로써 중국이 남중국해를 실효 지배하고 있다는 심리전과 여론전을 펼치고 있다.

영국과 미국이 주변 해역과 해외 섬들을 영유하는 경우에는 군사력에 의한 실효 지배를 전제로 하였다. 유엔 해양법 협약도 체약국의 실효 지배를 전제로 체약국의 영유권을 실제로서 받아들인다. 물론 독도처럼 일본이 역사적으로 실효 지배하였음에도 불구하고, 제2차 세계대전 후의 혼란을 틈타 한국이 독도를 군사 점거한 사례도 있으므로 현재의 실효 지배가 모두 유효한 것은 아니다. 하지만 중국은 실효 지배하지 않는 섬과 해역을 일방적으로 영유 중이라고 법률에 기재함으로써, 마치 이미 영유권이 있는 것 같은 이미지를 만들어내는 신종 수법을 고안해냈다..

무해 통항에 제한

두 번째는 전 세계 국가들이 기본적으로 인정하는 '무해 통항'의 원칙에 중국은 영해법으로 제한을 가하였다는 점이다.

무해 통항이란 군함을 포함하는 선박이 제3국의 영해를 통항할 때 통항의 자유를 인정하는 국제적인 규칙이다(제4장 참조). 예를 들어 정치·군사·경제 활동이나 조사, 정보 수집, 나아가 광고·선전 활동 등을 하지 않고, 계속해서 또한 신속하게 통항하는 것이다. 반대로 이러한 활동은 유해한 활동으로 간주된다.

중국 영해법에서는 외국 선박 등이 영해를 '무해 통과(=무해 통항)' 하는 것을 인정한다(제6조). 하지만 '외국의 군용 선박'이 중국의 '영해에 들어올 경우'에는 '중화인민공화국 정부의 허가'가 필요하다고 규정하고 있다(제6조). 영해법에 '외국의 비군용 선박은 법령에 따라서 중화인민공화국 영해를 무해 통과할 권리를 가진다'고 되어 있는데, '상선'이라고는 표기하지 않았지만 대개의 경우에는 컨테이너선, 유조선, 대량 적재선(철광석이나 곡물 등을 포장하지 않은 채 대량으로 수송하는 화물선), 자동차 운반선, 여객선 등의 민간 상선이 이에 해당한다.

중국은 외국 군용 선박이 영해에 들어올 때 중국 정부로부터 사전에 허가를 받아야 한다는 입장이며 무해 통항을 부정한다. 군함은 군사 목적으로 만들어졌으므로 외국 군함이 중국 영해를 통항할 때는 중국 정부의 사전 허가가 필요하다는 입장이다. 나아가 타국의 선박을 군함으로 식별하는가 또는 민간 상선으로 식별하는가

하는 최종 판단은 중국 정부에 있으므로 민간 상선이더라도 군함으로 취급한다는 해석이 가능하다. 해양법의 해석과 운용 여하에 따라서 외국 민간 상선이 군사적인 목적을 가지고 있다고 중국 정부가 독자적으로 판단하면 민간 상선에 대해서도 유엔 해양법 협약이 인정하는 무해 통항을 금지할 수 있다.

나아가 중국 군함이 타국의 영해를 통항하는 것에 대해서는 유엔 해양법 협약의 무해 통항의 권리를 행사하고 있다. 중국 군함은 해외에 나갈 때는 유엔 해양법 협약의 권리를 요구하고, 중국 영토에 타국의 군용 선박이 들어올 때는 중국 국내법인 '영해법'을 적용한다. 해양 규칙을 명백하게 구분하여 쓰고 있다. 영해법을 있는 그대로 읽으면 중국 정부의 재량권이 얼마나 큰지를 알 수 있다. 모든 것이 중국 정부가 어떻게 판단하는가에 달려 있다.

물론 세계 해양사를 되돌아보면 분쟁 지역의 영해에서는 무해 통항하는 것이 어렵기 마련이고, 분쟁 당사국은 외국선이 영해에 들어올 때 사전 통보를 하고 사전에 허가를 얻도록 요구하기도 하였다. 하지만 중국처럼 영해법이라는 법률에 '무해 통과' 제한을 명기하는 것은 이례적인 일이다. 이처럼 중국 법률은 중국 정부가 편의적으로 해석할 수 있도록 정비되어 있다.

제4장에서 언급한 바와 같이 무해 통항에 관한 일본의 사례를 들자면, 일본의 영해를 외국의 군함이나 민간 상선이 통항을 목적으로 지나간다면 일본은 외국 함선의 자유로운 통항을 인정한다. 예를 들어 외국 선박이 태평양에서 동중국해로 단순히 이동만 한다

면 일본의 영해를 통항하여도 상관없다는 것이 국제 규칙이다.

하지만 중국 해경 등의 공선이 센카쿠제도의 일본 영해에 들어온 경우에는 정치적인 의도가 있으므로 '무해 통항'시키지 않고 해상보안청 순시선이 중국 공선을 24시간 준비태세로 경계·감시한다. 또 중국의 해양조사선이 일본의 영해와 접속수역을 통과할 때 와이어 케이블과 같은 장치를 바닷속에 넣는다면 이는 해저나 대륙붕 조사일 가능성이 높은 것으로 판단한다(유엔 해양법 협약의 규정에 준하여 중국이 EEZ를 대상으로 일본 측에 사전 통보하는 경우도 있다). 이런 일이 벌어진다면 잠수함의 진로를 조사하고, 해저 자원 조사에도 활용할 수 있으므로 무해 통항으로 간주되지 않는다.

인민해방군을 동원하는 추적권 행사

세 번째는 영해와 접속수역에서 '외국 선박'이 위반 행위를 범한 경우에는 '군용 선박' 등이 대응하면 해양 문제를 해결하기 위해 군사력을 행사하겠다고 명기하고 있는 점이다(제14조). 즉 인민해방군을 동원하여 군사적으로 해결하겠다고 명문화하고 있다. 하물며 영해와 접속수역을 명확히 구분하지 않고 중국 측 편의대로 접속수역도 실질적인 중국의 영해로 취급하는 등 국제 규칙을 받아들이고 있지 않다.

접속수역은 본래 어디까지나 영해에서의 특정 법령 위반(밀수나 밀항의 단속, 검역이나 감염병 대책 등)의 방지 및 처벌 등에 필요한 조치를 취하기 위해 영해에서부터 12해리의 폭에 한하여 특별히 설정된 것이다(제4장 참조). 중국은 영해와 접속수역을 유연하게 취급하고 있는 듯하지만, 조문을 있는 그대로 읽는 한 영해와 접속수역을 일체화하여 파악하고 있다.

이와 같은 일방적인 대응을 공역(空域)에서도 하였다. 중국 국방부가 2013년 11월 23일 동중국해에 '중화인민공화국 동해 방공식별구'를 선언하였다. 일본에서는 '방공식별권(ADIZ, Air Defense Identification Zone)'이라고 부른다. 센카쿠제도를 포함하는 일본의 영공(領空)과 겹치며, 중국의 방공식별권에 들어가는 항공기에 대해 중국으로부터 비행 사전 허가를 얻도록 요구하는 것인데, 명확하게 국제 규칙에 위반된다. 미·일 양국에서 강력한 항의를 받고 실질적으로 허가제를 철회하였지만, 국제 정세가 변화하면 재차 제기할 위험성도 있다.

다시 해양 문제로 돌아가면, 중국의 영해와 접속수역에서 외국 선박이 중국 국내법을 위반하는 사태가 발생하면 인민해방군과 관계 당국은 해당 외국 선박을 상대국 또는 제3국의 영해를 제외하고 전 세계 어디로든 추적하여 단속할 수 있다고 규정하고 있다(제14조). 영해법에는 인민해방군이라는 표기는 없고 "중화인민공화국의 군용 선박, 군용 항공기기", "정부의 공무를 집행하는 선박 및 항공기기"라고 되어 있지만, 실제로는 인민해방군이 주체가 되어 '추축권(추적권)'을 행사하게 된다. 일본에서는 해상보안청이 해상법 집행을 행사하는 데 반해, 영해법에서는 인민해방군을 연상시키는

"군용 선박, 군용 항공기기 또는 중화인민공화국 정부에 의해 권한을 부여받은 정부의 공무를 집행하는 선박 또는 항공기기"에 의해 추적권을 행사한다고 하고 있다. 중국은 국제 규칙인 해양법 협약에서 중국에 유리한 조문은 수용하고, 불리한 조문은 수용하지 않는 방침을 채용하고 있다.

중재재판소는 '법적 근거 없음'이라고 판정

국제 분쟁을 중재하기 위해 네덜란드 헤이그에 설치된 상설중재재판소는 2016년 7월 12일에 중국이 독자적인 권리를 주장하는 남중국해 경계선 '남해9단선'에는 국제법상의 근거가 없다는 판정을 내렸다. 판정에서는 중국이 '암초'를 매립한 일곱 개의 인공 섬은 '섬'이 아니기 때문에 대륙붕과 배타적 경제수역의 권리를 주장할 수 없으며, 나아가 중국 선박이 필리핀의 배타적 경제수역 내에서 석유 탐사와 필리핀 어선을 방해하는 행위도 하였음을 인정하였다. 필리핀 측의 전면적인 승리였고, 중국은 완패하였다.

중국 정부는 판정을 받은 직후에 판정을 거부하는 강경한 자세를 보였고, 외교 사절을 전 세계에 파견하여 판정의 부당성을 호소하였다. 중국은 판정 결과를 사전에 파악하고 있었던 것으로 알려졌으며, 판정이 공표되기 전에 필리핀 정부에 사법 절차 철회를 요구하였고, 나아가 판정에는 따르지 않겠다는 취지의 입장을 표명하였다. 또 하이난섬에서부터 시사군도(파라셀군도)에 걸쳐서 대규모 군사 연습을 하는 등 불리한 상황을 타파하려는 움직임도 보였다. 중국은 정보 수집에 전력을 다하였고, 외교 공세를 강화하였지만 판정은 내려졌다. 중국은 판정이라는 국제 규칙을 여전히 받아들이지 않고 있다.

국제 문제를 법적으로 처리하는 기관에는 국제사법재판소(국제 분쟁이 대상), 국제해양법재판소(해양법 협약 관련 분쟁이 대상), 상설중재재판소(국가, 민간 기업, 국제기관 등 간의 분쟁이 대상. 상대국이 거부하더라도 사법 판단 가능), 국제형사재판소(전쟁 범죄 등을 저지른 개인을 재판) 등이 있다. 남중국해 문제의 경우, 필리핀은 상대국 중국이 사법 절차를 거부하였기 때문에 중재재판소에 제소한 것이다.

남중국해는 옛날부터 해상 교통의 요충지였으며 수산 자원도 풍부하다. 나아가 해저에 유전도 다수 존재하는 것으로 확인되었다. 그래서 중국, 대만, 필리핀, 베트남, 말레이시아, 브루나이 등이 해양 권익을 주장해온 계쟁 해역으로 유명하지만, 중국의 남중국해 진출 방식에는 명확한 특징이 있다.

첫째로 중국은 일관되게 영유권을 주장하였고, 둘째로 인민해방군에 의한 섬 점거나 인공 섬 건설 등을 기성사실로 만들었고, 셋째로 영해법 등의 국내법을 정비하여 남중국해의 영유화를 합법화했으며, 넷째로 중국에 불리한 중재 판정 등의 국제 규칙에는 따르지 않았다. 이리하여 남중국해에서는 중국이 독자적으로 해양 질서를 구축하고 있다. 그리고 고문서를 들고 나와서 중국제 지도에 '남해9단선(처음에는 1947년에 11단선 지도를 제작)'이라고 불리는 아홉 개의 파선(U자선, '중국의 붉은 혀'라고도 부른다)을 그려 넣고, 남중국해의 거의 전역이 중국령이라며 영유하고 있는 것이 기성사실인 것처럼 지도에 반영했다.

저우언라이 중국 총리는 1951년에 남중국해의 주권에 대해 언급하였고, 1958년에 '영해 성명'이 발표된 후부터 1969년에 유엔 아시아극동경제위원회(ECAFE)가 해저 유전의 매장 가능성을 공표하기까지 중국은 계속 침묵하였다. 하지만 유엔 기관이 해저 유전의 가능성을 공표한 후 중국은 남중국해에 진출할 기회를 엿보기 시작하였다. 당시 중국은 아직까지 빈곤하고 군사력도 충분하지 않았기 때문에 남중국해를 영유하기 위한 대규모 군사 활동을 펼치지 못하였다.

영유화 문제로 충돌한 베트남과 필리핀의 군사력, 나아가 국내의 혼란 상황 등을 빠짐없이 관찰하면서 소규모 군대로 베트남과 필리핀이 실효 지배하던 섬을 군사력으로 점거해나갔다. 베트남전쟁이 종결되어 미국군이 남베트남에서 철수하자 시사군도(파라셀군도)를 제압한 것이 그 대표적인 예이다. 또 미국군이 필리핀 주둔 기지에서 철수한 후 중국은 남중국해 주둔 군사력을 점점 높였고, 난사군도(스프래틀리군도)의 실효 지배를 강화하였다. 긴 시간을 들여서 인공 섬을 건설하고 항만 시설과 활주로, 레이더 기지를 정비함으로써 암초를 섬으로 바꾸어나갔다.

중국 해군은 3개 함대(북해함대, 동해함대, 남해함대)로 편성되어 있는데, 과거에는 수도 베이징의 방위를 중시하기 위해 북해함대를 근

중국

대만

둥사(프라타스)군도

남해9단선

하이난섬

트리톤섬[중국]

우디섬[중국]

중사군도
(메이클즈필드뱅크)

필리핀

시사(파라셀) 군도

스카버러 암초
[중국]

남중국해

태국   라오스

사우스웨스트섬
[베트남]

파가사섬[필리핀]

캄보디아   베트남

수비 암초[중국]

난사
(스프래틀리)
군도

이투아바섬(타이핑섬)[대만]

아융인섬
[필리핀]

가벤 암초[중국]

파이어리 크로스 암초[중국]

맥케넌
휴즈 암초
[중국]

미스치프 암초
[중국]

쿠아르테론 암초[중국]

존슨 남암초
[중국]

스왈로 암초[말레이시아]

말레이시아

브루나이

말레이시아

싱가포르

인도네시아

남중국해의 상황
(야마모토 히데야의 『남중국해에서 무슨 일이 일어나고 있는가』를
바탕으로 작성)

대화하였다. 현재는 전략 원자력 잠수함(하이난섬에 기지가 있음)을 거느리는 남해함대의 증강으로 역점이 옮겨갔다고 할 만큼 남중국해의 중요성을 의식하고 준비태세를 강화하고 있다.

전술한 바와 같이 유엔 해양법 협약이 발효되기 전에 중국은 영해법을 제정하여(1992년) 남중국해의 영유화를 명문화하였다. 국제 규칙인 유엔 해양법 협약이 중국에 불리하면 이를 견제할 국내법을 정비한 후 영해법이 유엔 해양법 협약에 우선한다는 입장을 취하였다. 국제 규칙을 취사선택하여 중국 입맛에 맞는 항목은 받아들이고 입맛에 맞지 않으면 거부하는 이면성은 보편적인 이익을 추구하는 유엔 해양법 협약을 형해화할 수 있다.

영해법을 둘러싼 내부 문서

중국의 정책 결정 과정은 비밀의 베일에 싸여 있어서 어떤 의견 대립이 있었는지 등은 공표되지 않고 결과만 발표된다. 영해법을 다룬 논문과 서적은 다수 보이지만, 중국 관련 문헌을 섭렵하여도 제정 과정은 좀처럼 알 수 없었다.

그 불분명한 점을 밝히는 데 도움이 된 것이 중국 정부의 내부 문서를 입수하여 내부 권력 다툼을 당시에 취재한 교도통신(共同通信) 베이징 특파원의 기사와 논문이었다(예를 들어 니시쿠라 가즈요시의 「중국 영해법 제정 과정에 대한 재검증—'센카쿠제도' 명기를 둘러싼 내부 대립」). 이하에 그 요점을 소개하겠다.

이 논문이 지적한 것은 영해법을 둘러싼 국무원(일본의 내각에 상당)의 외교부와 군사 부문 간의 대립이다. 외교부란 일본의 외무성에 상당하는 정부 기관이다.

영해법이 제정되는 과정에서 제7기 전인대 상무위원회 변공실 비서국이 작성한 내부 문서가 각 상무위원에게 배부되었고, 위원

중의 한 명이던 황순싱(黃順興)이 자신의 관사에서 일본의 통신사에 이 문서를 건넸다.

황 씨가 2002년 3월에 사망(78세)하였을 때 교도통신은 사망 소식을 전하는 베이징발 기사 「황순싱 씨 사망, 전 중국 전인대 상무위원」을 보도하였다(시코쿠신문사[四国新聞社]의 시코쿠 뉴스에 게재, 2002년 3월 6일자). 대만에서 1923년에 출생하였으며, 일본 구마모토고등농업학교를 졸업하였고, 전전부터 일본과 관련이 깊었던 것을 생각하면 황 씨가 1992년에 영해법 초안을 일본 측에 넘긴 사실에도 납득이 간다.

초안을 둘러싼 내외 정세 변화

영해법 초안은 '해양 권익'과 관련 있는 중앙과 지방 기관에 배부되었고, 기관별 검토 작업을 거쳐 다양한 의견이 영해법 초안을 검토하는 위원회에 들어왔음이 이 내부 문서로 밝혀졌다. 초안 작성을 위한 검토작업은 1984년 무렵부터 시작되었고, 초안을 둘러싼 최종 조정은 1991년 말부터 이듬해 1992년 2월 전반의 시기에 이루어졌다.

1982년에 성립된 유엔 해양법 협약이 발효(1994년)되기 전에 중국은 어떠한 위치에서 '해양 권익'을 마주할 것인가를 중국 관계 기관은 8년에 걸쳐서 다양한 시점으로 검토한 셈이다. 외교부는 대일 관계의 급속한 개선을 중시하여 영해법을 받아들였지만, 한편 군사 부문은 일본과의 우호 관계를 고려하지 않는 입장을 취하는 등 양자의 입장 차이가 역력하게 드러나 있다.

최종 국면에서는 국제 관계의 극적인 변화와 함께 중국 국내에 미증유의 정치 혼란이 일어나 공산당의 중추가 이에 대응하느라 바쁘던 시기와 겹쳐 그야말로 권력 장악을 둘러싼 암투가 펼쳐졌다. 영해법은 이러한 시대 배경하에서 제정되었다. 내외 정세에 대응하여야 하는 데다, 국제 규칙으로 제정된 유엔 해양법 협약에 중국의 '해양 권익'이 결코 속박되어서는 안 된다는 국익을 중시하는 사상이 겹겹이 쌓였다.

당시의 국제 관계를 되돌아보면, 중국과 소련의 화해와 천안문 사건(1989년 6월), 동유럽 혁명과 '베를린 장벽' 붕괴(같은 해 11월), 몰타 미·소 정상회담(같은 해 12월), 독일 통일(1990년 10월)에 동반된 미·소 가 대립한 '냉전'의 종식이 잇따라 발생하였다. 가상 적국이던 소련이 붕괴되고, 북방 육상 국경에서 대치하던 소련과 화해하게 되자 중국에 소련은 더 이상 위협적인 존재가 아니게 되었다.

야마모토 히데야(山本秀也, 산케이신문 논설위원)에 따르면 "본래 중국이 해군을 중시하는 방향으로 전환한 것은 덩샤오핑(鄧小平)이 군사 지도 권한을 장악한 1980년대 초였다"고 한다. 덧붙여 냉전의 종식으로 중국의 국방 정책은 큰 전환기를 맞이하였고, 육군 중심의 인민해방군이 해양 권익의 중요성에 눈을 뜨고 해군의 충실화로 방향을 바꾸었다. 그야말로 국방 정책의 전환기에 영해법 제정이 이루어진 셈이다. 군사 부문이 해양 권익에 관여하는 국면에서 큰 발언권을 가지게 되었다.

국내로 눈을 돌리면 민주화를 요구한 천안문 사건이 1989년 6월 4일에 일어나 당국의 무력 진압으로 다수의 학생과 시민이 희생되었고, 중국은 국제사회에서 고립되었다. 계엄령을 선포하여 베이징은 텅 비었고, 해외발 베이징행 민간 항공기 승객은 급감하였다. 천안문 사건이 있고 한 달이 지났을 무렵에 일본에서 베이징으로 가는 비행기에 탑승한 적이 있었는데, 기내를 둘러보니 승객은 열 명가량이 있었고 나머지는 항공 회사의 승무원뿐이었다.

중국 정부가 학생과 시민을 무력으로 진압하자 구미 각국은 잇따라 경제 제재를 가하였다. 중국은 덩샤오핑이 개혁·개방 정책을 한창 단행하던 중이었기 때문에 구미 국가들의 경제 제재는 덩샤오핑의 경제 개혁에 큰 타격을 줄 위험성이 있었다. 덩샤오핑은 개혁·개방 정책을 후퇴시키지 않기 위해 경제특구로 지정한 광둥성 선전 등을 방문하여 개혁·개방을 촉구하는 격문을 돌렸다. 이를 '남순 강화'라고 부른다. 선전시 중심가에는 지금도 개혁·개방을 주장하던 커다란 덩샤오핑 초상화가 일종의 역사 유산으로서 붙어 있다.

국제적으로 곤란한 상황에 놓인 중국의 구세주는 일본이었다. 일본도 구미 국가들과 함께 경제 제재를 가하였지만, 압박도가 완만한 수준이라고 중국 측은 이해하였다. 중·일 관계를 긴밀화하면 중국이 국제사회에 재차 수용되는 단초가 될 수 있다고 판단한 중국은 일본을 이용하는 것을 검토하였던 듯하다. 장쩌민(江澤民) 총

서기의 방일(1992년 4월)과 그에 이은 일본 천황과 황후의 방중(1992년 10월)을 실현시키면 중국의 국가 이미지가 크게 개선될 것이라고 판단하였다. 첸지천(錢其琛) 외교부장이 회고록에서 구미가 가한 대중국 경제 제재를 돌파할 수단으로 일본 천황과 황후의 방중을 계획하였다고 밝혔다.

이처럼 일본 천황과 황후의 방중이라는 큰 시나리오를 앞두고 있었기 때문에 중국 외교부는 영해법 초안에 센카쿠제도라는 문구를 구태여 넣지 않았다. 원래 30년 이상 전인 1958년 9월 4일에 중국이 '영해 성명'을 발표하였을 때도 센카쿠제도는 명기되어 있지 않았다. 중국 외교부는 대일 관계를 악화시키고 싶지 않다는 판단하에 센카쿠제도를 영해법 초안에 포함시키지 않았다고 한다. 여기에 제동을 건 것이 대일 강경파 군사 부문이었다.

강경한 군사 부문

내부 문서에 따르면, 센카쿠제도(중국 명칭=댜오위다오)를 표기하여야 한다는 입장에서, 초안을 제출한 외교부에 반대한 것이 중앙군사위원회 법제국, 총참모부 변공청, 해군사령부, 광저우군구, 국가측량제도국, 그리고 지방정부(상하이의 일부, 톈진의 일부, 산시, 하이난)의 대표였다고 한다. 그중에서도 군사위원회 법제국은 대일 강경파의 필두로 "댜오위다오는 예부터 우리나라 고유의 영토였으며 그 전략 및 경제상의 지위가 대단히 높다", "일본 측은 이 문제와 관련하여 중국 측과 나눈 구두 약속을 언제나 먼저 깨고 실효 지배를 강화함으로써 주도권을 잡으려고 한다", "입법화를 통해 문제를 분명하게 밝힘으로써 이 섬의 귀속 문제 해결을 두고 금후에 하게 될 일본 측과의 담판에서 우리가 주도권을 잡을 수 있을 것이다"(니시쿠라의 논문에 실린 원문 번역을 인용)라는 입장을 표명하고 외교부가 작성한 초안을 수정하라고 강력하게 요구하였고, 여기에 총참모부 변공청과 해군사령부가 동조하였다고 한다.

중국 외교부는 초안을 수정하라는 이러한 군사 부문 대일 강경파의 입장을 받아들여 '댜오위다오'라는 명칭을 추가로 기재하였다고 한다. 천황과 황후의 방중을 염두에 두고 중·일 관계를 긴장시키고 싶지 않았던 외교부의 뜻이 군사 부문에 의해 부정된 것으로 드러났다.

군사 부문은 대일 관계에서 과거에도 강경한 자세를 보이며 일본에 실력 행사를 시사한 적이 있다. 중·일 평화우호조약이 체결되었을 때(1978년 8월) 무장한 어민을 동원하여 '해상 민병' 조직을 편성한 후 일본 영해에 중국 어선을 보낸 사건이다. 군사 부문이 중·일 평화우호조약을 쌍수 들고 찬성한 것은 아니라는 정치적이며 군사적인 메시지였다.

그럼 일본 측은 영해법에 대해 어떠한 반응을 보였을까? 중국이 센카쿠제도를 영유하고 있다는 기술에 대해 일본 외무성은 오와다 히사시(小和田恒) 외무 사무차관의 이름으로 항의하였고, 중국을 향한 그 이상의 항의는 없었는지 일본 미디어도 영해법을 크게 다루지 않았다. 일본은 센카쿠제도를 실효적으로 지배하고 있었고, 경제 대국은 중국이 아니라 일본이었다. 또 중국의 군사력은 육군 중심인 데다 그것도 구식 장비가 대부분이고, 해군은 연해에서의 작전은 가능하더라도 센카쿠제도가 있는 동중국해를 위협할 만한 존재는 아니라고 누구나가 생각하던 시대였다.

전략론, 전술론, 프로파간다

중국의 정치, 외교, 안전보장을 다룬 문헌을 훑어보면, 광역 경제권 구상 '일대일로(一帶一路)'로 대표되는 사자숙어나 슬로건이 넘친다. 새로운 실크로드 경제 벨트(帶) 구상과 21세기 해상 실크로드(路) 구상을 일체화한 것이 다름 아닌 '일대일로'이다. 본래 구체적인 구상은 없고, 다카하라 아키오(高原明生) 도쿄대학교 교수가 '일대일로 별자리설'을 주장하며 "실제로 별은 존재하지만 별자리는 관념으로서 존재할 뿐이다. 현실에 존재하는 별은 하나하나의 프로젝트이지만 별과 별을 연결하여 별자리로 보는 것은 관념의 산물이다"(『도요게이자이[東洋経済]』, 2016년 1월 27일 호)라고 지적하였듯이, 중국은 환상 속의 이미지 세계를 솜씨 좋게 만들어냈다.

동양 대국, 동양 강국, 동양 국토, 동양 경제, 핵심적인 이익, 중국의 꿈, 중화민족의 위대한 부흥, 남해9단선, 제1열도선, 제2열도선(후술), 근해 방어, 원해 방위, 전략적 변경론(邊境論), 삼전(여론전, 심리전, 법률전. 후술), 책봉·조공 체제, 개혁·개방, 서부 대개발, 소강사회

(小康社会), **화평연변**(和平演邊, 평화적인 수단으로 소련 등의 사회주의 체제를 붕괴시키는 것), **오룡**(다섯 개의 해상법 집행기관. 후술)… 중국은 이처럼 끊임없이 조어를 만들어내어 전 세계의 중국 연구가는 질릴 틈이 없었다. 앞으로도 중국 공산당과 정부는 조어를 계속해서 열심히 만들어낼 것이다. 새로운 조어가 발표되면 전 세계의 전문가가 백가쟁명의 토론을 펼치며 중국의 현 상태와 미래를 분석한다. 중국의 조어전은 여론전 및 심리전이기도 하다

그에 대한 반응으로 예를 들어 미국에서는 중국이 동남아시아에서 인도양으로 진출한 것을 '진주 목걸이 전략'이라 칭하고, 중국의 **대미 해양 전략**(미국 해군의 항공모함과 원자력 잠수함을 대만 등에 접근시키지 않음으로써 제해권을 장악하는 전략)을 '**접근 저지, 영역 거부**(A2/AD=Anti-Access/Area Denial)'라고 명명하였다.

중국의 해양 진출을 '**양배추 전략**(남중국해에서 위법 조업하는 중국 어선의 바깥 둘레를 해경국과 해군 함선이 중층적으로 수호하는 것)'이나 '**살라미 전략**(남중국해에서 암초를 조금씩 손에 넣어, 상대가 눈치 챌 즈음엔 모든 암초와 섬을 손에 넣는 것)'이라고 표현한 기사도 보았다. 또 중국의 A2/AD 전략에 대한 군사적인 대응으로는 '에어시 배틀(AirSea Battle)'이나 '오프쇼어 컨트롤(Offshore Control)' 등의 구상을 내놓았다.

확고부동한 경제 대국으로 부상한 중국이 해양 패권을 쥐겠다는 야심과 야망을 품은 것은 지극히 자연스러운 일일 것이다. 외교와 안전보장에 관한 조어를 보더라도 해양 패권을 연상시키기에 충분하고, 인민해방군 해군과 해상법 집행기관을 증강시키고 있는 현

상황은 해양 패권 장악을 현실화할 프로세스이기도 하다.

항공모함 '랴오닝(遼寧)'을 취역시키고, 이를 이을 항공모함을 새롭게 건조하여 항공모함 기동부대를 편성하는 것을 목표로 잡고 있다고도 한다. 또 남중국해를 향해 튀어나온 하이난섬의 항구도시 '싼야(三亞)' 주변에는 탄도미사일을 탑재할 전략 원자력 잠수함이 배치된 위린(楡林) 해군 기지가 있고, 이를 미국은 정찰위성으로 상시 감시하고 있는 듯하다. 이 기지는 구릉지대의 지하에 건설됐고, 원자력 잠수함은 수중을 항해하며 기지를 출입하므로 육상과 상공에서는 원자력 잠수함을 눈으로 볼 수 없어 익명성이 대단히 높다.

일본에서 하이난섬에 갈 때는 항공로 직항편이 없기 때문에 홍콩, 광저우, 상하이 등을 경유한다. 항공기에서 밖으로 한 걸음을 내디디면 후덥지근한 공기가 몸을 감싼다. '중국의 하와이'라 불리며 대형 리조트 호텔이 싼야 해변가에 줄지어 늘어서 있는데, 또 다른 얼굴은 해양 진출의 최전선이어서 원자력 잠수함 등의 군사 기밀이 집적된 섬이기도 하다는 것이다. 인민해방군 해군 기지, 해경국 등의 해상법 집행기관, 그리고 해상 민병으로 변신할 수 있는 어업인 마을이 싼야 주변에 있다. 유사시에는 해군, 경찰국, 해상 민병이 하나가 되어 남중국해로 진출할 수 있는 태세를 갖추고 있다.

중국의 해양 진출과 세 가지 위험성

여기에서는 중국이 가까운 미래에 해양의 국제 규칙에 변화를 가져올 세 가지 위험성에 대해 언급하겠다. 첫째는 '해양 국토' 구상이고, 둘째는 해외의 항만 관리이다. 그리고 셋째는 센카쿠제도가 위치하는 동중국해로 해양 진출을 하는 것이다.

최근에 중국은 '해양 국토'라는 새로운 개념을 주장하고 있다. 영해, 접속수역, 배타적 경제수역의 세 가지를 통합하여 해양 국토로 이해하는 것으로, 이 모든 해양이 국토라고 주장한다. 육상에서는 국경선이 하나밖에 없는데, 해양에는 세 가지 개념이 존재해서 복잡하다며, 이러한 복잡한 개념을 일소하고 '해양 국토' 하나로 단순화한 것이다. 육군 관계자에게 해양의 국제 규칙은 복잡하고 이해하기 어려우므로 '해양 국토'로 일체화하여 이해하자는 움직임이다. 중국인들 사이에 해양 국토라는 개념이 침투해버리면 유엔 해양법 협약을 무시하고 중국 편의대로 해양 규칙을 구축할 위험성이 있다.

둘째로 중국이 거액의 차관 등을 통하여 해외 항만 정비사업을 하고 있는 점이다. 오만의 두쿰항, 그리스의 피레우스항 등이다. 스리랑카는 차관을 변제하지 못하여 중국이 함반토타항을 실질적으로 압류하여 조차지로서 중국의 관리하에 두었다(2017년 7월부터 99년간 조차).

이와 같이 중국이 관리하에 두고 있는 함반토타항을, 중국이 새로운 국내법을 정비하여 중국의 항만으로 취급하고 자국의 영해로 선언할 가능성도 있다. 그리 되면 영해에 접속하는 접속수역과 배타적 경제수역도 새롭게 설정할 수 있게 되어 중국의 해양 국토가 해외로 확대될 위험성이 있다. 또 장래에 중국은 광역 경제권 구상 '일대일로'를 활용하여 해외에서 취득한 항만의 권리를, 새로운 국내법을 정비하여 마치 중국령의 일부인 것처럼 다룰 위험성도 부정할 수 없다.

셋째로 센카쿠제도의 영유화를 부르짖는 중국이 동중국해에 해양 진출하는 것이다. 센카쿠제도는 국제적으로도 인정되는 일본의 영토임에도 중국은 공선과 군함을 센카쿠제도 해역에 계속적으로 보내 중국령이라는 이미지를 만들어냄으로써 현재의 국제 규칙을 바꾸려 하고 있다.

중국 공선에 의한 일본 센카쿠제도의 영해 침입은 접속수역 항행 등이 일상화된 상태이다. 새로운 기성사실을 만들려는 의도임이 명백하다. 공선뿐 아니라 많은 어선도 센카쿠 주변 해역에서 조업하고 있다. 나아가 오가사와라제도의 해역에 중국 어선이 대거 밀려드는 등 중국에 의한 해양 진출은 동중국해 이외에서도 활발해지고 있다.

중국에 대한 일본의 항의

일본 외무성은 2019년 3월 28일 「중국에 의한 동중국해에서의 일방적인 자원 개발 상황」을 발표하고, 그 안에서 "중국은 동중국해에서 자원 개발을 활발히 추진하고 있으며, 정부는 중·일의 지리적인 중간선의 중국 측에서 지금까지 총 16기의 구조물을 확인하였다"며 방위성 해상자위대가 촬영한 해저 유전 개발 오일 리그(석유굴착장치) 사진을 공표하였다.

나아가 "동중국해의 배타적 경제수역 및 대륙붕은 경계가 확정돼 있지 않으며, 일본은 중·일 중간선을 토대로 경계를 획정하여야 한다"는 입장에서 중국에 제의하였지만, 중국은 일본의 요청을 들어주지 않고 일방적으로 개발 행위를 추진 중이다. 동중국해는 일본과 중국의 배타적 경제수역이 겹치는 해역이어서 경계선 획정이 어렵다.

일본은 일관되게 국제 규칙에 따른 '공평한 해결'을 요구하면서 판례를 근거로 중간선을 주장하고 있지만, 중국은 불리하기 때문에 대륙붕의 자연 연장이라는 입장에서 오키나와 주상해분(舟狀海盆, 배의 밑바닥처럼 가늘고 길게 생긴 해저 계곡-역자 주)까지의 해역을 주장한다. 그 안에는 센카쿠제도도 포함된다. 중국은 여기에서도 국제 규칙을 무시하였다. 오키나와 주상해분은 남서제도와 류큐제도의 서방으로 펼쳐진 해역이다. 길이가 약 1,000km, 폭이 약 100km로 중국 잠수함이 잠수하여 항행하기에도 좋은 해역이다. 또 주상해분은 해구(海溝)보다 얕은 해저의 함몰 지형이다. 해구는 수심 6,000m 이상인 경우가 많고, 그 이하를 주상해분이라고 부른다.

중국과 베트남이 마주 보는 통킹만의 경계선 획정에서는 중국 측에 유리한 중간선 방식을 채용하였지만, 대륙붕의 '자연 연장론'을 채용하면 중국이 불리해진다. 이와 같이 중국은 국제 규칙에 따라서 문제를 해결하기보다 자국의 이익을 최대한으로 추구할 수 있는 방식을 항상 생각하기 때문에 국제 규칙을 왜곡한다.

중국은 해양 진출을 통해 기정사실화를 하고 있을 뿐 아니라 공역에도 진출하였다. 중국 국방부는 2013년 11월 23일에 전술한 바와 같이 센카쿠제도의 상공을 포함하는 동중국해에 '중화인민공화국 동해 방공식별구'를 선언하였다(같은 날 오전 10시 시행). 일본의 '방공식별구(ADIZ)'에 해당한다.

주일 중국대사관이 「동중국해의 방공식별권 항공기 식별규칙에 관한 공고」를 발표하였는데, 거기에는 "동해 방공식별권을 비행하는 항공기는 중국 외교부 또는 민간 항공국에 비행 계획을 보고하지 않으면 안 된다"는 항목이 포함되어 있었다. 이로써 센카쿠제도의 상공을 비행하는 항공기는 중국에 비행 계획을 제출하는 것이 의무화되었다. 나아가 중국 측의 무선 연락에 응할 의무가 있으며, "식별 질문에 신속하며 동시에 정확하게 대답하지 않으면 아니 된다"고 하였다.

또 "동해 방공식별권을 비행하는 항공기는 동해 방공식별권 관리기구 또는 수권(授權) 부문의 지령에 따르지 않으면 아니 된다. 지령에 협조하지 않는 항공기 또는 지령을 따르지 않는 항공기에 대해서는 중국군이 방위적인 조치를 취한다"고 규정하고, 인민해방군이 침입 항공기에 대해 출동한다는 취지를 명기하였다.

이러한 중국의 일방적인 통고에 대해 일본 정부는 엄중하게 항의

하고, 현 상태의 변경을 허가하지 않았다. 이리하여 중국은 새로운 법률전을 펼쳐 법적으로는 인민해방군이 센카쿠 상공을 관할 중이라며 영공(領空)을 만들어냈다.

제1열도선과 제2열도선

중국은 제1열도선과 제2열도선이라는 방위선을 내세우며 해양 진출을 정당화하였고, 일본의 영해와 배타적 경제수역에 저촉하는 것을 마다하지 않았다.

이 두 개의 열도선 구상은 중국에서 '현대 해군의 아버지'로 불리는 류화칭(劉華淸) 해군 사령원(사령관)이 제창하였다고 일컬어진다 (원래는 덜레스[John Foster Dulles] 미 국방장관이 제창한 '아일랜드 체인'을 류화칭이 이용하였다는 설도 있다).

류화칭은 공산당 최고 간부 덩샤오핑에게 발탁되어 해군의 수장이 되었다. 소련의 보로실로프해군대학교에 유학했고 해군 부총참모장, 당중앙위원회 위원을 거쳐 중앙군사위원회 부주석(1989년 취임)이라는 요직을 맡게 되었다. 원자력 잠수함 연구개발 계획에 참가하고, 대륙간 탄도미사일 발사 실험과 남중국해 진출에도 관여하였으며, 미국과 유럽의 해군을 시찰하고 중국 해군의 근대화를 결심하였다(류화칭의 경력과 역할에 대해서는 히라마쓰 시게오의 『중국의 전략적 해양 진출』을 참조).

그는 연안을 방위하는 데 그치지 않고 원양을 내다보며 해군의 근대화를 서둘렀으며, 미국의 항공모함과 원자력 잠수함에 충격을 받아 항공모함을 보유하고 전략 원자력 잠수함을 건조하기로 결심하였다. 오스트레일리아와 소련에서 퇴역한 여러 개의 항공모함 고철을 구입하여 연구하고, 우크라이나에서 미완성 항공모함 '바략'을 구입한 후 대대적으로 개수하여 현재는 '랴오닝'으로 배치 중이다.

제1열도선이란 중국 본토에서 보았을 때 '연안 방어'와 '근해 방어'를 실현하기 위한 전략적인 방위 라인(주요 방위 해역)이며, 현재는 제해권을 확보하는 해역으로 파악하고 있다. 일본의 규슈~오키나와·남서제도~대만~필리핀~(남중국해의 남해9단선)~인도네시아와 말레이시아, 브루나이가 영유하는 칼리만탄섬(보르네오)을 잇는 방위 라인이 제1열도선이다. 이 제1열도선의 내측에는 '네 개의 바다', 즉 발해, 황해, 동중국해, 남중국해가 연속해 있고 이를 '중국의 바다'로 파악한다. 본토 방위에 더하여 대만의 독립을 저지하고, 외국 군대에 의한 대만 지원을 억제한다. 이것들이 중국이 설정한 국방상의 과제이다.

제2열도선은 일본의 이즈제도~오가사와라제도~괌~사이판~파푸아뉴기니를 잇는 방위 라인으로, 제1열도선과 제2열도선의 정중앙에 일본의 오키노토리섬이 위치한다. 제1열도선과 제2열도선 사이에 끼인 공간을 '전방 방어해역'으로 파악하고, 대만을 지원하기 위해 미국군이 증강되는 것을 저지하여야 하는 해역으로 본다.

중국은 미국군의 접근을 저지하고, 미국군이 자유롭게 작전 행동

제1열도선과 제2열도선
(요미우리신문 정치부의『기초부터 이해하는 일본의 영토·해양 문제』를
바탕으로 작성)

을 하는 것을 거부하는 전략을 채용하고 있다. 이것이 전술한 '접근
저지, 영역 거부(A2/AD)' 전략이다. 미국 국방 당국이 명명한 것이
며, 중국에서 만든 용어는 아니다.

여기에서 독자의 주의를 환기시키고 싶은 부분은, 중국이 제1열
도선과 제2열도선이라는 방위 라인을 구상함으로써 중국 해군과
공군이 이들 열도선을 의식하며 군사작전과 훈련을 하게 되었다는
것이다. 중국의 함선이 종종 오키나와 본도와 미야코지마 사이를
지난다. 거듭되는 중국 해군의 군함과 공선의 부자연스러운 일본
영해 통과, 접속수역에서의 의도적인 항행은 국제 규칙을 경시하

는 경향을 강화하고, 일본 주변 해역에 대한 중국의 지배를 기정사
실화하는 데 박차를 가할 위험성이 있다.

해상법 집행기관의 해양 진출

중국에는 본래 '오룡(다섯 마리의 용)'이라고 불리는 다섯 개의 해상
법 집행기관이 있었는데, 2013년에 이 가운데 네 개 기관을 일체화
하여 '중국해경국'을 만들었다. 센카쿠제도 해역에서 영해를 침입
하는 것이 이 해경국의 공선이다. 중국은 해상법 집행기관을 해양
진출의 수단으로 활용하고 있다.

오룡이란 중국 공안의 변방해경에 속한 '해경(海警)', 국토자원부
국가해양국의 '해감(海監)', 농업부 어업국의 '어정(漁政)', 교통운수부
해사국의 '해순(海巡)', 그리고 해관총서의 '해관(海關)'이다. 해경과
해관은 중형과 소형 선정(船艇)으로 대륙 연안부의 근해를 담당하
였고, 이에 반해 어정과 해감은 대형선을 보유하고 외양과 배타적
경제수역을 관장하였다.

전통적으로 다섯 개의 기관(오룡) 중 어느 기관이 영해 경비, 배타
적 경제수역의 보전, 밀수 단속, 해상 교통의 정리, 수색·구조 등을
해왔는데, 일본의 해상보안청을 참고로 조직의 일원화를 추진한
듯하다. 시행착오 끝에 해순을 제외한 네 개 기관을 2013년에 통
합·재편하여 '중국해경국'으로 일체화하였다. 그러나 지휘명령 계
통은 완전히 일체화되지 않았다는 보도도 있어서 본래 소속되어

있던 행정기관의 영향을 많이 받으리라는 견해도 있다.

중국 군사 전문가 야마모토 가쓰야(山本勝也) 일등 해군 소령(해상 자위대, 전 재중국 방위 주재관)에 따르면, 당초에 관청으로서의 국가해 양국과 실력 행사 조직인 중국해경국이라는 대표적인 두 기관이 있었는데, 심지어 동일 간부가 두 조직을 모두 지휘하여 넘버 원 보다 넘버 투가 지위가 높고, 조직은 복잡하고 불투명하였다. 예 를 들어 "국가해양국 국장은 중국해경국 정치위원이고, 중국해경 국 국장은 국가해양국 부국장이다" 등 "리더십이 변칙적인 크로 스 구조로 발휘되었다"고 한다(야마모토 가쓰야, 「방위 주재관이 본 중국 〈15〉—국가해양국과 중국해경국」 해상자위대간부학교, 전략연구회 칼럼 59, 2015 년 2월 25일).

그때까지 해경은 국무원(정부)과 중앙군사위원회의 '이중 지휘하' 에 있었는데, 권력 집중화를 도모하는 시진핑(習近平) 체제가 발족 되면서 새로운 조직 재편이 2018년에 이루어졌다. 이번에는 중앙 군사위원회의 지휘하에 있는 인민무장경찰부대에 소속되었고 역 시 동 위원회의 지휘하에 있는 인민해방군과 통합적으로 운용할 가능성이 생겨났다.

중국은 2018년의 조직 개편으로 미국을 모델로 삼았을 가능성이 있다. 원래 미국 연안경비대(USCG, United States Coast Guard)는 군의 일부로서 조직되었으며(U.S. Code Title 14, Sec.103), 평상시에는 법 집 행기관으로서 역할하고, 유사시에는 4군(육해공 3군과 해병대)과 함께 제5군으로서 작전 행동 임무를 맡는다.

2018년 개정 때는 인민무장경찰부대에 '해상법 집행' 권한이 명시되었지만, 무장경찰 이외의 '무장 역량(인민해방군 현역부대, 동 예비역부대, 인민무장경찰부대, 민병 조직)'의 임무에는 법 집행 활동이 명시되어 있지 않은 듯하다. 일본과 미국은 해상법 집행기관의 역할과 임무를 명확하게 규정하고 있지만, 중국은 그때그때 정치 판단으로 법 집행기관을 활용할 가능성이 있다는 것을 이해하여야 한다.

중국은 남중국해에 진출할 때 첨병으로서 다수의 어선을 내보내고 이 어선들을 감독한다는 명목으로 어정과 해감을 출동시킨다. 센카쿠제도 주변의 해역에 중국 어선이 들어닥칠 때도 해경이 같이 등장한다. 이리하여 중국은 해양 진출을 기성사실화하며 현재의 해양 질서를 흔든다.

해양 질서의 불안정 요인

중국은 영해법이라는 국내법을 시행함으로써 이상과 공상 속에서 영해를 정하고 합법화하였다고 해석할 수 있다. 중국의 영해법은 유엔 해양법 협약이 성립되어 시행되기까지의 과정 중에 생겨났으며, 당시 격변하는 국제 관계의 색채가 짙게 반영되어 있다. 그와 동시에 외교부와 군사 부문의 대립이라는 중국 국내 정치 상황의 영향을 많이 받기도 하였다. 중국의 전투 방식에는 삼전(중국 인민해방군 정치 공작 조례로 규정), 즉 여론전, 심리전 그리고 법률전이 있는데, 영해법은 법률전 가운데 그야말로 결정타였다.

영해법에는 유엔 해양법 협약에 대한 언급이 일절 없지만, 유엔 해양법 협약을 의식하여 제정되었음에는 의심의 여지가 없고, 또 이 협약에 속박되지 않겠다는 강한 의지가 밑바닥에 깔려 있다. 유엔 해양법 협약이 성립된 직후부터 영해법 제정 준비에 들어갔고, 유엔 해양법 협약이 발효되기 전에 영해법 제정을 완료해놓은 것만 보더라도 이는 자명하다.

다양한 조어를 만들어내며 해양의 국제 규칙에 도전하고, 해외의 항만 정비에 깊이 관여하며, 독자적인 해석하에 '해양 국토'를 순조롭게 확장해나가는 중국. 정치 대국, 경제 대국, 군사 대국이 되려는 중국이 해양의 국제적인 규칙에 저항함으로써 해양 질서의 평형 상태에 악영향을 끼치고 국제 관계를 불안정하게 할 우려가 있다.

제6장
해양 질서를 수호하는 일본

중국이 영해법을 내세워 일본 고유의 센카쿠제도 주변 해역에 해경국 등의 공선을 보내며 영해를 침입하고 있다는 사실을 앞 장에서 분명하게 밝혔다. 이에 일본은 해상보안청이 순시선과 항공기를 배치하고, 중국의 공선과 충돌하는 것을 피하며 영해를 수호 중이다. 영해 경비를 담당하는 것은 해상보안청의 순시선만이 아니다. 눈에 보이지 않는 무대 뒤에서 활약하는 것이 방위성 자위대의 호위함과 항공기 등이고, 나아가 내각위성정보센터의 정보 수집 위성이다.

일본은 다원적으로 정보를 수집하며, 이 정보를 종합하여 해상보안청(약칭 해보[海保])이 최전선에서 영해를 경비한다. 나아가 외무성이 복잡한 외교 환경을 정비하고 있는 현 상황을 두루 고려하면, 일본은 총력을 다해 중국의 영해 침입을 저지하고 있음을 알 수 있다. 센카쿠제도에 접근해오는 중국에 틈을 두지 않는 것이야말로 영해 경비의 요체이다.

본 장에서는 유엔 해양법 협약을 준수하며 해양 질서를 유지하기 위해 노력하는 법 집행기관의 중요성을 확인하고, 현재 일본의 대응 상황을 자세하게 살펴봄과 동시에 해상보안청의 목적과 임무를 되짚어보겠다. 또 해양 질서 유지에 공헌하기 위한 방침에 대해 언급한 후 본장을 마무리하겠다.

외교력, 군사력, 경찰력 – 해양 질서를 위한 장치

현재 세계의 해양 질서는 '바다의 헌법'이라 불리는 유엔 해양법 협약에 의해 형성되었다고 앞서 반복하여 설명하였다. 유엔 해양법 협약은 세계 기준에서 해양에 관한 규칙을 정한 것이다.

이 협약은 30년이 넘는 복잡한 외교 교섭을 거쳐 우여곡절 끝에 각국의 이해 대립을 극복하고 탄생한 것으로, 정치적인 예술 작품이라고 하여도 과언이 아니다. 외교력이 커다란 지렛대가 되어 이 협약이 탄생하였는데, 외교력에 더해 이 국제 규칙을 실질적으로 기능하게 해온 것은 군사력(방위력)이고 경찰력이었다. 이러한 외교력, 군사력, 경찰력(일본 정부 용어로는 '외교, 방위, 법 집행')을 모두 아우르는 것은 말할 필요도 없이 정치력이다.

경찰력이란 본서의 범주에서는 해상에서의 경찰 행위이고, 구체적으로는 밀수·밀항·해적 행위 등의 예방 및 진압, 범죄의 수색·체포, 외국 선박의 항행 질서를 유지하는 활동 등이다. 국내법과 국제법에 기반하여 자국 관할권 범위 내에서 법질서를 유지하고, 법령을 구사하여 범죄를 예방·진압하며, 나아가 범죄를 수사한다.

그 권한을 갖춘 법 집행기관의 대표 격이 일본 해상보안청(JCG, Japan Coast Guard)과 미국 연안경비대이고, 두 기관은 세계적으로 보더라도 최고 수준의 법 집행기관이다(일본의 법 집행기관에 관해서는 뒤에서 상술하겠다).

그 책임 범위는 영해와 접속수역에서의 단속, 배타적 경제수역의 관리에까지 이른다. 이를 위해 사용하는 무기는 범인 체포 등의 임

일본 영해 개념도
(해상보안청 홈페이지 자료를 바탕으로 작성)

무에 필요한 범위이며, 미사일과 같은 파괴력이 있는 병기를 사용하는 일은 기본적으로 없다.

많은 나라들이 유엔 해양법 협약에 서명·비준하고, 그 국제 규칙을 따르는 것이 최선이라는 생각을 공유하게 되면 각국의 법 집행 기관이 중요한 역할을 하게 된다. 영해와 접속수역, 나아가 대륙붕과 배타적 경제수역의 한계를 통일하고, 전 세계 바다에서 '항행의 자유'와 '무해 통항'을 확보하면 체약국 간에 불필요한 대립이나 충돌을 피할 수 있기 때문이다.

제5장에서 살펴본 바와 같이 해양 강국이 되기 위해 군사 대국화를 추진 중인 중국조차 법 집행기관의 역할과 중요성을 무시하지는 못하였다. 2013년에 네 개의 해상 법 집행기관을 통합하여 중국 해경국을 만들었고, 2018년에는 인민무장경찰부대 해경총대로 변경하였다.

군사력과 함께 법 집행의 시대로

군사력이란 침략국과 가상 적국에 파괴적인 타격과 반격을 가할 수 있는 능력이며, 국가를 방위하기 위해 군사작전을 전개할 수 있는 능력이다. 바다에 특화시키면 주요 담당자는 해군과 해병대가 된다. 경찰의 무기와 달리 장착하는 무기의 파괴력에 제한이 없다. 하지만 일본의 기본 방침은 전수 방위이기 때문에 외부로부터 무력 공격을 받더라도 평화를 유지할 수 있을 만큼만 방위력을 스스로 제한하여 보유한다. 일본 방위의 최후의 요새로서 방위성 자위대가 존재한다.

제1장에서 언급한 바와 같이 과거에 영국이 세계의 바다를 지배한 시대, 즉 국제법도 없고 법 정비도 되지 않았던 18~20세기 전반에는 해양 세계에 영국 해군이 전 세계 규모로 배치되어 있었다. 그 사명은 영국의 선박회사와 무역회사의 통상 루트를 수호하는 것이었지만, 당시의 해양 질서를 질서로서 존중하게 만든 것은 영

국의 강력한 군사력이었다.

20세기 후반에 항행의 자유를 추구하는 미국, 영국, 유럽 각국이 중심이 되어 개발도상국의 요망도 수용하면서 유엔 해양법 협약 제정에 착수하였는데, 이 협약이 가져온 해양 질서를 전 세계에서 준수해나가기 위한 무대 장치로서 미국, 영국, 유럽 각국의 군사력과 경찰력, 즉 '해양 파워(시 파워)'가 존재한다.

강력한 군사력과 경찰력이 뒷받침하는 외교력이 있었기 때문에 유엔 해양법 협약이 제정되고 발효될 수 있었던 것이다. 전술한 바와 같이 결국 미국은 심해저 조항에 반대하여 서명하지 않았지만, 이 새로운 해양 질서에는 지지를 보냈다.

17세기부터 현대에 이르기까지의 약 400년간을 되돌아보면 해군이 군사력과 경찰력을 행사한 역사가 압도적으로 길다. 해상법 집행기관이 해군에서 독립되어 국제적으로 인지된 것은 제2차 세계대전 후이고, 그 역할이 중요성을 띠게 된 것은 유엔 해양법 협약이 제정돼 발효되었기 때문이다.

그래서 많은 개발도상국에서는 현재에 이르기까지 해군이 경찰 활동을 하고 있으며, 해상 보안기관이 명칭으로서는 존재하더라도, 조직적으로서는 해군에 소속되어 있는 경우가 많다. 이러한 어려움이 있는 가운데 해상법 집행기관의 중요성을 인식하고 해군에서 분리된 기관을 설립하려는 움직임이 가시화되고 있다. 미국에서 연안경비대가 탄생한 것은 1915년(기원은 1790년)이고, 일본에서 해상보안청이 발족한 것은 1948년 5월 1일이다.

해상법 집행기관의 역사를 제아무리 거슬러 올라가더라도 기껏 해야 100년이다. 그만큼 해상법 집행기관의 역사는 짧지만 그 중요성은 높아지고 있다.

법 집행기관의 세계적인 모델 – 해상보안청의 목적과 임무

중국의 공선과 어선, 나아가서는 홍콩과 대만의 활동가가 센카쿠 제도 주변 해역에 불법 침입하는 일이 잇따라 발생하면서, 사람들의 눈이 닿지 않는 해역에서 엑스트라처럼 남모르게 영해 경비를 맡아온 해상보안청이 주목을 받아 주연으로 부상하게 되었다. 일본 해상보안청은 질적으로나 양적으로나 세계 최고 수준에 도달하여 있는, 일본이 세계에 자랑하는 해상법 집행기관이다. 이 분야에서는 미국 연안경비대와 함께 세계적인 모델이라고 하여도 좋다.

해상법 집행이란 머리말에서도 언급하였지만, 국내법인 해상보안청법과 경찰관 직무집행법 등에 근거하여 경찰권을 행사함과 동시에 유엔 해양법 협약을 비롯한 국제 규칙에 입각하여 영해 경비와 배타적 경제수역의 보전 및 관리, 나아가서는 해적 대처 행동 등을 하는 것이다.

이러한 법 집행에 더하여 해상 보안에는 수색과 구조, 해상 재해와 해양 오염에 대한 대책, 또 해상 교통 관제, 바다 지도 제작 등 그야말로 다양한 업무를 한다. 전 세계의 법 집행기관을 살펴보더라도 이만큼 다양한 업무를 맡고 있는 법 집행기관은 없다고 해도

해상보안청 순시선 아키쓰시마
(사진 : 해상보안청 제공)

과언이 아니다.

여기에서 해상보안청의 '목적'을 규정한 해상보안청법 제1조를 살펴보면 "해상에 있어서 인명 및 재산을 보호하고, 또 법률 위반을 예방·조사하고 진압한다"고 되어 있다.

그리고 이어서 제2조에서 '임무'를 규정하며 "해상에서의 법령 시행, 해난 구조, 해양 오염 등의 저지, 해상에서의 선박 항행 질서 유지, 해상에서의 범죄 예방 및 진압, 해상에서의 범죄 수사 및 체포, 해상 선박 교통에 관한 규제, 수로·항로 표식에 관한 사무, 기타 해상 안전 확보와 관련된 사무 및 이들에 부대하는 사항에 관한 사무를 행함으로써 해상의 안전과 치안 확보를 도모하는 것을 임무로 한다"라고 설명한다.

이 조문에 따르면 해상보안청은 해상에서 발생하는 모든 사안, 즉 해상의 삼라만상을 다루며 온갖 문제를 처리하는 기관이라고 할 수 있다. 일상생활에서는 곧잘 수직적인 행정의 폐해가 문제가 되는 경우가 많은데, 해상에서는 해상보안청이 횡단적으로 문제에 대처한다. 해상과 육상에서는 행정 방식도 크게 다르다.

해상보안청의 '임무'의 다양성은 해상보안청의 전문직과 팀 편성에서도 드러난다. 『해상 보안 리포트 2019』를 보면 전문직과 팀 편성 용어는 경비계, 수사계, 국제계, 구난(救難)계, 정비계, 해양조사계, 시스템계, 관제 및 교육, 음악, 다른 성이나 청에 파견 중으로 분류되어 있다.

특별경비대는 일본 전국의 관구에 배치되어 있는 '경비 실시 등 강화순시선(통칭 특경선)'에 배치되며, 육지 경찰에 비유하자면 기동대에 해당한다.

또 테러 대책과 중요 인물 경호 등의 특수 경비를 전문으로 담당하는 것이 '특수경비대'이며, 최근에는 SST(Special Security Team)라고 부른다. 해상보안청의 특수 경비를 최전선에서 진두지휘해온 사람이 해상보안청 출신자 중에서 최초로 해상보안청 장관으로 취임한 사토 유지(佐藤雄二)이다. 플루토늄 수송선 '아카쓰키마루'에 승선하여 경비(이동순찰대)를 담당했고, 간사이국제공항 테러 방지, 북한 괴선에 대한 대처, 센카쿠제도 경비 등 해상보안청이 현장에서 직면한 곤란과 위협을 마다하지 않았다. 사토 유지의 저서 『파도를 넘어서—인간 신화 해상보안청 장관의 중대 사안 파일』에 그가 생각하는 특수 경비의 중요성, 그리고 특수 경비를 수행하면서 겪은 고생과 고뇌가 담겨 있다

이러한 다양한 임무를 수행하기 위해서는 유능한 해상보안관을 육성하는 것이 가장 중요한 과제이다. 이에 간부를 교육하기 위해 해상보안대학교(히로시마현 구레시 소재, 4년제, 졸업 시에 전국 관구에 배치가 확정되며, 전국을 전근하며 돈다)와 현장에서 활약할 보안관을 육성하기 위해 해상보안학교(교토부 마이즈루시 소재, 1년제[항공, 기관, 항공, 회계, 해양과학]~2년제[정보시스템, 관제], 입학 직후에 특정 관구 근무가 결정되고 계속 근무한다)의 두 가지 교육시설을 두고 있다.

동시에 전술한 바와 같이 국제적인 레벨에서 법 집행을 연구하고 교육하기 위해 해상보안대학교는 정책연구대학원대학교(도쿄)와 연계하여 대학원 코스인 '해상 보안 정책 프로그램'을 개설하고 있다. 또 국제협력기구(JICA)와 닛폰재단(日本財団)하고도 연계·협동하고 있다.

센카쿠 영해 경비 – 해상 보안 체제의 강화

해상법 집행기관으로서 다양한 임무를 수행하기 위해 해상보안청은 2019년 현재, 순시 선정(船艇)과 특수 경비구조선을 총 443척, 측량선과 등대 순찰선 및 교육 업무용 선박을 총 22척, 항공기 80기(비행기 31기, 헬리콥터 49기)를 보유 중이다. 이 순시 선정을 전국 11개의 관구에 나누어 배속시킨다.

해상보안청의 정원은 현재(2019년) 약 1만4,000명이며, 예산은 약 2500억 엔(추경예산 357억 엔 포함)이다. '센카쿠 영해 경비' 문제가 발생한 후로 정원과 예산이 증가하는 추세를 보이고 있다. 해상보안청의 인원과 예산이 2010년도에 약 1만2,600명과 약 1,800억 엔이었던 것을 생각하면, 최근 들어 급속하고 현저하게 확대되고 있음을 알 수 있다. 주된 이유는 중국의 공선과 어선이 대거 일본 영해에 침입하고 있기 때문이다. 특히 센카쿠제도 주변 해역의 영해를 침입하는 중국 선박에 대응하기 위해 해상보안청은 대형 순시선을 새롭게 건조하여야 하는 상황이다.

2010년 9월에 중국 어선이 센카쿠제도의 영해 내에서 해상보안청의 순시선과 충돌하는 사건이 발생하였다. 2012년 4월에 이시하라 신타로(石原慎太郎) 도쿄도지사(당시)는 도쿄도 차원에서 센카쿠제도를 구입하겠다는 방침을 발표하였다. 같은 해 9월에 당시의 민주당 정권은 댜오위다오를 비롯한 센카쿠제도의 세 개의 섬을 국유화하기로 결정하였다. 이러한 일본의 움직임에 반발한 중국이 공선과 어선을 대거 일본 영해와 접속수역에 보내는 사태가 발생하였다.

특히 '센카쿠 영해 경비'를 필두로 일본 전국에서 영해 경비 등을 담당하는 것이 순시선 138척이다. 순시선이란 약 180톤 이상의 선박이다. 특히 외양에서 항행 가능한 1,000톤 이상의 대형 순시선은 61척으로 집계된다. 이 가운데 헬리콥터를 탑재하는 '아키쓰시마'와 '시키시마' 등 통칭 헬기순시선이라고 불리는 대형 순시선(PLH)은 14척이다. 소형 선박은 순시정(238척)이라고 부르며, 20m형이나 35m형이라는 식으로 표시하고, 톤수로는 분류하지 않는다.

기상 상황이 좋지 않고 영해를 침입하는 중국 선박과 대치하여야 하는 센카쿠 영해 경비에는 대형 순시선이 투입되고, 오키나와현 이시가키섬에 있는 이시가키해상보안부(제11관구, 본부 소재지는 오키나와현 나하시)에는 대형 순시선 13척이 배치되는 등 일본에서 최대 규모로 배치되어 있다. 나하시에는 4척의 대형 순시선이 배치되어 있고, 제11관구 전체(오키나와현)로 보면 대형 순시선이 14척이나 배치되어 있다. 그만큼 중국 공선에 의한 영해 침입, 나아가 다수의 중국 어선에 의한 불법 조업이 빈발하였음을 나타낸다.

과거에는 북한의 괴선이 출몰하였고, 요즘에는 북한 어선이 오징어와 게 황금어장인 '대화퇴(大和堆, 동해 중앙부에 위치하는 얕은 해저 지형-역자 주)'로 몰려드는 동해는 중국, 러시아, 한국의 함정도 통항하기 때문에 홋카이도에서 규슈에 이르는, 동해에 면한 일본 연안의 해상보안부에는 약 20척의 대형 순시선이 배치되어 있다. 또 한국과 러시아 사이의 수역, 또 혼슈에서 멀찍이 떨어져 있는 오키노토리섬과 오가사와라제도도 상시 감시하고 있다.

앞으로 중·장기적으로는 제10관구(본부는 가고시마현 가고시마시)에도 여러 척의 대형선이 배치될 예정이며, 제11관구와 함께 남서제도 해역에 일본 최대 규모의 대형 순시선이 센카쿠 영해 경비를 위해 집결될 것이다. 일본 정부는 그 정도로까지 중국이 집요하게 장기간에 걸쳐서 센카쿠를 노릴 것으로 판단하고 있다.

이와 같이 일본을 둘러싼 정세가 긴박하게 돌아가는 가운데 일본 정부가 책정한 '국가 안전보장 전략(2013년 12월)'에 기반하여 해상 안보 체제는 급속하게 강화되었다. 나아가 '해상 보안 체제 강화에 관한 관계 각료 회의'가 결정한 '해상 안보 체제 강화에 관한 방침(2016년 12월)'이 결정남으로써 해상보안청의 예산과 정원이 대폭으로 늘어났고, 이에 동반하여 센카쿠 영해 경비 전종(專從) 체제도 강화하였다.

법 집행기관의 근거법

일본에서 제정된 많은 법률과 정령(政令) 나아가 유엔 해양법 협약 등의 국제 조약에 근거하여 해상보안청은 법 집행을 한다.

그렇다면 어떠한 국내법과 국제법, 조약에 따라 법 집행을 하고 있을까? 해상보안청이 감수한 『해상보안육법 2019년판』에 게재된 주요 법률과 조약은 일곱 가지 항목(총칙, 경비 구난, 해양 오염 및 해상 재해, 수로 업무, 해상 교통, 국제 및 위기관리, 관계 명령)으로 분류된다. 이와 관련하여 많은 정령(헌법과 법률 규정을 시행하기 위해 내각이 제정한 명령)과 시행령이 있다.

예를 들어 각성제를 밀수하는 선박을 적발할 때는 관세법과 각성제 단속법으로 범인을 체포하게 된다. 범인은 밀수선에 타고 있는 현행범이고, 나아가 육상에서는 물건은 누군가에게 인도하고 마지막에 가서는 팔아치우는 범행 그룹도 존재하므로 실제로는 해상보안청과 경찰, 나아가 세관과의 연계가 반드시 필요하다. 선박에서 마약, 대마, 각성제를 적발하면 해상보안청이 단독으로 하지 않고 실제로는 경찰, 세관과 삼자 연계하여 단속을 실시하는 경우가 많다. 관련 법령으로서는 그 밖에 마약 및 향정신약 단속법, 아편법, 대마 단속법이 있다. 또 후생노동성에는 마약범을 전문적으로 수사하는 마약 단속관이 있으며, 해상 보안관과 마찬가지로 '특별 사법경찰 직원(형사소송법 제189조)'으로서 강제 수사 권한을 가진다.

근거법으로 보면 해상보안청법(제2조, 제5조)에서 해상 범죄를 단속할 수 있는데, 또 밀수라는 행위에 주목하면 관세법(제67조) 위반으로 적발할 수 있고, 나아가 밀수 대상 각성제 등의 위법 약물은 관세법(제69조) 및 각성제 단속법(제13조)의 대상이 된다. 해상보안청은 해상 범죄에 대해 이러한 복수의 법률을 집행할 수 있는 권한을 부여받아 법을 집행하고 있다고 하겠다. 동남아시아 여러 나라가 해군과 분리하여 해상법 집행기관을 정비할 때 줄곧 일본의 해상보안청을 모델로 삼은 이유가 여기에 있다.

해상보안청은 법 집행기관으로서 이들 법률과 조약에 기초하여 임무를 수행한다. 현장에서 발생한 다양한 문제에 대한 법 집행에는 엄연히 이러한 근거법이 존재한다. 일본이 주장하는 '법 지배'는 이러한 많은 근거법에 기초한 고도로 복잡한 법 집행에 의해 달성되며, 일본은 이러한 점에서 법치국가로서 대단히 높은 수준에 도달하여 있다고 할 수 있다.

군대로서 조직하지 않다

해상보안청을 법 집행기관으로서 기능하도록 하기 위해 해상보안청법에는 해상보안청을 '군대'로서 조직하지 않는다는 규정을 명확하게 만들어놓았다. "이 법률의 어떠한 규정도 해상보안청 또는 그 직원이 군대로서 조직되고, 훈련되고, 또는 군대의 기능을 수행하는 것을 인정하는 것이라고 해석하여서는 아니 된다"(제25조). 해상보안청에 이 '청법 제25조'는 조직의 초석이며, 군대로서가 아니라 해상 보안 기능으로서의 조직화를 확정하였다는 점에서 대단히 중요하다.

물론 해상보안청법(1948년 4월 27일, 법령 제28호, 시행 5월 1일)은 일본이 제2차 세계대전에서 패배한 후 미국의 대일 점령 정책하에서 제정되었기 때문에 일본이 재군비하는 것을 허용하지 않겠다는 점령 정책이 농후하게 반영되어 있고, 미국 연안경비대를 모델로 해상보안청이 만들어진 정치적인 배경이 있다.

하지만 이 청법 제25조가 있음으로써 해상보안청은 내외 정세의 변동 상황에 상관없이 법 집행기관으로서 일관되게 임무를 수행할 수 있다. 그 결과로서 현재, 세계 굴지의 해상법 집행기관으로서 인정받게 된 점을 생각하면 역시 청법 제25조는 해상보안청의 운명을 결정한 중요한 조문이라고 하겠다.

자위대와 해상보안청

여기에서 해상보안청과 해상자위대의 관계를 정리해보겠다. 소말리아 해적 문제에 대한 대처를 통해서도 알 수 있듯이 해상보안청과 해상자위대는 다양한 문제에서 긴밀한 협력 관계를 맺고 있다. 양자의 역할은 예산 금액, 인원의 규모, 장비의 양과 질을 통해보더라도 크게 다르며, 조직 문화도 다르다(해상보안청의 순시선 선체는 화이트로 도색된 반면, 해상자위대의 호위선은 군대 색깔인 그레이로 도색되어 있다). 두 조직은 그러한 엄연한 차이를 전제로 현장에서 긴밀한 협력 관계를 구축해왔다는 것을 이해할 필요가 있다.

단순화하여 말하면 해상보안청이 해상에서 대처하기 곤란하거나 혹은 불가능할 경우에 자위대가 역할을 수행하는 도식이다. 자위대법 제82조는 자위대의 '해상에서의 경비 행동'을 규정하고 그 역할을 명기하고 있다. "방위대신은 해상에서의 인명과 재산의 보호 또는 치안의 유지를 위해 특별히 필요한 경우에 내각 총리대신의 승인을 얻어 자위대 부대에 해상에서 필요한 행동을 하도록 명령할 수 있다."

지금까지 방위대신은 '해상 경비 행동'을 세 차례 발령하였다. 첫번째는 노토반도 앞바다에 출몰한 괴선 사안(1999년 3월)이다. 북한의 소형 고속선을 해상자위대의 호위선과 대잠수함 초계기 P-3C로 추격하고 위협 발사와 폭탄 투하를 실행하였다. 해상자위대와 해상보안청이 필사적으로 추격하였음에도 북한 고속선은 본토로 돌아가고 말았고, 이를 교훈 삼아서 해상보안청은 새로이 고속 순시

해상자위대 호위선 이즈모
(사진 : 해상자위대 제공)

선을 건조하여 동해에 면한 관구에 배치하였다.

두 번째는 국적 불명의 잠수함이 잠수·항행하여 일본 영해에 침입한 사안(2004년 11월)이다. 나중에 이는 중국의 한급(漢級) 원자력 잠수함으로 판명되었다. 미국군과 함께 해상자위대는 꽤 전부터 중국 원자력 잠수함을 추적하여 잠수함의 항적을 정확하게 파악하고 있었던 듯하다. 해상보안청에는 잠수함을 탐지할 수 있는 소나(수중 음향탐지기)를 탑재한 순시선이 없고, 해상자위대의 호위선과 초계기 P-3C가 24시간 대비태세로 추격하여 중국의 잠수함을 영해 밖으로 쫓아낸 사건이다. 이 사건을 통해 중국은 해상자위대의 정보 수집 능력이 얼마나 뛰어난지를 알았을 것이다.

세 번째는 소말리아 앞바다의 아덴만에서 해적 대처 행동(2009년 3월)을 하였을 때 해상자위대 호위선에 해상보안관이 승선하여 법집행을 한 사안이다. 자동소총과 로켓포 RPG-7(로켓 발사기)로 무장한 소말리아 앞바다의 해적이 일본 관계 선박을 습격하는 여러 번의 사안이 발생하였다. 일본 관계 선박이란 배의 국적이 일본이거나, 선원에 일본인이 있거나, 운항 관리를 일본 매니지먼트 회사가 담당하는 등 일본과 어떠한 관계가 있는 민간 상선을 말한다. 해상보안청은 피해 제어(Damage Control) 기능을 가지고 원양 항해를 할 수 있는 대형 순시선을 '시키시마' 1척밖에 보유하고 있지 않기 때문에 물리적으로 파견하기 곤란하였다. 이에 해상자위대의 호위선 2척에 해상보안관이 승선하여 법 집행을 하였다.

해상 경비 행동은 일본 관계 선박에 한정되므로 외국선도 대상으로 할 수 있도록 해적대처법(정식 명칭은 '해적 행위의 처벌 및 해적 행위에의 대처에 관한 법률')을 2009년 6월에 제정하였다. '법 지배'를 중시하기 때문에 일본이 자위대를 파견할 때는 늘 근거법이 요구된다. 긴급 사태가 발생하면, 먼저 현행법을 근거법으로 운용하여 위기 대처를 하고, 그사이에 새로운 법률을 제정하여 해당 문제에 들어맞는 현실적인 대처를 하는 방식을 채용하고 있다.

유사시의 통제권

'일반적인 경찰력'으로는 치안을 유지할 수 없는 경우, 방위대신은 자위대에 치안 출동을 명령할 수 있다.

자위대법 제76조는 자위대의 '방위 출동'에 관한 규정이며, "내각 총리대신은 다음에 게재된 사태일 때 우리나라를 방위하기 위해 필요하다고 인정되는 경우에는 자위대의 전부 또는 일부의 출동을 명령할 수 있다. 이 경우에는 무력 공격 사태 및 존재 위기 사태에 우리나라의 평화와 독립 및 국가와 국민의 안전 확보에 관한 법률(2003년 법률 제79호) 제9조가 정한 바에 따라 국회의 승인을 얻지 않으면 아니 된다"고 되어 있다.

이어서 "1. 우리나라에 대한 외부로부터의 무력 공격이 발생한 사태 또는 우리나라에 대한 외국으로부터의 무력 공격이 발생할 명백한 위험이 들이닥쳤다고 인정되기에 이른 사태"라고 명기하였다. 또 자위대의 치안 출동을 규정한 제78조에서 "내각 총리대신은 간접 침략 및 기타의 긴급 사태가 있을 때 일반적인 경찰력을 가지고는 치안을 유지할 수 없다고 인정되는 경우에는 자위대의 전부 또는 일부의 출동을 명령할 수 있다"고 규정하고 있다.

한편 자위대법 제80조는 해상보안청과 관련하여 일본이 유사 상황에 직면하였을 때는 방위대신은 해상보안청을 '통제하'에 둘 수 있다고 규정하고 있다. 즉 외부로부터 무력 공격을 받아 일본이 국가 존망의 위기에 서게 되면 방위대신은 해상보안청을 통제하에 두고 지휘할 수 있다고 규정한 것이다.

해당 조문을 확인하여보자. 자위대법에서는 '해상보안청의 통제'라는 항목을 두었고, 제80조 제1항에서는 "내각 총리대신은 제76조 제1항(제1호에 관계되는 부분에 한한다) 또는 제78조 제1항의 규정에 의한 자위대의 전부 또는 일부에 대한 출동 명령이 있는 경우 특별한 필요가 있다고 인정되는 때는 해상보안청의 전부 또는 일부를 방위대신의 통제하에 둘 수 있다"고 규정하고, 계속해서 제2항에서는

"내각 총리대신이 앞 항의 규정에 따라서 해상보안청의 전부 또는 일부를 방위대신의 통제하에 둔 경우에는 정령으로 정한 바에 따라 방위대신에게 이를 지휘시키는 것으로 한다"고 규정하였다.

이상과 같이 일본은 내각 총리대신의 명령으로 방위대신이 해상보안청을 통제하에 둘 수 있는 규정을 마련해두었지만, 지금까지는 이 규정이 발동된 적은 없다. 하지만 이들 조문에서 주의하여야 하는 것은 해상보안청의 지위와 위치이다. 제80조를 발동할 때 방위대신이 어떻게 해상보안청을 통제하에 두는지에 관한 구체적인 조문을 찾을 수가 없다. 자위대를 중심으로 생각하면 '방위'를 위해서 해상보안청을 통제하에 두는 것이라고 해석할 수 있고, 해상보안청을 중심으로 생각하면 애당초 해상보안청은 '군대'로서 조직되고 훈련되지 않았으므로 어디까지나 법 집행기관으로서 통제하에 두는 것이라고 해석할 수 있다.

이러한 법률 문장의 불명확성을 없애기 위해 오부치 게이조(小渕惠三) 내각 때 노로타 호세(野呂田芳成) 방위청 장관(당시)은 1999년 5월 제145회 국회 '참의원 미·일 방위 협력을 위한 방침에 관한 특별위원회'에서 해상보안청이 방위청 장관의 지휘하에 들어간 경우라도 임무에 변경은 없다고 정부의 공식적인 견해를 밝혔다. 유사시 규정이 있음으로 해서 일본을 종합적으로 방위하는 능력, 나아가 치안의 수준을 높일 수 있는 방향성이 확인되었다.

소말리아 앞바다 아덴만에서 해적 대처 행동을 하는 등 해상보안청과 해상자위대는 고도의 협력 관계를 구축하고 있지만, 두 조직은 자기완결성이 높으므로 독립된 개개의 조직으로 파악하는 것이 현실적일 것이다. 해상보안청은 법 집행기관으로서 발족된 지 70년 이상의 시간이 흘러 조직이 고도화되었으며, 준군사조직으로서 미국 연안경비대와는 '또 다른 길'을 걸어왔다는 것을 특기해두고 싶다.

국제적으로 법 집행기관을 지지

일본이 표방하고 있는 해양에서의 '법 지배', 즉 유엔 해양법 협약을 국제사회가 준수하는 환경을 조성하기 위해서는 세계적으로 법 집행기관을 지지할 필요가 있다.

일본은 아시아를 중핵으로 하는 인도·태평양 지역에서 개발도상국의 해상법 집행기관을 지지해온 실적을 가지고 있다. 해상 보안 분야에서도 법 집행기관을 지지하는 시스템이 생겨났고, 해상보안청은 외무부 및 JICA와 긴밀한 연계 관계를 구축해왔다. 현재는 '자유롭게 열린 인도·태평양'이라는 외교 방침하에 일본은 개발도상국 법 집행기관의 능력 구축을 확대·강화하고 있다.

여기에서는 두 가지 프로젝트에 대해 살펴보겠다.

첫째는 '해상 범죄 단속' 연수(JICA 과제별 연수)이다. 필리핀, 말레이시아, 인도네시아, 베트남 등의 동남아시아 국가들을 중심으로 남태평양, 남아시아, 중동·아랍 지역, 아프리카에서 해상 보안 분야의 전문가를 일본에 초빙하여 약 한 달간 집중 연수를 하고 있다.

연수자들은 국제법과 법령 강의를 들으며 해양 안전보장, 해적 대책, 범죄 수사 절차, 밀항 대책, 약물 대책 등 해상 범죄를 단속하는 노하우를 종합적으로 배운다. 이와 같이 일본은 중·장기적인 인재 육성도 중시하며, 세계적인 법 집행기관의 네트워크화에도 공헌하고 있다.

둘째는 개발도상국의 법 집행기관의 '능력 향상(Capacity Building)'을 목적으로 하는 전문반 '모바일 코오퍼레이션 팀(MCT, Mobile Co-operation Team)'의 발족이다. '외국 해상 보안기관 능력 향상 지원 전문 부문'이라는 역할로 2017년에 탄생하였다.

이 팀은 해상보안청의 특수구난대, 특별경비대, 기동방제대를 경험한 자들 중에서 선발되며, 외무성과 JICA와 연계하여 개발도상국의 현장에 파견되어 기술 지원을 한다. 지원 내용은 해상법 집행, 수색 구조, 기름 방제, 선정(船艇) 유지·관리에 대한 지도와 해상 보안 업무에 관한 강의 등으로 구성된다. 미국 연안경비대의 '모바일 트레이닝 브랜치(MTB, International Mobile Training Branch)'를 참고로 조직화하였다.

이에 덧붙여 해상보안청은 정책연구대학원대학교(도쿄)와 연계하여 대학원 코스로 '해상 보안정책 프로그램'을 개설하고, 개발도상국으로부터 연수자를 받아 해상법 집행을 교육하는 데도 힘쓰고 있다.

일본의 개발도상국 지원 역사는 길다. 필리핀, 말레이시아, 인도네시아, 베트남 등에 해군과 분리된 연안경비대, 해상 경찰, 법 집행기관의 조직화를 하도록 제안하여왔고, 그 성과가 착실하게 나타나고 있다. 필리핀에서는 미국 연안경비대를 모델로 1967년에 해군에 연안경비대를 발족해놓은 상태이기도 하여, 1998년에 운수통신성으로 이관시켜 해상보안청과 JICA로부터 지원을 받을 태세를 갖추었다. 필리핀은 동남아시아의 선행 사례가 되었다.

일본과 동남아시아, 나아가 인도와의 본격적인 국제 연계는 해적 사건을 계기로 시작되었다. 인도네시아와 말레이시아 사이의 말라카해협에서 1999년에 일본 선박회사가 소유하는 파나마 국적의 화물선 '알론드라 레인보호(선장과 기관장은 일본인, 선원은 필리핀인)'가 해적에게 습격당하는 사건이 발생하였다.

구명보트에 몸을 싣고 있던 승무원은 전원 구조되었고, 최종적으로 해당 선박은 인도 서방에서 인도 연안경비대에 붙잡혔고, 총격 끝에 해적 그룹은 체포되었다. 말라카해협은 세계 무역의 대동맥이고, 일본에는 무역의 생명선인 해상 교통로였다. 이 해적 사건이 있은 후 일본은 동남아시아 각국 및 인도와 국제적인 연계를 하기로 결심하였다.

해상보안청은 2000년 4월 '해적 대책 국제회의'를 닛폰재단과 함께 개최하고, 아시아 해역에서의 해적 대책을 마련하기 위해 나섰다. 착수와 연계, 협력의 방침인 '아시아 해적 대책 챌린지 2000'을 채택하였다. 이 연장선 위에서 일본 주도로 탄생한 것이 아시아 해상 보안기관 장관급 회합, 북태평양 해상 보안 포럼, 그리고 세계 해상 보안기관 장관급 회합이다. 일본을 중심으로 해상법 집행기관의 지역적·세계적 네트워크가 구축되기에 이르렀다.

'자유롭게 열린 인도·태평양'을 향하여

해양 패권의 역사는 다양한 선수가 치열한 각축을 펼친 궤적이다. 이 책에서는 해양을 통해 풍요를 얻고자 한 나라들이 역사라는 시간 축 위에서 어떻게 움직여왔는지를 격동하는 국제 정세를 이야기하고 관련된 에피소드를 섞어가며 이해하기 쉽게 설명하고자 하였다.

세계 각국에 해양이 자유롭고 무질서하였던 시대에도 국가가 해양을 지리적으로 지배하려고 한 움직임, 즉 해양지정학적인 발상의 효시라고 할 수 있는 사건과 현상이 몇몇 있었다. 대항해 시대에 스페인과 포르투갈의 대서양 분할에서 발단되었지만, 국가의 해양 패권 경쟁이 본격적으로 시작된 것은 17세기의 영국·네덜란드 전쟁이다. 네덜란드는 해외 무역을 중심으로 계속 해양으로 진출하였고, 18~19세기에는 영국이 해양을 지배하고 전 세계적인 규모로 해양제국을 건설하였다. 자유롭고 무질서하였던 해양은 지배의 대상이 되었다. 20세기에 들어서자 그 주역이 미국으로 바뀌었다.

제2차 세계대전 후 미국이 트루먼 선언을 한 것을 계기로 개발도상국을 비롯한 전 세계 국가들은 앞다투어 바다를 영유하려 하였다. 그러한 움직임이 두드러지자 해양의 무질서한 영유화에 규제를 가하기 위해 유엔 해양법 협약이 제정되었고, 국제적인 합의를 바탕으로 해양을 관리하는 새로운 국면으로 돌입하였다.

하지만 21세기가 되면서 이와 같은 관리 체계에 중국이 도전장을 내밀었다. 이에 반해 일본은 국제적인 해양 규칙을 수호하자는 입장에서 '법 지배'를 제창하였다.

본 장의 모두에서 일본의 특기라고도 할 수 있는 '법 집행'의 중요성을 반복적으로 지적하였지만, 법 집행기관이 만능인 것은 아니다. 해상에서 법 지배와 법 집행을 할 수 있는 환경이 조성되어 있지 않으면 법 집행기관은 충분히 기능할 수 없다. 국제적으로는 각국이 국제법과 해양 규칙을 지키겠다는 강한 의지를 가지고, 이에 따르지 않으면 안 된다고 판단할 수 있는 국제 환경이 필요하다. 국내적으로는 외국으로부터 무력 공격을 받지 않고, 무력 공격을 생각으로 그치게 할 수 있는 방위력(군사력)을 갖추고 있는 것, 그리고 평상시 환경이 정비되어 있는 것이 중요하다.

앞으로 구체적으로 몰두하여야 하는 과제는 정부의 기본 방침인 '자유롭게 열린 인도·태평양'이라는 생각의 현실화일 것이다. 즉 '성장주인 아시아'와 '잠재력이 잠들어 있는 아프리카'라는 두 대륙과, 두 개의 대양(태평양, 인도양)을 국제 공공재로서 '자유롭게 열린 공간'으로 만드는 것이다. 이 지역의 평화와 안전, 번영에 기여하기 위해 '군대가 아닌' 고도의 '법 집행기관'을 다원적으로 활용하는 일본의 스타일을 견지해나갈 것이 요구된다.

'바다의 헌법(유엔 해양법 협약)'을 받드는, 질서와 협조를 전제로 하는 21세기 해양 세계 구축을 중국이라는 불안정 요소가 방해하고 있다. 이와 같은 상황에서 일본이 국제사회를 리드하면서 '외교, 방위, 법 집행(외교력, 군사력, 경찰력)'이라는 해양 질서 장치를 강화하고, 해양 질서에 도전하는 중국의 진출에 제동을 걸어야 한다. 19세기 바다의 패권자 영국과 20세기를 대표하는 해양 파워(시 파워) 미국과는 다른 접근법으로 해상법 집행 분야에서 일본이 큰 역할을 할 수 있을 것이다.

　신칸센을 타고 가다가 도중에 하차하는 것을 좋아하는데, 이를 줄곧 봉인해왔다.

　필자의 오랜 습관인데, 예를 들어 후쿠오카에서 볼일을 보고 도쿄로 귀가할 때 신칸센에 승차하였다가 구태여 도중에 하차하는 것이다. 선로 라인에 위치하는 고쿠라, 모지, 시모노세키, 이와쿠니, 히로시마 (그리고 쿠레와 시모카마가리섬), 오노미치, 후쿠야마, 구라시키, 오카야마 (그리고 나오시마), 히메지 (그리고 쇼도섬), 아카시, 고베 (그리고 다카라즈카) 등의 아름다운 도시가 있지만, 귀갓길 도중하차는 한 번만 하기로 정하였기 때문에 승강지를 어디로 할지 매번 몹시 고민한다. 후쿠야마역에서 하차하여 미야자키 하야오(宮崎駿) 감독이 애니메이션 《벼랑 위의 포뇨》를 구상한 곳이라는 도모노우라에 발걸음하면 '밀물이 들어오는 것을 기다리던' 옛 항구도시의 추억에 빠질 수 있다. 또 고속버스를 타고 '시마나미 바닷길'을 따라서 시코쿠의 이마바리로 향하면 세토 내해의 풍경을 만끽할 수 있다. "이게 일본 본연의 풍경일 거야"라고 혼잣말을 하면서 말이다.

　이 책을 집필할 시간을 마련하기 위한 궁여지책이었는데, 드디어 출판하기에 이르러 그 '봉인'을 경사스럽게 풀게 되어 더할 나위 없이 기쁘다.

무모하게 400년에 달하는 해양 역사를 다루고 말았다. 원래는 해양사에 관한 소박한 의문이 들어서, 대국이 디자인한 해양 질서와 해양 정책을 시간의 흐름에 따라 정리하고 파악하는 것이 이 책의 목적이었다. 과거에는 영해는 3해리가 일반적이었는데, 어째서 전 세계 국가들이 12해리를 채용하게 되었을까? 어째서 배타적 경제수역(EEZ)은 200해리일까? 어째서 접속수역이라는 개념이 생겨났을까? 이래저래 화제를 모으고 있는데, 중국이 영해법을 제정한 이유는 무엇일까? 계속해서 차례로 의문이 솟아올라 해양사의 미로에 빨려들었고 점점 빠져나오기 힘들어졌다.

미국과 같은 메이저 대국은 연구 대상으로 다루지 말자는 것이 기본 방침이었는데, 해양 질서를 주제로 다루기 위해서는 미국의 복잡한 해양 정책과 법률까지 깊이 파고들 수밖에 없었다. 또 미국 석유 에너지 산업의 부흥에 관해 조사하다 보니 18세기부터 19세기에 걸쳐서 성행하였던 포경산업에 이르게 되었고, 뜻밖에 일반적인 교과서에는 실리지 않는 페리 제독이 일본을 방문한 진짜 목적도 알게 되었다. 페리가 개국 압박을 한 우라가와 하코다테에 발걸음을 하였을 때는 청명한 하코다테산에서 내려다보이는 절경에 나도 모르게 숨을 죽였다. 집필 중에도 이런 식으로 '딴 길'로 새기도 하였는데, 그 또한 이번 주제에도 연구 수법에도 영양가 있는 좋은 양식이 되어주었다.

탈고까지의 긴 과정에서 실로 다양한 분에게 가르침을 받았다.

해상보안청, 방위성, 해상자위대, 외무성, 국제협력기구(JICA), 국제교류기금, 일본선주협회, 전일본해원조합, 닛폰유센, 유센크루즈(郵船Cruise) 분들로부터 많은 학습의 기회를 얻었다. 진심으로 깊이 감사드린다.

해상보안청의 사토 유지 전 장관은 여러 명의 해상보안관을 거쳐서 장관 취임 발표 일주일 전에도 뵈었기 때문에 장관 취임 소식을 들었을 때는 기쁨을 금할 길이 없었다. 장관으로 취임한 후에도 여러 차례 장관실에 발걸음하여 직접 가르침을 청하였다. 필자에게는 둘도 없는 훌륭한 지도교수이다. 또 영해 경비의 최전선인 이시가키섬, 미야코지마, 나하, 가고시마, 후쿠오카, 모지, 쓰시마, 마이즈루, 니가타를 방문하였을 때는 순시선정을 견학하며 많은 보안관분들에게 현장 활동에 관한 이야기를 들었다. 사토 전 장관, 그 후배와 보안관들 덕분에 해상 보안 행정에 대해 생생하게 들을 수 있었다고 생각한다.

방위성에서는 방위 정책을 이해할 수 있는 장에 참가할 수 있었다. 뭐니 뭐니 해도 해상자위대의 연습함 '가시마'에 승선하여 지중해에서 홍해를 향해 항해하며 바로 그 수에즈운하를 통항한 것이 더없이 귀한 경험이 되었다. 요코스카, 구레, 사세보, 마이즈루, 오미나토에 있는 해상자위대의 지방 총감부, 또 나하, 이와쿠니, 아쓰기의 항공 기지, 나아가 육상자위대와 항공자위대 주둔지를 시찰할 때마다 방위력의 중요성을 재인식할 수 있었다.

일본선주협회에서는 일본선주협회가 주최하는 회합에 초대도

해주셨고, 가치 있는 자료를 열람하는 것도 허락해주셨다. 마음 깊이 감사하는 바이다.

전일본해원조합의 모리타 야스미(森田保己) 조합장으로부터는 제2차 세계대전에 동원된 선원과 해원이 얼마나 가혹한 환경에 놓였는가에 관한 귀중한 이야기를 들었고, 또 국제적인 해원 네트워크의 중요성에 대해서도 가르침을 받았다. 간사이지방지부(고베)에 있는 '전몰한 배와 해원의 자료관'은 침몰한 상선의 사진과 유품을 수집함과 동시에 선박회사의 사력(社歷) 컬렉션도 소중하게 보관하고 있어서 일본의 해사 역사를 후세에 남길 착실한 활동들의 중심이 되고 있다.

닛폰유센의 해무팀과는 인연을 맺은 지 꽤 오래되었는데, 사력과 자료 제공에 그치지 않고 요코하마에 있는 닛폰유센역사박물관과 화객선 '히카와마루'에도 여러 차례 초대해주었다. 제2차 세계대전 때 많은 민간 상선이 전몰한 역사적인 사실을 이 박물관에서 처음으로 보고 들을 수 있었다. 또 유센크루즈 '아스카II'에 승선해 견학할 기회를 얻어 크루즈선의 구조와 비즈니스 환경을 체험할 수 있었다.

400년간의 해양사를 다루다 보면 많은 사실 오인, 기재 미스, 분석과 해석의 차이 등이 발생할 우려가 있다. 이것들을 최소화하기 위해 이번에도 많은 지식인에게 코멘트를 받았다. 중국 연구가이자 산케이신문 논설위원인 야마모토 소지 씨, 해상자위대 전 재중국 방위 주재관 야마모토 가쓰야 일등 해군 소령, 국제 정치 및 현대사 연구가 나가노 다카유키(永野隆行) 씨, 시마무라 나오유키(島村直幸) 씨, 미즈모토 요시히코(水本義彦) 씨, 또 여러 해사 전문가분들에게 이 자리를 빌려 감사의 뜻을 전하고 싶다.

주코신쇼(中公新書)의 담당 편집자 간바야시 다쓰야(上林達也) 씨는 정신과 실무의 양면에서 필자를 뒷받침해주었고, 편집자로서 본서에 모든 열정을 쏟아주었다.

이야기를 하다가 지엽으로 빠지는 경향이 있어서 원래는 원고 초고가 방대하였는데, 이것을 신서 사이즈로 압축하기 위해 '집도의'로서 큰 수술을 감행해주었다.

이번에도 아내 준코가 장의 구성과 문장 표현에 대해 조언해주었다. 주부 일을 하는 한편으로 기술 번역과 교열 일을 하기 시작한 후로 코멘트가 한층 엄격해졌다. 믿음직한 동료이자 내 편이다.

다케다 이사미

참고 문헌

국내서·번역서

- 아오야마 루미(青山瑠妙), 『중국의 아시아 외교(中国のアジア外交)』, 도쿄대학교 출판회(東京大学出版会), 2013년
- 아가와 나오유키(阿川尚之), 『바다의 우정―미국 해군과 해상자위대(海の友情―米国海軍と海上自衛隊)』, 주오코론신샤(中央公論新社), 2001년
- 아가와 나오유키(阿川尚之), 「해양 국가 미국의 꿈―합중국 헌법의 제정과 해군의 탄생(海洋国家アメリカの夢―合衆国憲法の制定と海軍の誕生)」, 다도코로 마사유키(田所昌幸)·아가와 나오유키(阿川尚之) 편저 『해양 국가로서의 미국(海洋国家としてのアメリカ)』 수록
- 아키타 시게루(秋田茂), 『영국 제국의 역사―아시아에서부터 생각하다(イギリス帝国の歴史―アジアから考える)』, 주오코론신샤(中央公論新社), 2012년
- 아키타 시게루(秋田茂), 『팍스 브리태니카와 영국 제국(パクスブリタニカとイギリス帝国)』, 미네르바쇼보(ミネルヴァ書房), 2004년
- 아키타 히로유키(秋田浩之), 『난입―미·중·일 안전보장 삼국지(乱入―米中日安全保障三国志)』, 니혼게이자이신문 출판사(日本経済新聞出版社), 2016년
- 아키모토 지아키(秋元千明), 『전략의 지정학―랜드 파워 VS 시 파워(戦略の地政学―ランドパワーVSジーパワー)』, Wedge, 2017년
- 구리바야시 다다오(栗林忠男)·아키야마 마사히로(秋山昌廣) 편저, 『바다의 국제 질서와 해양 정책(海の国際秩序と海洋政策[海洋政策研究叢書I])』, 도신도(東信堂), 2006년
- 아키야마 마사히로(秋山昌廣), 「센카쿠제도에 관한 지정학적 고찰(尖閣諸島に関する地政学的考察)」, 『도서연구저널(島嶼研究ジャーナル)』 제2권 제1호, 2012년
- 아사이 가즈오(浅井一男), 「해상 사고 방지 협정(INCSEA)에 따른 신뢰 조성―과거의 사례와 중·일 해공 연락 메커니즘의 과제(海上事故防止協定[INCSEA]による信頼醸成―過去の事例と日中海空連絡メカニズムの課題)」, 『레퍼런스(レファレンス)』 제770호, 2015년 3월
- 아사구모신문사 출판영업부(朝雲新聞社出版業務部) 편저, 『방위 핸드북 2019(防衛ハンドブック 2019)』, 아사구모신문사(朝雲新聞社), 2019년
- 아사다 사다오(麻田貞雄) 편저·번역, 『머핸 해상권력론집(マハン海上権力論集)』, 고단샤(講談社), 2010년

- 아사노 료(浅野亮)·야마우치 도시히데(山内敏秀) 편저, 『중국의 해상 권력—해군·상선대·조선~그 전략과 발전 상황(中国の海上権力—海軍·商船隊·造船~その戦略と発展状況)』, 소도샤(創土社), 2014년

- 아사바 요시마사(浅羽良昌), 『미국 경제 200년의 흥망(アメリカ経済200年の興亡)』, 도요게이자이신포샤(東洋経済新報社), 1996년

- 아베 준이치(阿部純一), 『중국군의 진짜 실력(中国軍の本当の実力)』, 비즈니스샤(ビジネス社), 2006년

- 아루카 다다시(有賀貞), 『국제관계사—16세기부터 1945년까지(国際関係史—16世紀から1945年まで)』, 도쿄대학교 출판회(東京大学出版会), 2010년

- 아루카 다다시(有賀貞), 『현대국제관계사—1945년부터 21세기 초반까지(現代国際関係史—1945年から21世紀初頭まで)』, 도쿄대학교 출판회(東京大学出版会), 2019년

- 이쿠라 아키라(飯倉章), 『제1차 세계대전사—풍자화로 보는 지도자들(第一次世界大戦史—諷刺画とともに見る指導者たち)』, 주오코론신샤(中央公論新社), 2016년

- 이다 게이스케(飯田敬輔), 『경제 패권의 행방—미·중이 호각인 시대와 일본이 나아갈 길(経済覇権のゆくえ—米中伯仲時代と日本の針路)』, 주오코론신샤(中央公論新社), 2013년

- 이이다 마사후미(飯田将史), 『해양으로 팽창하는 중국—강경화하는 공산당과 인민해방군(海洋へ膨張する中国—強硬化する共産党と人民解放軍)』, 가도카와매거진(角川マガジンズ), 2013년

- 이오키베 마코토(五百旗頭真), 『미·일 전쟁과 전후 일본(日米戦争と戦後日本)』, 고단샤(講談社), 2005년

- 이케다 기요시(池田清), 『해군과 일본(海軍と日本)』, 주오코론신샤(中央公論新社), 1981년

- 이시이 아키라(石井彰)·후지 가즈히코(藤和彦) 편저, 『세계를 움직이는 석유 전략(世界を動かす石油戦略)』, 지쿠마쇼보(筑摩書房), 2003년

- 이토 도시유키(伊藤俊幸), 「센카쿠제도 '위기'—급선무는 '해상 보안'의 확충이다(尖閣諸島'危機'—急務は'海保'の拡充だ)」, 『Foresight』(신초샤 웹버전[新潮社ウェブ版]), 2016년 8월 17일

- 이토 도시유키(伊藤俊幸), 「국제법을 무시하는 중국 '해양 국토'론(상·하)(国際法無視の中国'海洋国土'論[上·下])」, 『Foresight』(신초샤[新潮社ウェブ版]), 2017년 1월 26일, 27일

- 이노키 마사미치(猪木正道), 『군국 일본의 흥망—청일전쟁부터 중일전쟁으로(軍国日本の興亡—日清戦争から日中戦争へ)』, 주오코론신샤(中央公論新社), 1995년

- 이와시타 아키히로(岩下明裕), 『북방 영토 문제—4도 0도, 2도 아닌(北方領土問題—4でも0でも、2でもなく)』, 주오코론신샤(中央公論新社), 2005년

- 우시로가타 게이타로(後潟桂太郎), 『해양전략론—대국은 바다에서 어떻게 싸

울까(海洋戦略論—大国は海でどのように戦うのか)』, 게이소쇼보(勁草書房), 2019년

- 우메노 마오토시(梅野巨利), 『국제 자원 기업의 국유화(国際資源企業の国有化)』, 하쿠토쇼보(白桃書房), 1992년

- 우라노 다쓰오(浦野起央), 『남중국해의 영토 문제—분석·자료·문헌(南シナ海の領土問題—分析·資料·文献)』, 산와서적(三和書籍), 2015년

- 에토 준이치(江藤淳一), 「해양 경계 획정에 관한 국제 판례의 동향(海洋境界画定に関する国際判例の動向)」, 『국제문제(国際問題)』 제565호, 2007년

- 에토 세이시로(衛藤征士郎), 『바다의 평화를 지키다—해적 대처와 일본의 역할 <대담·좌담집 3>(海の平和を守る—海賊対処と日本の役割<対談·座談集三>)』, 니혼카이지신문사(日本海事新聞社), 2018년

- 에노모토 다마라(榎本珠良) 편저, 『국제정치사에서의 군축과 군비 관리(国際政治史における軍縮と軍備管理)』, 니혼게이자이평론사(日本経済評論社), 2017

- Robert Engler(세기 고타로[瀬木耿太郎] 번역), 『오일 머니(オイル·ロビー)』, 마이니치신문사(毎日新聞社), 1981년

- 오사카상선(大阪商船) 편저, 『오사카상선주식회사 50년사(大阪商船株式会社五十年史)』, 오사카상선주식회사(大阪商船株式会社), 1934년

- 오사카상선미쓰이선박 총무부 사사편찬실(大阪商船三井船舶総務部社史編纂室)·일본경제사연구소(日本経営史研究所) 편저, 『창업 100년사(創業百年史)』, 오사카상선미쓰이선박주식회사(大阪商船三井船舶株式会社), 1985년

- 오쓰카 히로시(大塚裕史), 「밀항(密航)」, 야마모토 소지(山本草二) 편저 『해상보안법제(海上保安法制)』 수록

- 오노 데쓰야(大野哲弥), 『국제통신사로 보는 메이지 시대의 일본(国際通信史でみる明治日本)』, 세이분샤(成文社), 2012년

- 오노 데쓰야(大野哲弥), 『통신의 세기—정보 기술과 국가 전략 150년사(通信の世紀—情報技術と国家戦略の一五〇年史)』, 신초샤(新潮社), 2018년

- 오카다 야스오(岡田泰男), 『미국의 경제사(アメリカの経済史)』, 게이오기주쿠대학교 출판회(慶應義塾大学出版会), 2000년

- 오카무라 시가코(岡村志嘉子), 「중국의 애국주의 교육에 관한 제 규정(中国の愛国主義教育に関する諸規定)」, 『레퍼런스(レファレンス)』 제647호, 2004년 12월

- 오카무라 시가코(岡村志嘉子), 「남중국해 주변국에 대한 중국의 외교 자세—베트남·필리핀과의 관계(南しな海周辺国に対する中国の外交姿勢—ベトナム·フィリピンとの関係)」, 『레퍼런스(レファレンス)』 제796호, 2017년 5월

- 오가와 사토시(小川聡)·오키 세이마(大木聖馬) 편저, 『영토 상실의 악몽—센카쿠·오키나와를 팔아넘기는 것은 누구인가(領土喪失の悪夢—尖閣·沖縄を売り渡すのはだれか)』, 신초샤(新潮社), 2014년

- 오쿠조니 준지(奥薗淳二), 「국제적 외부 환경의 변화와 해상보안청(国際的外部環

境の変化と海上安保庁)」, 『해상보안대학교 연구 보고<법문학계>(海保大研究報告<法文学系>)』제61권 제1호, 2016년

- 오쿠와키 나오야(奥脇直也), 「해상 집행 조치에서의 국제 협력(海上執行措置における国際協力)」 「국제법으로 본 국내법 정비의 과제(国際法から見た国内法整備の課題)」, 야마모토 소지(山本草二) 편저 『해상보안법제(海上保安法制)』 수록

- 오쿠와키 나오야(奥脇直也), 「해상 분쟁의 해결과 유엔 해양법 협약(海洋紛争の解決と国連海洋法条約)」, 『국제 문제(国際問題)』 제617호, 2012년 12월

- 오자키 시게요시(尾崎重義), 「센카쿠제도와 일본의 영유화(서론 2)(尖閣諸島と日本の領有権[緒論その2])」, 『도서연구저널(島嶼研究ジャーナル)』 제2권 제1호, 2012년

- 오다 시게루(小田滋), 『해양의 국제법 구조(海洋の国際法構造)』, 유신도(有信堂), 1956년

- 오다 시게루(小田滋), 『바다의 자원과 국제법Ⅰ(海の資源と国際法Ⅰ)』, 유희카쿠(有斐閣), 1971년

- 오다 시게루(小田滋), 『바다의 자원과 국제법Ⅱ(海の資源と国際法Ⅱ)』, 유희카쿠(有斐閣), 1972년

- 오다 시게루(小田滋), 『해양법 연구(海洋法研究)』, 유희카쿠(有斐閣), 1975년

- 오다 시게루(小田滋), 『국제법의 현장에서(国際法の現場から)』, 미네르바쇼보(ミネルヴァ書房), 2013년

- 고다카 야스시(小高泰), 「중국의 공세에 갈피를 못 잡는 베트남(中国の攻勢に戸惑うベトナム)」, 『해외사정(海外事情)』 제65권 제10호, 2017년 10월

- 오치 히토시(越智均), 「센카쿠제도를 둘러싼 중국의 동향 분석(尖閣諸島をめぐる中国の動向分析)」, 『해상보안대학교 연구 보고<법문학계>(海保大研究報告<法文学系>)』 제59권 제1호, 2014년

- 오하라 본지(小原凡司), 『중국의 군사전략(中国の軍事戦略)』, 도요게이자이신포샤(東洋経済新報社), 2014년

- 오하라 본지(小原凡司), 『세계를 위협하는 군사 대국 중국의 정체(世界を威嚇する軍事大国中国の正体)』, 도쿠마쇼텐(徳間書店), 2016년

- 해상자위대 간부학교(海上自衛隊幹部学校) 편저, 『해상자위대 간부학교 전략 연구(海幹校戦略研究)』, 각 연도 각 호

- 해상보안대학교(海上保安大学校) 편저, 『해상보안대학교 연구 보고(海保大研究報告)』, 각 연도 각 호

- 해상보안청(海上保安庁), 『해상 보안 리포트 2019(海上保安レポート2019)』, 해상보안청(海上保安庁), 2019년(각 연도판도 참조)

- 해상보안청(海上保安庁) 감수, 『해상보안육법<2019년도판>(海上保安六法<2019年度版>)』, 도쿠마쇼텐(徳間書店), 2019년

- 「해상보안청의 모든 것(海上保安庁のすべて)」, 『세계의 함선(世界の艦船)』, 제902

호, 2019년, 6월호 증간

- 외무성(外務省), 『외교청서 2019(레이와 시대 원년판)(外交青書二〇一九[令和元年版])』, 외무성(外務省), 2019년(각 연도판도 참조)

- 외무성 웹공개 자료(外務省ウェブ公開資料), 「바다의 법질서와 국제해양법재판소(海の法秩序と国際海洋法裁判所)」(2010년 7월 23일), 「유엔 해양법 협약과 일본(国連海洋法条約と日本)」(2018년 3월), 「대륙붕한계위원회(大陸棚限界委員会)」(2018년 6월 12일), 「해양의 국제법 질서와 유엔 해양법 협약(海洋の国際法秩序と国連海洋法条約)」(2018년 6월 25일)

- 외무성 경제국 해양과(外務省経済局海洋課) 감수, 『영·일 대역―유엔 해양법 협약<정역>(英和対訳―国連海洋法条約<正訳>)』, 일본해양협회(日本海洋協会), 1997년

- 해양정책연구재단(海洋政策研究財団) 편저, 『중국의 해양 진출―혼란스러운 동아시아 해양권과 각국의 대응(中国の海洋進出―混迷の東アジア海洋圏と各国対応)』, 도쿠마쇼텐(徳間書店), 2013년

- 가잔카이(霞山会) 편저, 『동아 East Asia(東亜 East Asia)』, 월간 각 호

- 가지와라 미즈호(梶原みずほ), 『미국 태평양군―미·일이 융합하는 세계 최강의 집단(アメリカ太平洋軍―日米が融合する世界最強の集団)』, 고단샤(講談社) 2017년

- 가쓰마타 히데미치(勝股秀通), 『자위대, 행동하다―센카쿠·동서제도를 둘러싼 공방(自衛隊, 動く―尖閣·東西諸島をめぐる攻防)』, Wedge, 2014년

- 가토 기요후미(加藤聖文), 『'대일본 제국' 붕괴―동아시아의 1945년('大日本帝国'崩壊―東アジアの1945年)』, 주오코론신샤(中央公論新社), 2009년

- 가네하라 아쓰코(兼原敦子), 「집행 절차에 있어서의 특별 사정―실체적 기반과 절차적 기반으로 본 추적권의 전개(執行手続きにおける特別事情―実体的基盤と手続的基盤から見た追跡権の展開)」, 야마모토 소지(山本草二) 편저 『해상보안법제(海上保安法制)』 수록

- 가네하라 아쓰코(兼原敦子), 「배타적 경제수역 연안국의 권리―아크틱 선라이즈호 사건을 소재로(排他的経済水域の沿岸国の権利―アークティック·サンライズ号事件を素材として)」, 『조치법학론집(上智法学論集)』 제60권, 2017년 3월

- 가네하라 아쓰코(兼原敦子), 「남중국해 중재 판단(본안)으로 보는 국제법의 타당성 논리(南シナ海仲裁判断[本案]にみる国際法の妥当性の論理)」, 『국제문제(国際問題)』 제659호, 2017년 3월

- 가네하라 노부가쓰(兼原信克), 『전략외교원론(戦略外交原論)』, 니혼게이자이신문출판사(日本経済新聞出版社), 2011년

- Robert. D. Kaplan(오쿠야마 마사시[奥山真司] 번역), 『남중국해가 '중국해'가 되는 날―중국 해양 패권의 야망(南シナ海が'中国海'になる日―中国海洋覇権の野望)』, 고단샤(講談社), 2016년

- 가모 도모키(加茂具樹) 편저, 『중국 대외 행동의 원천(中国対外行動の源泉)』, 게이

오기주쿠대학교 출판회(慶應義塾大学出版会), 2017년

- 가야하라 이쿠오(茅原郁生), 『중국 인민해방군―'시진핑 군사 개혁'의 실상과 한계(中国人民解放軍―'習近平軍事改革'の実像と限界)』, PHP연구소(PHP研究所), 2018년

- 가와카미 다카시(川上高司), 『미군의 전방 전개와 미·일 동맹(米軍の前方展開と日米同盟)』, 도분칸출판(同文舘出版), 2004년

- 가와사키기선(주)(川崎汽船[株]) 편저, 『가와사키기선 50년사(川崎汽船五十年史)』, 가와사키기선주식회사(川崎汽船株式会社), 1967년

- 가와사키기선(주)(川崎汽船[株]) 편저, 『가와사키기선 100년사(川崎汽船100年史)』, 가와사키기선주식회사(川崎汽船株式会社), 2019년

- 가와시마 신(川島真), 『중국의 프런티어―요동치는 경계에서 생각하다(中国のフロンティア―揺れ動く境界から考える)』, 이와나미쇼텐(岩波書店), 2017년

- 가와노 마리코(河野真理子), 「남중국해 재판의 절차와 판단 실시의 전망(南シナ海仲裁の手続と判断実施の展望)」, 『국제문제(国際問題)』 제659호, 2017년

- 가와노 마리코(河野真理子), 「관할권 판결과 잠정 조치 명령으로 본 유엔 해양법 협약하에서의 강제적 분쟁 해결제도의 의의와 한계(管轄権判決と暫定措置命令から見た国連海洋法条約の下での強制的紛争解決制度の意義と限界)」, 『국제법의 실천―고마쓰 이치로 대사 추도(国際法の実践―小松一郎大使追悼)』, 신잔샤(信山社), 2015년

- 가와무라 스미히코(川村純彦), 『센카쿠를 손에 넣으러 오는 중국 해군의 실력―자위대는 어떻게 맞서는가(尖閣を獲りに来る中国海軍の実力―自衛隊はいかに立ち向かうか)』, 쇼가쿠칸(小学館), 2012년

- 기타오카 신이치(北岡伸一), 『고토 신페이―외교와 비전(後藤新平―外交とヴィジョン)』, 주오코론신샤(中央公論新社), 1988년

- 기타오카 신이치(北岡伸一), 『문호 개방 정책과 일본(門戸開放政策と日本)』, 도쿄대학교 출판회(東京大学出版会), 2015년

- 기타오카 신이치(北岡伸一), 『세계지도를 다시 읽다―협력과 균형의 지정학(世界地図を読み直す―協力と均衡の地政学)』, 신초샤(新潮社), 2019년

- 기타가와 가요코(北川佳世子), 「밀수와 조직 범죄(密輸と組織犯罪)」, 야마모토 소지(山本草二) 편저 『해상보안법제(海上保安法制)』 수록

- 기타가와 게이조(北川敬三), 「네이벌 아카데미즘의 탄생―스티븐 루스의 해군 개혁(ネイバルアカデミズムの誕生―スティーヴン·ルースの海軍改革)」, 다도코로 마사유키(田所昌幸)·아가와 나오유키(阿川尚之) 편저 『해군 국가로서의 미국(海洋国家としてのアメリカ)』 수록

- 기카와 다케오(橘川武郎), 『전전 일본의 석유 공방전―1934년 석유업법과 외국 석유 회사(戦前日本の石油攻防戦――一九三四年石油業法と外国石油会社)』, 미네르바쇼보(ミネルヴァ書房), 2012년

- 기바타 요이치(木畑洋一), 『20세기의 역사(二〇世紀の歴史)』, 이와나미쇼텐(岩波書店), 2014년
- 기바타 요이치(木畑洋一), 『제국 항로를 가다—영국 식민지와 근대 일본(帝国航路を往く—イギリス植民地と近代日本)』, 이와나미쇼텐(岩波書店), 2018년
- 기미즈카 나오타카(君塚直隆), 『팍스 브리태니카의 영국 외교—파머스턴과 회의외교의 시대(パクス・ブリタニカのイギリス外交—パーマストンと会議外交の時代)』, 유희카쿠(有斐閣), 2006년
- 기미즈카 나오타카(君塚直隆), 『빅토리아 여왕—대영제국의 '전투하는 여왕'(ヴィクトリア女王—大英帝国の'戦う女王')』, 주오코론신샤(中央公論新社), 2007년
- 기미즈카 나오타카(君塚直隆)·호소야 유이치(細谷雄一)·나가노 다카유키(永野隆行) 편저, 『영국과 미국—세계 질서를 구축한 400년(イギリスとアメリカ—世界秩序を築いた四百年)』, 게이소쇼보(勁草書房), 2016년
- 구라시나 다케시(倉品剛), 「미국 연안경비대의 제도 분석—십라이더 제도의 사례 분석으로 본 성립 요건(米国コーストガードの制度分析—シップライダー制度の事例分析から見た成立要件)」, 『해상보안대학교 연구 보고<법문학계>(海保大研究報告<法文学系>)』 제61권 제2호, 2017년
- 구리바야시 다다오(栗林忠男)·스기하라 다카네(杉原高嶺) 편저, 『해양법의 역사적 전개(현대 해양법의 조류 제1권)(海洋法の歴史的展開[現代海洋法の潮流 第一巻])』, 유신도코분샤(有信堂高文社), 2004년
- Michael T. Klare(시바타 야스시[柴田裕之] 번역), 『피와 기름—미국의 석유 획득 전쟁(血と油—アメリカの石油獲得戦争)』, 일본방송출판협회(日本放送出版協会), 2004년
- 고이케 시게루(小池滋)·와쿠다 야스오(和久田康雄)·아오키 에이치(青木栄一) 편저, 『철도의 세계사(鉄道の世界史)』, 유쇼칸(悠書館), 2010년
- 고이즈미 유(小泉悠), 『제국 러시아의 지정학—세력권으로 읽는 유라시아 전략(帝国ロシアの地政学—勢力圏で読むユーラシア戦略)』, 도쿄도출판(東京堂出版), 2019년
- 고사카 마사타카(高坂正堯), 『해양 국가 일본의 구상(海洋国家日本の構想)』, 주오코론신샤(中央公論新社), 2008년
- 고다 요지(香田洋二), 『찬성·반대를 말하기 전에 집단적 자위권 입문(賛成・反対を言う前の集団的自衛権入門)』, 겐토샤(幻冬舎), 2014년
- 고쿠분 료세이(国分良成), 『중국 정치로 본 중·일 관계(中国政治からみた日中関係)』, 이와나미쇼텐(岩波書店), 2017년
- 고타니 겐(小谷賢), 『영·일 인텔리전스 전쟁사—처칠과 태평양전쟁(日英インテリジェンス戦史—チャーチルと太平洋戦争)』, 하야카와쇼보(早川書房), 2019년
- 고타니 슌스케(小谷俊介), 「남중국해에서의 중국 해양 진출 및 '해양 권익' 유지 활동에 관하여(南シナ海における中国の海洋進出および'海洋権益'維持活動について)」, 『레퍼런스(レファレンス)』 제754호, 2013년 11월

- 고타니 세쓰오(小谷節男), 『미국 석유공업의 성립(アメリカ石油工業の成立)』, 간사이대학교 출판부(関西大学出版部), 2000년

- 고타니 데쓰오(小谷哲男), 「중국이 위협하는 해양 안보 보장(中国が脅かす海洋安保保障)」, 니혼사이켄이니셔티브(日本再建イニシアティブ)『현대 일본의 지정학(現代日本の地政学)』수록

- 고타니 데쓰오(小谷哲男), 「남중국해 재판 판결 후의 동중국해—남중국해 문제와의 상관 관계(南シナ海仲裁判断後の東シナ海—南シナ海問題との相関関係)」, 『국제문제(国際問題)』제659호, 2017년 3월

- 고테라 아키라(小寺彰), 「영해 밖 연안 해역에서의 집행 조치—접속수역·배타적 경제수역·대륙붕에 대한 연안국 권한과 그 근거(領海外沿岸海域における執行措置—接続水域·排他的経済水域·大陸棚における沿岸国権限とその根拠)」, 야마모토 소지(山本草二) 편저『해상보안법제(海上保安法制)』수록

- 고바시 마사아키(小橋雅明), 「운수 정책 토픽 '영해 등에서의 외국 선박의 항행에 관한 법률'에 관하여(運輸政策トピックス'領海等における外国船舶の航行に関する法律'について)」, 『운수정책연구(運輸政策研究)』제11권 제3호, 2008년

- 우시천(呉士存) (추첸룽[朱建栄] 번역), 『중국과 난사제도 분쟁—문제의 기원, 경위와 '중재 재정' 후의 전망(中国と南沙諸島紛争—問題の起源, 経緯と'仲裁裁定'後の展望)』, 가덴샤(花伝社), 2017년

- Steve Coll(모리 요시마사[森義雅] 번역), 『석유의 제국—엑슨 모빌과 미국의 슈퍼파워(石油の帝国—エクソンモービルとアメリカのスパーパワー)』, 다이아몬드사(ダイヤモンド社), 2014년

- 사이토 마코토(齋藤誠), 「해상 집행 조치의 조직법과 작용법(海上執行措置の組織法と作用法)」·「국제법의 국내법화와 해상 보안제도의 정비—국내법의 관점에서(国際法の国内法化と海上保安制度の整備—国内法の観点から)」, 야마모토 소지(山本草二) 편저『해상보안법제(海上保安法制)』수록,

- 사이토 미치히코(齋藤道彦), 『남중국해 문제 총론(南シナ海問題総論)』, 주오대학교 출판부(中央大学出版部), 2019년

- 사카모토 가즈야(坂元一哉), 『미·일 동맹의 유대—안보 조약과 상호성의 모색(日米同盟の絆—安保条約と相互性の模索)』, 유희카쿠(有斐閣), 2000년

- 사카모토 시게키(坂元茂樹), 「영해(領海)」, 야마모토 소지(山本草二) 편저『해상보안법제(海上安保法制)』수록

- 사카모토 시게키(坂元茂樹), 「센카쿠제도를 둘러싼 중국 국내법 분석(尖閣諸島をめぐる中国国内法の分析)」, 『도서연구저널(島嶼研究ジャーナル)』제4권 제1호, 2014년

- 사카모토 시게키(坂元茂樹), 『일본 해양 정책과 해양법(日本の海洋政策と海洋法)』, 신잔샤(信山社), 2018년

- 사카모토 시게키(坂元茂樹) 편저, 『국제해협(国際海峡)』, 도신도(東信堂), 2015년

- 사사카와평화재단 해양정책연구소(笹川平和財団海洋政策研究所) 편저, 『해양 안전보장 정보 계보(구 해양 정보 계보)(海洋安全保障情報季報[旧海洋情報季報])』(각 연도판)
- 사사카와평화재단 해양정책연구소(笹川平和財団海洋政策研究所) 편저, 『해양 백서 2019(海洋白書2019)』(각 연도판)
- 사사키 유이치(佐々木雄一), 『무쓰 무네미쓰—'일본 외교의 시조'의 생애(陸奥宗光—'日本外交の祖'の生涯)』, 주오코론신샤(中央公論新社), 2018년
- 사토 고이치(佐藤考一), 「중국과 '변경' 해양 국경—남중국해 지도상의 U자선을 둘러싼 문제(中国と'辺疆'海洋国境—南シナ海の地図上のU字線をめぐる問題)」, 『경계연구(境界研究)』(홋카이도대학교 슬라브유라시아연구센터[北海道大学スラブ・ユーラシア研究センター]) 제1호, 2010년
- 사토 고이치(佐藤考一), 『'중국위협론'과 ASEAN 제국—안전보장·경제에 관한 회의외교의 전개('中国脅威論'とASEAN諸国—安全保障·経済をめぐる会議外交の展開)』, 게이소쇼보(勁草書房), 2012년
- 사토 다카히로(佐藤任弘), 『해양과 대륙붕(海洋と大陸棚)』, 교리쓰출판(共立出版), 1970년
- 사토 다카히로(佐藤任弘), 『심해저와 대륙붕(深海底と大陸棚)』, 교리쓰출판(共立出版), 1981년
- 사토 마사루(佐藤優), 『써먹을 수 있는 지정학—일본의 큰 문제를 해설하다(使える地政学—日本の大問題を読み解く)』, 아사히신문출판(朝日新聞出版), 2016
- 사토 마사루(佐藤優), 『현대의 지정학(現代の地政学)』, 쇼분샤(晶文社), 2016년
- 사토 유지(佐藤雄二), 『파도를 넘어서—인간 신화 해상보안청 장관의 중대 사안 파일(波濤を超えて—叩き上げ海保長官の重大事案ファイル)』, 문예춘추(文藝春秋), 2019년
- 시노다 히데아키(篠田英朗), 『국제사회의 질서(国際社会の秩序)』, 도쿄대학교 출판회(東京大学出版会), 2007년
- 시노하라 하쓰에(篠原初枝), 『국제연맹—세계 평화에 대한 꿈의 좌절(国際連盟—世界平和への夢の挫折)』, 주오코론신샤(中央公論新社), 2010년
- 시마다 유키오(島田征夫), 『개국 후 일본이 받아들인 국제법—19세기의 관습국제법 연구(開国後日本が受け入れた国際法—19世紀のおける慣習国際法の研究)』, 세이분도(成文堂), 2013년
- 시마무라 나오유키(島村直幸), 『'억제와 균형'의 미국 정치 외교—역사·구조·프로세스('抑制と均衡'のアメリカ政治外交—歴史·構造·プロセス)』, 미네르바쇼보(ミネルヴァ書房), 2018년
- 시모다이라 다쿠야(下平拓哉), 『일본의 해상 권력—작전술의 의의와 실천(日本の海上権力—作戦術の意義と実践)』, 세이분도(成文堂), 2018년

- Ronald B. Shuman(세계경제조사회[世界経済調査会] 번역), 『미국의 석유 산업(アメリ
  カの石油産業)』, 세계경제조사회(世界経済調査会), 1942년

- JOGMEC(석유천연가스금속광물자원기구[石油天然ガス金属鉱物資源機構]) 조사부 편저,
  『석유 자원의 행방―석유 자원은 앞으로 얼마나 남았을까(石油資源の行方―石
  油資源はあとどれくらいあるのか)』, 코로나샤(コロナ社), 2009년

- 시라이시 다카시(白石隆), 『바다의 제국―아시아를 어떻게 생각할까(海の帝
  国―アジアをどう考えるか)』, 주오코론신샤(中央公論新社), 2000년

- 스기타 히로키(杉田弘毅), 『'포스트 글로벌 시대'의 지정학('ポスト·グローバル時代'
  の地政学)』, 신초샤(新潮社), 2017년

- 스기하라 다카네(杉原高嶺), 『해양법과 통항권(海洋法と通航権)』, 일본해양협회(日
  本海洋協会) 1991년

- 스즈키 유지(鈴木祐二), 「해정학의 시도(1·2·3)(海政学の試み[一·二·三])」, 『해외 사
  정(海外事情)』 2017년 3월, 2018년 3·4월, 2019년 3·4월

- James Stavridis(키타가와 도모코[北川知子] 번역), 『바다의 지정학―해군 제독이
  이야기하는 역사와 전략(海の地政学―海軍提督が語る歴史と戦略)』, 하야카와쇼보
  (早川書房), 2017년

- Tom Standage(핫토리 가쓰라[服部桂] 번역), 『빅토리아 왕조 시대의 인터넷(ヴィク
  トリア朝時代のインターネット)』, NTT출판(NTT出版), 2011년

- 스도 시게루(須藤繁), 『석유 지정학의 새로운 요소―석유 사정에 영향을 끼
  친 제 요인(石油地政学の新要素―石油事情に影響を与えれる諸要因)』, 도유칸(同友館),
  2010년

- Nicholas John Spykman(오쿠야마 마사시[奥山真司] 번역), 『평화의 지정학―미
  국 세계 전략의 원점(平和の地政学―アメリカ世界戦略の原点)』, 후요쇼보출판(芙蓉書
  房出版), 2008년

- 세타 마코토(瀬田真), 『해양 통치의 국제법―보편적 관할권과 실마리로서(海洋
  ガバナンスの国際法―普遍的管轄権と手掛かりとして)』, 산세이도(三省堂), 2016년

- 세리타 겐타로(芹田健太郎), 『섬의 영유와 경제수역의 경계 획정(島の領有と経済
  水域の境界画定)』, 유신도코분샤(有信堂高文社), 1999년

- 첸지천(銭其琛) (하마모토 료이치[濱本良一] 번역), 『첸지천 회상록―중국 외교 20년
  의 증언(銭其琛回顧録―中国外交二〇年の証言)』, 도요쇼인(東洋書院), 2006년

- 전일본해원조합 15년사편찬위원회(全日本海員組合十五年史編纂委員会) 편저, 『전
  일본해원조합 15년사(全日本海員組合十五年史)』, 전일본해원조합(全日本海員組合),
  1963년

- 전일본해원조합 일본경영연구소(全日本海員組合日本経営史研究所) 편저, 『전일본
  해원조합 40년사―해상 노동운동 70년의 흐름(全日本海員組合四十年史―海上労
  働運動七十年の歩み)』, 전일본해원조합(全日本海員組合), 1986년

- 전일본해원조합(全日本海員組合) 편저, 『바다 더욱 깊게—징용된 선원의 비극(상·하)(海なお深く—徴用された船員の悲劇[上·下])』, 전일본해원복지센터(全日本海員福祉センター), 2017년

- 전몰한 배와 해원의 자료관(戦没した船と海員の資料館) 편저, 『전몰선 사진집(戦役船写真集)』, 전일본해원조합(全日本海員組合), 2001년

- 소무라 야스노부(曽村保信), 『해양과 국제 정치(海洋と国際政治)』, 고미네쇼텐(小峰書店), 1970년

- 소무라 야스노부(曽村保信), 『지정학 입문—외교 전략의 정치학(地政学入門—外交戦略の政治学)』, 주오코론샤(中央公論社), 1984년

- 소무라 야스노부(曽村保信), 『바다의 정치학—바다는 누구의 것인가(海の政治学—海はだれのものか)』, 주오코론샤(中央公論社), 1988년

- 다카이 스스무(高井晉), 「한국 독도 영유론의 재음미(韓国竹島領有論の再吟味)」, 『도서연구저널(島嶼研究ジャーナル)』 제2권 제1호, 2012년

- 다카이 스스무(高井晉), 「대일 평화조약 2조와 일본 고유의 영토(対日平和条約2条と日本固有の領土)」, 『도서연구저널(島嶼研究ジャーナル)』 제4권 제1호, 2014년

- 다카바야시 히데오(高林秀雄), 『영해 제도의 연구<제3판>—해양법의 역사(領海制度の研究<第3版>—海洋法の歴史)』, 유신도코분샤(有信堂高文社), 1987년

- 다카바야시 히데오(高林秀雄), 『유엔 해양법 협약의 성과와 과제(国連海洋法条約の成果と課題)』, 도신도(東信堂), 1996년

- 다카하라 아키오(高原明生)·마에다 히로코(前田宏子) 편저, 『개발주의의 시대로 1972~2014<시리즈 중국 근현대사(5)>(開発主義の時代へ1972—2014<シリーズ中国近現代史(五)>)』, 이와나미쇼텐(岩波書店), 2014년

- 다카하라 아키오(高原明生), 「중재 판단 후의 남중국해를 둘러싼 중국 외교(仲裁判断後の南シナ海をめぐる中国外交)」, 『국제문제(国際問題)』 제659호, 2017년 3월

- 다케다 이사미(竹田いさみ), 『이야기 오스트레일리아의 역사—다문화 미들파워의 실험(物語オーストラリアの歴史—多文化ミドルパワーの実験)』, 주오코론신샤(中央公論新社), 2000년

- 다케다 이사미(竹田いさみ), 『세계사를 만든 해적(世界史をつくった海賊)』, 지쿠마쇼보(筑摩書房), 2011년

- 다케다 이사미(竹田いさみ), 『세계를 움직이는 해적(世界を動かす海賊)』, 지쿠마쇼보(筑摩書房), 2013년

- 다케다 이사미(竹田いさみ), 「중국의 남중국해 진출 최전선—하이난섬과 거점에 전개한 전략과 전술이란?(中国の南シナ海進出最前線—海南島と拠点に展開された戦略と戦術とは?)」, 『Voice』 2017년 2월

- 다지마 다카시(田島高志) (다카하라 아키오[高原明生]·이노우에 마사야[井上正也] 편집 협력), 『외교 증언록—중·일 평화우호조약 교섭과 덩샤오핑의 일본 방문(外交証言

録一日中平和友好条約交渉と鄧小平来日)』, 이와나미쇼텐(岩波書店), 2018년

- 다치카와 교이치(立川京一)·이시즈 도모유키(石津朋之)·미치시타 나루시게(道下
  德成)·쓰카모토 가쓰야(塚本勝也) 편저, 『시 파워―그 이론과 실천<시리즈 군
  사력의 본질2>(シー・パワー――その理論と実践<シリーズ軍事力の本質2>)』, 후요쇼보출
  판(芙蓉書房出版), 2008년

- 다도코로 마사유키(田所昌幸) 편저, 『로열 네이비와 팍스 브리타니카(ロイヤル・
  ネイヴィーとパクス・ブリタニカ)』, 유희카쿠(有斐閣), 2006년

- 다도코로 마사유키(田所昌幸)·아가와 나오유키(阿川尚之) 편저, 『해양 국가로서
  의 미국―팍스 아메리카나로 가는 길(海洋国家としてのアメリカ―パクス・アメリカ
  ―ナへの道)』, 지쿠라쇼보(千倉書房), 2013년

- 다나카 도시유키(田中利幸), 「해양 집행 조치 법령의 국내법 체계에서의 지위
  (海洋執行措置法令の国内法体系における地位)」, 야마모토 소지(山本草二) 편저 『해상
  보안법제(海上保安法制)』 수록

- 다나카 노리오(田中則夫), 『국제 해양법의 현대적 형성(国際海洋法の現代的形成)』,
  도신도(東信堂), 2015년

- 다나카 요시후미(田中嘉文), 「유엔 해양법 협약 체제의 현대적 과제와 전망(国連
  海洋法条約体制の現代的課題と展望)」, 『국제문제(国際問題)』 제617호, 2102년 12월

- 다무라 시게루(田村茂) 편저, 『바다, 배, 그리고 해운―우리나라의 해운과 함
  께 걸어온 야마가타기념재단의 70년(海, 船, そして海運―わが国の海運とともに歩ん
  だ山縣記念財団の70年)』, 야마가타기념재단(山縣記念財団), 2012년

- 중국종합연구소 편집위원회(中国綜合研究所編集委員会) 편저, 『현행 중화인민공
  화국 육법(現行中華人民共和国六法)』, 교세이(ぎょうせい), 각 연도

- 쓰카모토 다카시(塚本孝), 「대일 평화조약과 독도의 법적 지위(対日平和条約と竹
  島の法的地位)」, 『도서연구저널(島嶼研究ジャーナル)』 제2권 제1호, 2012년

- 쓰치야 모토히로(土屋大洋), 「해저 케이블과 통신 패권―전신 국가 대영제국
  에서 인터넷 국가 미국으로(海底ケーブルと通信覇権―電信の大英帝国からインターネ
  ットのアメリカへ)」, 다도코로 마사유키(田所昌幸)·아가와 나오유키(阿川尚之) 편저
  『해양 국가로서의 미국(海洋国家としてのアメリカ)』 수록

- 쓰치야 모토히로(土屋大洋) 편저, 『미국 태평양군의 연구―인도·태평양의 안
  전보장(アメリカ太平洋軍の研究―インド・太平洋の安全保障)』, 지쿠라쇼보(千倉書房),
  2018년

- 쓰쓰이 기요타다(筒井清忠) 편저, 『쇼와 시대 역사 강의<2>―전문 연구자가
  보는 전쟁으로의 길(昭和史講義<二>―専門研究者が見る戦争への道)』, 지쿠마쇼보(筑
  摩書房), 2016년

- 쓰루 야스코(都留康子), 「미국과 유엔 해양법 협약―'신화'는 뛰어넘을 수 있
  을까(アメリカと国連海洋法条約―'神話'は乗り越えられるのか)」, 『국제문제(国際問題)』
  제617호, 2012년 12월

- 쓰루 야스코(都留康子), 「유엔 해양법 협약과 일본 외교―요구되는 해양국가상(国連海洋法条約と日本外交―問われる海洋国家像)」, 글로벌거버넌스학회(グローバル・ガバナンス学会) 편저『글로벌 거버넌스학Ⅰ(グローバル・ガバナンス学I)』, 호리쓰분카샤(法律文化社), 2018년

- 쓰루타 준(鶴田順), 『국제법 강의―부교재(国際法講義―副読本)』, 세이분도(成文堂), 2018년

- 쓰루타 준(鶴田順) 편저, 『해적 대처법 연구(海賊対処法の研究)』, 유신도코분샤(有信堂高文社), 2016년

- Klaus Dodds(노다 마키토[野田牧人] 번역), 『지정학이란 무엇인가(地政学とは何か)』, NTT출판(NTT出版), 2012년

- Harry S. Truman(가세 도시카즈[加瀬俊一] 감수, 호리에 요시타카[堀江芳孝] 번역), 『트루먼 회고록<1>―결단의 해(トルーマン回顧録<1>―決断の年)』, 고분샤(恒文社), 1966년

- Harry S. Truman(가세 도시카즈[加瀬俊一] 감수, 호리에 요시타카[堀江芳孝] 번역), 『트루먼 회고록<2>―시련과 희망의 해(トルーマン回顧録<2>―試練と希望の年)』, 고분샤(恒文社), 1966년

- 나이가이출판(内外出版) 편저, 『방위실무소육법<2019년판>(防衛実務小六法<平成31年版>)』, 나이가이출판(内外出版), 2019년

- 나카오 다쿠미(中尾巧)・다치유 이치로(城祐一郎)・다케나카 유카리(竹中ゆかり)・다니구치 도시오(谷口俊男) 편저, 『해사 범죄―이론과 수사(海事犯罪―理論と捜査)』, 다치바나쇼보(立花書房), 2010년

- 나가시마 아키히사(長島昭久), 『'활미'라는 방식―외교・안전보장의 리얼리즘('活米'という流儀―外交・安全保障のリアリズム)』, 고단샤(講談社), 2013년

- 나카타니 가즈히로(中谷和弘), 「남중국해 필리핀・중국 재판 판결과 해양에서의 법 지배(南シナ海比中仲裁判断と海洋における法の支配)」, 『국제문제(国際問題)』 제659호, 2017년 3월

- 나카쓰 고지(中津孝司), 『에너지 자원 쟁탈전의 심층―국제 에너지 기업의 서바이벌 전략(エネルギー資源争奪戦の深層―国際エネルギー企業のサバイバル戦略)』, 소세이샤(創成社), 2005년

- 나카노 가쓰야(中野勝哉), 「내수(内水)」, 야마모토 소지(山本草二) 편저 『해상보안 법제(海上保安法制)』 수록

- 나야 마사쓰구(納家政嗣)・나가노 다카유키(永野隆行) 편저, 『제국의 유산과 현대 국제 관계(帝国の遺産と現代国際関係)』, 게이소쇼보(勁草書房), 2017년

- 니시카와 다케오미(西川武臣), 『페리 내항―일본・류큐를 뒤흔든 412일간(ペリー来航―日本・琉球を揺るがした412日間)』, 주오코론신샤(中央公論新社), 2017년

- 니시쿠라 가즈요시(西倉一喜), 「중국 영해법 제정 과정에 대한 재검증―'센카

쿠열도' 명기를 둘러싼 내부 대립(中国領海法制定過程についての再検証―'尖閣諸島'明記をめぐる内部対立)」,『류코쿠법학(龍谷法学)』제48권 제1호, 2015년 10월

- 니시하라 마사시(西原正) 감수(평화안전보장연구소[平和安全保障研究所] 편저),『아시아의 안전보장(アジアの安全保障)』, 아사구모신문사(朝雲新聞社), 각 연도판

- 니시무라 유미(西村弓),「외국 선박에 대한 집행 관할 행사에 동반되는 국가의 책무(外国船舶に対する執行管轄行使に伴う国家の責務)」, 야마모토 소지(山本草二) 편저 『해양보안법제(海洋保安法制)』수록

- 닛폰유센(日本郵船) 편저,『70년사(七十年史)』, 닛폰유센주식회사(日本郵船株式会社), 1956년

- 닛폰유센 홍보그룹(日本郵船広報グループ) 편저,『항적―닛폰유센 창업 120주년 기념(航跡―日本郵船創業120周年記念)』, 닛폰유센주식회사(日本郵船株式会社), 2004년

- 닛폰유센 총무부 홍보실(日本郵船総務部弘報室) 편저,『일곱 개의 바다에서 1세기―닛폰유센 창업 100주년 기념 선박 사진집(七つの海で一世紀―日本郵船創業100周年記念船舶写真集)』, 닛폰유센주식회사(日本郵船株式会社), 1985년

- 닛폰유센역사박물관(日本郵船歴史博物館) 편저,『닛폰유센역사박물관―상설 전시 해설서(日本郵船歴史博物館―常設展示解説書)』, 닛폰유센주식회사(日本郵船株式会社), 2005년

- 일본안전보장전략연구소(日本安全保障戦略研究所) 편저,『중국의 해양 침략 진출을 받아들이다―일본의 대중 방위전략(中国の海洋侵出を迎え込む―日本の対中防衛戦略)』, 고쿠쇼칸코카이(国書刊行会), 2017년

- 일본에너지경제연구소·석유천연가스금속광물자원기구(日本エネルギー経済研究所·石油天然ガス金属鉱物資源機構) 편저,『석유·천연가스 개발의 구조―기술·광구계약·가격과 비즈니스 모델(石油·天然ガス開発のしくみ―技術·鉱区契約·価格とビジネスモデル)』, 가가쿠코교일보(化学工業日報社), 2013년

- 니혼사이켄이니셔티브(日本再建イニシアティブ),『민주당 정권 실패의 검증―일본 정치는 무엇을 살리는가(民主党政権 失敗の検証―日本政治は何を活かすか)』, 주오코론신샤(中央公論新社), 2013년

- 니혼사이켄이니셔티브(日本再建イニシアティブ),『현대 일본의 지정학―13의 리스크와 지정학의 시대(現代日本の地政学―13のリスクと地政学の時代)』, 주오코론신샤(中央公論新社), 2017년

- 일본선주협회(日本船主協会) 편저,『일본선주협회 연혁사(日本船主協会沿革史)』, 일본선주협회(日本船主協会), 1936년

- 일본선주협회(日本船主協会) 편저,『일본선주협회 50년사(日本船主協会50年史)』, 일본선주협회(日本船主協会), 1997년

- 노나카 이쿠지로(野中郁次郎),『미국 해병대―비영리형 조직의 자기 혁신(アメリカ海兵隊―非営利型組織の自己革新)』, 주오코론샤(中央公論社), 1995년

- William T. Burke(시노하라 다카시[篠原孝] 감수), 『해양법과 어업―1982 유엔 해양법 협약과 그 후(海洋法と漁業―1982国連海洋法条約とその後)』, 신스이산신문사(新水産新聞社), 1996년

- 하타나카 요시키(畑中美樹), 『석유 지정학―중동과 미국(石油地政学―中東とアメリカ)』, 주오코론신샤(中央公論新社), 2003년

- 하타나카 요시키(畑中美樹), 『오일 머니(オイルマネー)』, 고단샤(講談社), 2008

- 하마카와 교코(濱川今日子), 「동중국해의 중·일 경계 획정 문제―국제법으로 본 가스전 개발 문제(東シナ海における日中境界画定問題―国際法から見たガス田開発問題)」, 『조사와 정보(調査と情報)』 제547호, 2006년 6월

- 하야시 히사시게(林久茂)·야마테 하루유키(山手治之)·고자이 시게루(香西茂) 편저, 『해양법의 새로운 질서(海洋法の新秩序)』, 도신도(東信堂) 1993년

- 하야시 모리타카(林司宣), 『현대 해양법의 생성과 과제(現代海洋法の生成と課題)』, 신잔샤출판(信山社出版), 2008년

- 하야시 모리타카(林司宣), 「섬의 해역과 해면 상승(島の海域と海面上昇)」, 『도서연구저널(島嶼研究ジャーナル)』 제2권 제1호, 2012년

- 하야시 모리타카(林司宣)·시마다 유키오(島田征夫)·고가 마모루(古賀衞), 『국제해양법<제2판>(国際海洋法<第二版>)』, 유신도코분샤(有信堂高文社), 2016년

- William J. Bernstein(오니자와 시노부[鬼澤忍] 번역), 『화려한 교역―무역은 세계를 어떻게 바꾸었는가(華麗なる交易―貿易は世界をどう変えたか)』, 니혼게이자이신문출판(日本経済新聞出版), 2010년

- 히라카와 아라타(平川新), 『전국 일본과 대항해 시대―히데요시·이에야스·마사무네의 외교 전략(戦国日本と大航海時代―秀吉·家康·政宗の外交戦略)』, 주오코론신샤(中央公論新社), 2018년

- 히라마쓰 시게오(平松茂雄), 『중국군 현대화와 국방 경제(中国軍現代化と国防経済)』, 게이소쇼보(勁草書房), 2000년

- 히라마쓰 시게오(平松茂雄), 『중국의 전략적 해양 진출(中国の戦略的海洋進出)』, 게이소쇼보(勁草書房), 2002년

- Michael Fabey(아카네 요코[赤根洋子] 번역), 『미·중 해전은 이미 시작되었다―21세기의 태평양전쟁(米中海戦はもう始まっている―21世紀の太平洋戦争)』, 문예춘추(文藝春秋), 2018년

- 후카마치 기미노부(深町公信), 「위법 어업 활동(違法漁業活動)」, 야마모토 소지(山本草二) 편저 『해상보안법 제(海上保安法制)』 수록

- 후쿠야마 준조(福山潤三), 「해상보안청의 국제 활동(海上保安庁の国際活動)」, 『레퍼런스(レファレンス)』 제708호, 2010년 1월

- 후나바시 요이치(船橋洋一), 『21세기 지정학 입문(21世紀地政学入門)』, 문예춘추(文藝春秋), 2016년

- 후나바시 요이치(船橋洋一), 『싱크탱크란 무엇인가—정책기업력의 시대(シンクタンクとは何か—政策起業力の時代)』, 주오코론신샤(中央公論新社), 2019년

- Jeremy Black(나이토 요시아키[内藤嘉昭] 번역), 『해군의 세계사—해군력으로 보는 국가 제도와 문화(海軍の世界史—海軍力にみる国家制度と文化)』, 후쿠무라출판(福村出版), 2014년

- Jeremy Black(히라쿠 야부키[矢吹啓] 번역), 『해전의 세계사—기술·자원·지정학으로 본 전쟁과 전략(海戦の世界史—技術·資源·地政学からみる戦争と戦略)』, 주오코론신샤(中央公論新社) 2019년

- 후루야 겐타로(古谷健太郎), 「민간 무장 경비원에 관한 국제적인 기준의 기능(民間武装警備員に関する国際的な基準の機能)」, 쓰루다 준(鶴田順) 편저 『국제법 강의(国際法講義)』 수록

- Daniel R. Headrick(하라다 가쓰마사[原田勝正] 그 외 번역), 『제국의 앞잡이—유럽 팽창과 기술(帝国の手先—ヨーロッパ膨張と技術)』, 니혼게이자이평론사(日本経済評論社), 1989년

- Daniel R. Headrick(하라다 가쓰마사[原田勝正] 그 외 번역), 『진보의 촉수—제국주의 시대의 기술 이전(進歩の触手—帝国主義時代の技術移転)』, 니혼게이자이평론사(日本経済評論社), 2005년

- Daniel R. Headrick(요코이 가쓰히코[横井勝彦]·와타나베 쇼이치[渡辺昭一] 감수), 『눈에 보이지 않는 무기—전신과 정보의 세계사1851~1945(インヴィジブル·ウェポン—電信と情報の世界史1851~1945)』, 니혼게이자이평론사(日本経済評論社), 2013년

- 방위성 자위대(防衛省自衛隊), 『일본의 방위 방위백서<2019년판>(日本の防衛 防衛白書<平成三一年版>)』, 각 연도판

- 방위성 방위연구소(防衛省防衛研究所), 『동아시아 전략 개관 2019(東アジア戦略概観2019)』, 각 연도판

- 방위성 방위연구소(防衛省防衛研究所) 편저, 『중국 안전보장 리포트 2019(中国安全保障レポート2019)』, 각 연도판

- 방위대학교 안전보장학연구회(防衛大学校安全保障学研究会) 편저(다케다 야스히로[武田康裕]·가미야 마타케[神谷万丈] 편집), 『신정 제5판 안전보장학 입문(新訂第五版 安全保障学入門)』, 아키쇼보(亜紀書房), 2018년

- 호소야 유이치(細谷雄一), 『국제 질서—18세기 유럽에서 21세기 아시아로(国際秩序——八世紀ヨーロッパから二一世紀アジアへ)』, 주오코론신샤(中央公論新社), 2012년

- Andrew N. Porter 편저(요코이 가쓰히코[横井勝彦]·야마모토 다다시[山本正] 번역), 『대영제국 역사 지도—영국의 해외 진출 궤적(1480년~현대)(大英帝国歴史地図—イギリスの海外進出の軌跡[1480年~現代])』, 도요쇼린(東洋書林), 1996년

- 마고사키 우케루(孫崎享), 『일본의 국경 문제—센카쿠·독도·북방영토(日本の国境問題—尖閣·竹島·北方領土)』, 지쿠마쇼보(筑摩書房), 2011년

- 마스오 지사코(益尾知佐子), 「중국 해양 행정의 발전―남중국해 문제에 임플리케이션(中国海洋行政の発展―南シナ海問題へインプリケーション)」, 『아시아연구(アジア研究)』 제63권 제4호, 2017년 10월

- Halford John Mackinder(소무라 야스노부[曽村保信] 번역), 『매킨더의 지정학―민주주의의 이상과 현실(マッキンダーの地政学―デモクラシーの理想と現実)』, 하라쇼보(原書房), 2008년

- 마쓰무라 세지로(松村清二郎), 『라틴 아메리카의 석유와 경제<정편>―멕시코와 베네수엘라(ラテン・アメリカの石油と経済<正編>―メキシコとベネズエラ)』, 아시아경제연구소(アジア経済研究所), 1970년

- 마쓰야마 겐지(松山健二), 「무해 통항을 하지 않는 외국 선박에 대한 대항 조치에 관한 국제법상의 논점―군함을 중심으로(無害通航を行わない外国船舶への対抗措置に関する国際法上の論点―軍艦を中心に)」, 『레퍼런스(レファレンス)』 제732호, 2012년 1월

- 미즈카미 지유키(水上千之), 『해양법―전개와 현재(海洋法―展開と現在)』, 유신도코분샤(有信堂高文社), 2005년

- 미즈카미 지유키(水上千之), 『배타적 경제수역(排他的経済水域)』, 유신도코분샤(有信堂高文社), 2006년

- 미즈모토 요시히코(水本義彦), 『동맹의 상극―전후 인도차이나 분쟁을 둘러싼 영·미 관계(同盟の相剋―戦後インドシナ紛争をめぐる英米関係)』, 지쿠라쇼보(千倉書房), 2009년

- 미쓰이선박(三井船舶) 편저, 『창업 80년사(創業八十年史)』, 미쓰이선박주식회사(三井船舶株式会社), 1958년

- 미네무라 요시토(峯村禎人), 「한급 잠수함의 영해 침범 사안(漢級潜水艦の領海侵犯事案)」, 『해상자위대간부학교 전략 연구(海幹校戦略研究)』(해상자위대간부학교[海上自衛隊幹部学校]) 제1권 제1호, 2011년 5월

- 미노하라 도시히로(簑原俊洋), 「루스벨트 대통령과 '해양 국가 미국'의 건설(ローズヴェルト大統領と'海洋国家アメリカ'の建設)」, 다도코로 마사유키(田所昌幸)·아가와 나오유키(阿川尚之) 편저『해양 국가로서의 미국(海洋国家としてのアメリカ)』 수록

- 미후네 에미(三船恵美), 『중국 외교 전략―그 근저에 있는 것(中国外交戦略―その根底にあるもの)』, 고단샤(講談社), 2016년

- 미야자키 마사카쓰(宮崎正勝), 『해양 지도의 세계사―'해상의 길'이 역사를 바꾸었다(海図の世界史―'海上の道'が歴史を変えた)』, 신초샤(新潮社), 2012년

- 미야자키 요시카즈(宮崎義一), 『다국적 기업의 연구(多国籍企業の研究)』, 지쿠마쇼보(筑摩書房), 1982년

- 무라카미 레키조(村上暦造), 『영해 경비의 법 구조(領海警備の法構造)』, 주오호키출판(中央法規出版), 2005년

- 무라카미 레키조(村上曆造)·모리 마사토(森征人) 편저, 「해상보안청법의 성립과 외국 법제의 계승—연안경비대론(海上保安庁法の成立と外国法制の継受—コーストガード論)」, 야마모토 소지(山本草二) 편저『해상보안법제(海上保安法制)』수록
- 무라세 신야(村瀬信也)·오쿠와키 나오야(奧脇直也) 그 외 편저, 『국가 관할권—국제법과 국내법, 야마모토 소지 선생님 고희 기념(国家管轄権—国際法と国内法 山本草二先生古稀記念)』, 게이소쇼보(勁草書房), 1998년
- 무라타 고지(村田晃嗣), 『미국 외교—고뇌와 희망(アメリカ外交—苦悩と希望)』, 고단샤(講談社), 2005년
- 무라타 고지(村田晃嗣), 『레이건은 어떻게 해서 '미국의 우상'이 되었는가(レーガン—いかにして'アメリカの偶像'となったか)』, 주오코론신샤(中央公論新社), 2011년
- 무라타 료헤이(村田良平), 『해양을 둘러싼 세계와 일본(海洋をめぐる世界と日本)』, 도쿠마쇼텐(德間書店), 2001년
- Herman Melville(야기 도시오[八木敏雄] 번역), 『백경(상·중·하)(白鯨[上·中·下])』, 이와나미쇼텐(岩波書店), 2004년
- 모리카와 고이치(森川幸一), 「해상 폭력 행위(海上暴力行為)」, 야마모토 소지(山本草二) 편저『해상보안법제(海上保安法制)』수록
- 모리타 아키오(森田章夫), 「계쟁 해역 활동에 대한 국제법상의 평가(係争海域における活動の国際法上の評価)」, 야마모토 소지(山本草二) 편저『해상보안법제(海上保安法制)』수록
- 모리타 가쓰아키(森田勝昭), 『고래와 포경의 문화사(鯨と捕鯨の文化史)』, 나고야대학교 출판회(名古屋大学出版会), 1994년
- 야기 고지(八木浩二), 「미국 해군 항공모함의 탄생과 발전(アメリカ海軍における空母の誕生と発展)」, 다도코로 마사유키(田所昌幸)·아가와 나오유키(阿川尚之) 편저『해양 국가로서의 미국(海洋国家としてのアメリカ)』수록
- 야쿠시지 기미오(薬師寺公夫), 「해양 오염(海洋汚染)」, 야마모토 소지(山本草二) 편저『해상보안법제(海上保安法制)』수록
- 야치 쇼타로(谷内正太郎) 편저, 『<논집> 일본의 외교와 종합적 안전보장(<論集>日本の外交と総合的安全保障)』, Wedge, 2011년
- 야치 쇼타로(谷内正太郎) 편저, 『<논집> 일본 안전보장과 방위 정책(<論集>日本の安全保障と防衛政策)』, Wedge, 2013년
- 야나이 슌지(柳井俊二)·무라세 신야(村瀬信也) 편저, 『국제법의 실천—고마쓰 이치로 대사 추도(国際法の実践—小松一郎大使追悼)』, 신잔샤(信山社) 2015년
- 야부키 스스무(矢吹晋), 『남중국해 영토 분쟁과 일본(南シナ海領土紛争と日本)』, 가덴샤(花伝社), 2016년
- 야마기시 히로시(山岸寛), 『해운 70년사(海運70年史)』, 야마가타기념재단(山縣記念財団), 2014년

- 야마시타 쇼토(山下涉登), 『포경II(捕鯨II)』, 호세이대학교 출판국(法政大学出版局), 2004년
- 야마다 쓰네히코(山田恒彦)·하쓰카데 요시로(甘日出芳郎)·다케우치 가즈키(竹内一樹) 편저, 『메이저스와 미국의 전후 정책―다국적 석유 기업의 연구 I(メジャーズと米国の戦後政策―多国籍石油企業の研究 I)』, 보쿠타쿠샤(木鐸社), 1977년
- 야마다 요시히코(山田吉彦), 『일본의 바다를 도둑질당하다(日本の海が盗まれる)』, 문예춘추(文藝春秋), 2019년
- 야마모토 아키코(山本章子), 『미·일 지위 협정―재일 미군과 '동맹'의 70년(日米地位協定―在日米軍と'同盟'の70年)』, 주오코론신샤(中央公論新社), 2019년
- 야마모토 아야카(山本彩佳), 「센카쿠제도를 둘러싼 중·일의 대외 발신 활동(尖閣諸島をめぐる日中の対外発信活動)」, 『레퍼런스(レファレンス)』 제754호, 2013년 11월
- 야마모토 가쓰야(山本勝也), 「방위 주재관이 본 중국<4>―하이난섬의 중국 해군(防衛駐在官の見た中国<その四>―海南島の中国海軍)」, 해상자위대 간부학교 전략연구그룹 칼럼<10>(海上自衛隊幹部学校戦略研究グループコラム<一〇>), 2011년 10월 13일
- 야마모토 가쓰야(山本勝也), 「방위 주재관이 본 중국<10>―중국의 해양 국토, 공해의 공공(防衛駐在官の見た中国<その一〇>―中国の海洋国土, 公海の公空)」, 해상자위대 간부학교 전략연구그룹 칼럼<21>(海上自衛隊幹部学校戦略研究グループコラム<二一>), 2012년 1월 12일
- 야마모토 가쓰야(山本勝也), 「인민해방군의 의사 결정 시스템에서의 중국 해군의 영향력―인민해방군과 해군의 해양에 대한 인식 차이(人民解放軍の意思決定システムにおける中国海軍の影響力―人民解放軍と海軍との海洋をめぐる認識の差)」, 『해상자위대 간부학교 전략 연구(海幹校戦略研究)』(해상자위대 간부학교[海上自衛隊幹部学校]) 제2권 제1호, 2012년 5월
- 야마모토 가쓰야(山本勝也), 「방위 주재관이 본 중국<15>―국가해양국과 중국 해경국(防衛駐在官の見た中国<その一五>―国家海洋局と中国海警局)」, 해상자위대 간부학교 전략연구그룹 칼럼<59>(海上自衛隊幹部学校戦略研究グループコラム<五九>), 2015년 2월 25일
- 야마모토 가쓰야(山本勝也), 「중국의 해상 민병과 인도(中国の海上民兵と人道)」, 『해외 사정(海外事情)』(다쿠쇼쿠대학교 해외사정연구소[拓殖大学海外事情研究所]) 제67권 제2호, 2019년 3월
- 야마모토 겐타로(山本健太郎), 「독도를 둘러싼 한·일 영토 문제의 최근 경위―시마네현의 '다케시마의 날' 제정부터 이명박 한국 대통령의 독도 상륙까지(竹島をめぐる日韓領土問題の近年の経緯―島根県の'竹島の日'制定から李明博韓国大統領の竹島上陸まで)」, 『레퍼런스(レファレンス)』 제741호, 2012년 10월
- 야마모토 소지(山本草二), 『해양법(海洋法)』, 산세이도(三省堂), 1992년

- 야마모토 소지(山本草二), 「유엔 해양법 협약의 역사적 의미(国連海洋法条約の歴史的意味)」, 『국제문제(国際問題)』 제617호, 2012년

- 야마모토 소지(山本草二) 편저, 『해상보안법제—해양법과 국내법의 교착(海上保安法制—海洋法と国内法の交錯)』, 산세이도(三省堂), 2009년

- 야마모토 히데야(山本秀也), 『남중국해에서 무슨 일이 일어나고 있는가-미·중 대립과 아시아·일본(南シナ海でなにが起きているのか—米中対立とアジア·日本)』, 이와나미쇼텐(岩波書店), 2016년

- 야마모토 히데야(山本秀也), 『시진핑과 영락제—중화제국 황제의 야망(習近平と永樂帝—中華帝国皇帝の野望)』, 신초샤(新潮社), 2017년

- 요시오카 게이코(吉岡桂子), 『위안화의 흥망—마오쩌둥·덩샤오핑·시진핑이 꾼 꿈(人民元の興亡—毛沢東·鄧小平·習近平が見た夢)』, 쇼가쿠칸(小学館), 2017년

- 요시다 야스유키(吉田靖之), 「남중국해의 중국 '남해9단선'과 국제법—역사적 수역 및 역사적 권리를 중심으로(南シナ海における中国の'九段線'と国際法—歴史的水域及び歴史的権利を中心に)」, 『해상자위대 간부학교 전략 연구(海幹校戦略研究)』(해상자위대 간부학교[海上自衛隊幹部学校]) 제5권 제1호, 2015년 6월

- 요미우리신문 정치부(読売新聞政治部), 『기초부터 이해하는 일본의 영토·해양 문제(基礎からわかる日本の領土·海洋問題)』, 주오코론신샤(中央公論新社), 2012년

- 요미우리신문 정치부(読売新聞政治部), 『한·중·일 외교 전쟁—일본이 직면한 '지금 거기에 있는 위기'(日·中·韓外交戦争—日本が直面する'いまそこにある危機')』, 신초샤(新潮社), 2014년

- Francois Lafargue(후지노 구니오[藤野邦夫] 번역), 『블러드 오일—세계 자원 전쟁(ブラッド·オイル—世界資源戦争)』, 고단샤(講談社), 2009년

- 리커창(李強), 「중국과 주변 국가의 해상 국경 문제(中国と周辺国家の海上国境問題)」, 『경계 연구(境界研究)』(홋카이도대학교 슬라브유라시아연구센터[北海道大学スラブ·ユーラシア研究センター]) 제1호 2010년

- 와다 히로후미(和田博文), 『바다 위의 세계지도—유럽 항로 기행사(海の上の世界地図—欧州航路紀行史)』, 이와나미쇼텐(岩波書店), 2016년

영어 문헌(미국과 영국 관련 서적만 게재)

- Auchincloss, Louis, ed., Theodore Roosevelt: The Rough Riders, An Autobiography, New York: The Library of America, 2004.
- Beloff, Max, Imperial Sunset, Vol. I, Britain's Liberal Empire, 1897-1921, New York: Alfred A. Knopf, 1970.
- Borgerson, Scott G., The National Interest and the Law of the Sea, Council on Foreign Relations Press, Council Special Report No. 46, May 2009.
- Bradford, James C., ed., America, Sea Power, and the World, West Sussex: Wiley-Blackwell, 2016.
- California Franchise Tax Board, Nonresidents: Taxability of Oil Royalties to Nonresidents, Legal Ruling No. 203, September 17, 1957.
- Daniel, Price, Tidelands, Controversy, The Handbook of Texas, Texas State Historical Association(TSHA), June 15, 2010.
- Fisher, Lord, Admiral of the Fleet, Memories, London: Hodder and Stoughton, 1919.
- Gray, Steven, "Black Diamonds: Coal, the Royal Navy, and British Imperial Coaling Stations, circa 1870-1914," A Thesis Submitted in Fulfilment of the Requirements for the Degree of Doctor of Philosophy in History, University of Warwick, Department of History, 2014
- Hagedorn, Hermann and Sidney Wallach, A Theodore Roosevelt Round-Up: A Biographical Sketch, Together with Selections from His Writings and Speeches, Views of His Contemporaries, and Cartoons of the Period, New York: The Theodore Roosevelt Association, 1958.
- Haggie, Paul, Britannia at Bay: The Defence of the British Empire against Japan 1931-1941, Oxford: Clarendon Press, 1981.
- Haimbaugh, George D., Jr., "Impact of the Reagan Adminis-tration on the Law of the Sea", Washington and Lee Law Review, Vol. 46, No. 1, 1989.
- Hollick, Ann L., U.S. Foreign Policy and the Law of the Sea, Princeton: Princeton University Press, 1981.
- Holmes, Kim R., U.N. Sea Treaty Still a Bad Deal for U.S.(Commentary Defense) , The Heritage Foundation, July 14, 2011.
- Hook, Steve W., Christopher M. Jones, eds., Routledge Handbook

of American Foreign Policy, New York: Routledge, 2012.

- International Court of Justice, Reports of Judgements, Advisory Opinions and Orders, Case Concerning Maritime Dispute(Peru V. Chile), Judgement of January 27, 2014.
- Justia US Supreme Court, United States v. California, 332 U.S.19, 1947.
- Kaplan, Robert D., Monsoon: The Indian Ocean and the Future of American Power, New York: Random House Trade Paperbacks, 2011.
- Keller, Ulrich, The Building of the Panama Canal in Historic Photographs, New York: Dover Publications, 1983.
- Lehman, David, "The Legal Status of the Continental Shelf", Louisiana Law Review, Vol. 20, No. 4, June 1960.
- Louis, Wm. Roger, Imperialism at Bay: The United States and the Decolonization of the British Empire, 1941-1945, Oxford: Clarendon Press, 1977.
- Major, John, Prize Possession: The United States and the Panama Canal 1903-1979, New York: Cambridge University Press, 1993.
- Marder, Arthur J., From the Dreadnought to Scapa Flow: The Royal Navy in the Fisher Era, 1904-1919, Vol. I, Road to War, 1904-1914, London: Oxford University Press, 1961.
- Marder, Arthur J., From the Dreadnought to Scapa Flow: The Royal Navy in the Fisher Era, 1904-1919, Vol. V, Victory and Aftermath(January 1981-June 1919), London: Oxford University Press, 1970.
- Margolies, Daniel S., ed., A Companion to Harry S. Truman, West Sussex: Wiley-Blackwell, 2012.
- McCullough, David G., The Path between the Seas: The Creation of the Panama Canal 1870-1914, New York: Simon & Schuster Paperbacks, 1977.
- Meaney, Neville, A History of Australian Defence and Foreign Policy, 1901-1923, Vol.1, The Search for Security in the Pacific, 1901-1914, Sydney: Sydney University Press, 1976.
- Priest, Tyler, Claiming the Coastal Sea: The Battle for the 'Tidelands' 1937-1953, History of Offshore Oil and Gas Industry in Southern Louisiana : Vo.1, U.S.Department of the Interior, Minerals Management Service, Gulf of Mexico OCS Region, OCS Study,

MMS 2004-042.

- Pringle, Henry. F., Theodore Roosevelt: A Biography, New York: Harcourt, Brace and Company, 1931.

- Reagan, Ronald, Proclamation 5030: Exclusive Economic Zone of the United States of America, March 10, 1983.

- Sand, Peter H., United States and Britain in Diego Garcia: The Future of a Controversial Base, New York: Palgrave Macmillan, 2009.

- Schonfield, Hugh J., The Suez Canal in World Affairs, New York: Philosophical Library Publishers, 1953.

- Truman, Harry S., Executive Orders and Proclamations, XXXIII President of the United States: 1945-1953, The American Presidency Project [https://www.presidency.ucsb.edu/]

- United Nations, General Assembly, Resolution Adopted by the General Assembly: Agreement Relating to the Implementation of Part XI of the United Nations Convention of the Law of the Sea of 10 December 1982, Forty-Eight Session, Agenda Item 36.

- U.S. Commission on Ocean Policy, Review of U.S. Ocean and Coastal Law: The Evolution of Ocean Governance over Three Decades, September 20, 2004.

- U.S. Department of the Interior, Minerals Management Service, Gulf of Mexico OCS Region, History of the Offshore Oil and Gas Industry in Southern Louisiana, OCS Study, MMS 2008-042, 2013.

- United States, Supreme Court, United States v. California, United States Reports, vol. 332, 23 June 1947, pp. 19-46, Library of Congress, https://www.loc.gov/item/usrep332019/.

- Young, John W., John Kent, International Relations since 1945: A Global History, Oxford: Oxford University Press, 2013.

바다의 패권 400년사

초판 1쇄 인쇄 2021년 6월 10일
초판 1쇄 발행 2021년 6월 15일

저자 : 다케다 이사미
번역 : 김진희

펴낸이 : 이동섭
편집 : 이민규, 탁승규
디자인 : 조세연, 김현승, 김형주, 김민지
영업 · 마케팅 : 송정환, 조정훈
e-BOOK : 홍인표, 서찬웅, 유재학, 최정수, 심민섭
관리 : 이윤미

㈜에이케이커뮤니케이션즈
등록 1996년 7월 9일(제302-1996-00026호)
주소 : 04002 서울 마포구 동교로 17안길 28, 2층
TEL : 02-702-7963~5   FAX : 02-702-7988
http://www.amusementkorea.co.kr

ISBN 979-11-274-4530-0   03900

창작을 위한 아이디어 자료
AK 트리비아 시리즈

-AK TRIVIA BOOK

No. 01 도해 근접무기
오나미 아츠시 지음 | 이창협 옮김 | 228쪽 | 13,000원
근접무기, 서브 컬처적 지식을 고찰하다!
검, 도끼, 창, 곤봉, 활 등 현대적인 무기가 등
장하기 전에 사용되던 냉병기에 대한 개설
서. 각 무기의 형상과 기능, 유형부터 사용 방법은 물론 서
브컬처의 세계에서 어떤 모습으로 그려지는가에 대해서
도 상세히 해설하고 있다.

No. 02 도해 크툴루 신화
모리세 료 지음 | AK커뮤니케이션즈 편집부 옮김 | 240쪽 | 13,000원
우주적 공포, 현대의 신화를 파헤치다!
현대 환상 문학의 거장 H.P 러브크래프트의
손에 의해 창조된 암흑 신화인 크툴루 신화.
111가지의 키워드를 선정, 각종 도해와 일러스트를 통해
크툴루 신화의 과거와 현재를 해설한다.

No. 03 도해 메이드
이케가미 료타 지음 | 코트랜스 인터내셔널 옮김 |
238쪽 | 13,000원
메이드의 모든 것을 이 한 권에!
메이드에 대한 궁금증을 확실하게 해결해주
는 책. 영국, 특히 빅토리아 시대의 사회를 중심으로, 실존
했던 메이드의 삶을 보여주는 가이드북.

No. 04 도해 연금술
쿠사노 타쿠미 지음 | 코트랜스 인터내셔널 옮김 | 220쪽
| 13,000원
기적의 학문, 연금술을 짚어보다!
연금술사들의 발자취를 따라 연금술에 대해
자세하게 알아보는 책. 연금술에 대한 풍부한 지식을 쉽고
간결하게 정리하여, 체계적으로 해설하며, '진리'를 위해
모든 것을 바친 이들의 기록이 담겨있다.

No. 05 도해 핸드웨폰
오나미 아츠시 지음 | 이창협 옮김 | 228쪽 | 13,000원
모든 개인화기를 총망라!
권총, 기관총, 어설트 라이플, 머신건 등, 개
인 화기를 지칭하는 다양한 명칭들은 대체
무엇을 기준으로 하며 어떻게 붙여진 것일까? 개인 화기
의 모든 것을 기초부터 해설한다.

No. 06 도해 전국무장
이케가미 료타 지음 | 이재경 옮김 | 256쪽 | 13,000원
전국시대를 더욱 재미있게 즐겨보자!
소설이나 만화, 게임 등을 통해 많이 접할 수
있는 일본 전국시대에 대한 입문서. 무장들
의 활약상, 전국시대의 일상과 생활까지 상세히 서술. 전
국시대에 쉽게 접근할 수 있도록 구성했다.

No. 07 도해 전투기
가와노 요시유키 지음 | 문우성 옮김 | 264쪽 | 13,000원
빠르고 강력한 병기, 전투기의 모든 것!
현대전의 정점인 전투기. 역사와 로망 속의
전투기에서 최신예 스텔스 전투기에 이르기
까지, 인류의 전쟁사를 바꾸어놓은 전투기에 대하여 상세
히 소개한다.

No. 08 도해 특수경찰
모리 모토사다 지음 | 이재경 옮김 | 220쪽 | 13,000원
**실제 SWAT 교관 출신의 저자가 특수경찰의
모든 것을 소개!**
특수경찰의 훈련부터 범죄 대처법, 최첨단
수사 시스템, 기밀 작전의 아슬아슬한 부분까지 특수경찰
을 저자의 풍부한 지식으로 폭넓게 소개한다.

No. 09 도해 전차
오나미 아츠시 지음 | 문우성 옮김 | 232쪽 | 13,000원
지상전의 왕자, 전차의 모든 것!
지상전의 지배자이자 절대 강자 전차를 소개
한다. 전차의 힘과 이를 이용한 다양한 전술,
그리고 그 독특한 모습까지. 알기 쉬운 해설과 상세한 일
러스트로 전차의 매력을 전달한다.

No. 10 도해 헤비암즈
오나미 아츠시 지음 | 이재경 옮김 | 232쪽 | 13,000원
전장을 압도하는 강력한 화기, 총집합!
전장의 주역, 보병들의 든든한 버팀목인 강
력한 화기를 소개한 책. 대구경 기관총부터
유탄 발사기, 무반동포, 대전차 로켓 등, 압도적인 화력으
로 전장을 지배하는 화기에 대하여 알아보자!

No. 11 도해 밀리터리 아이템
오나미 아츠시 지음 | 이재경 옮김 | 236쪽 | 13,000원
군대에서 쓰이는 군장 용품을 완벽 해설!
이제 밀리터리 세계에 발을 들이는 입문자들을 위해 '군장 용품'에 대해 최대한 알기 쉽게 다루는 책. 세부적인 사항에 얽매이지 않고, 상식적으로 갖추어야 할 기초지식을 중심으로 구성되어 있다.

No. 12 도해 악마학
쿠사노 타쿠미 지음 | 김문광 옮김 | 240쪽 | 13,000원
악마에 대한 모든 것을 담은 총집서!
악마학의 시작부터 현재까지의 그 연구 및 발전 과정을 한눈에 알아볼 수 있도록 구성한 책. 단순한 흥미를 뛰어넘어 영적이고 종교적인 지식의 깊이까지 더할 수 있는 내용으로 구성.

No. 13 도해 북유럽 신화
이케가미 료타 지음 | 김문광 옮김 | 228쪽 | 13,000원
세계의 탄생부터 라그나로크까지!
북유럽 신화의 세계관, 등장인물, 여러 신과 영웅들이 사용한 도구와 마법에 대한 설명까지 당시 북유럽 국가들의 생활상을 통해 북유럽 신화에 대한 이해도를 높일 수 있도록 심층적으로 해설한다.

No. 14 도해 군함
다카하라 나루미 외 1인 지음 | 문우성 옮김 | 224쪽 | 13,000원
20세기의 전함부터 항모, 전략 원잠까지!
군함에 대한 입문서. 종류와 개발사, 구조, 제원 등의 기본부터, 승무원의 일상, 정비 비용까지 어렵게 여겨질 만한 요소를 도표와 일러스트로 쉽게 해설한다.

No. 15 도해 제3제국
모리세 료 외 1인 지음 | 문우성 옮김 | 252쪽 | 13,000원
나치스 독일 제3제국의 역사를 파헤친다!
아돌프 히틀러 통치하의 독일 제3제국에 대한 개론서. 나치스가 권력을 장악한 과정부터 조직 구조, 조직을 이끈 핵심 인물과 상호 관계와 갈등, 대립 등, 제3제국의 역사에 대해 해설한다.

No. 16 도해 근대마술
하니 레이 지음 | AK커뮤니케이션즈 편집부 옮김 | 244쪽 | 13,000원
현대 마술의 개념과 원리를 철저 해부!
마술의 종류와 개념, 이름을 남긴 마술사와 마술 단체, 마술에 쓰이는 도구 등을 설명한다. 겉핥기식의 설명이 아닌, 역사와 각종 매체 속에서 마술이 어떤 영향을 주었는지 심층적으로 해설하고 있다.

No. 17 도해 우주선
모리세 료 외 1인 지음 | 이재경 옮김 | 240쪽 | 13,000원
우주를 꿈꾸는 사람들을 위한 추천서!
우주공간의 과학적인 설명은 물론, 우주선의 태동에서 발전의 역사, 재질, 발사와 비행의 원리 등, 어떤 원리로 날아가고 착륙할 수 있는지, 자세한 도표와 일러스트를 통해 해설한다.

No. 18 도해 고대병기
미즈노 히로키 지음 | 이재경 옮김 | 224쪽 | 13,000원
역사 속의 고대병기, 집중 조명!
지혜와 과학의 결정체, 병기. 그중에서도 고대의 병기를 집중적으로 조명, 단순한 병기의 나열이 아닌, 각 병기의 탄생 배경과 활약상, 계보, 작동 원리 등을 상세하게 다루고 있다.

No. 19 도해 UFO
사쿠라이 신타로 지음 | 서형주 옮김 | 224쪽 | 13,000원
UFO에 관한 모든 지식과, 그 허와 실.
첫 번째 공식 UFO 목격 사건부터 현재까지, 세계를 떠들썩하게 만든 모든 UFO 사건을 다룬다. 수많은 미스터리는 물론, 종류, 비행 패턴 등 UFO에 관한 모든 지식들을 알기 쉽게 정리했다.

No. 20 도해 식문화의 역사
다카하라 나루미 지음 | 채다인 옮김 | 244쪽 | 13,000원
유럽 식문화의 변천사를 조명한다!
중세 유럽을 중심으로, 음식문화의 변화를 설명한다. 최초의 조리 역사부터 식재료, 예절, 지역별 선호메뉴까지, 시대상황과 분위기, 사람들의 인식이 어떠한 영향을 끼쳤는지 흥미로운 사실을 다룬다.

No. 21 도해 문장
신노 케이 지음 | 기미정 옮김 | 224쪽 | 13,000원
역사와 문화의 시대적 상징물, 문장!
기나긴 역사 속에서 문장이 어떻게 만들어졌고, 어떤 도안들이 이용되었는지, 발전 과정과 유럽 역사 속 위인들의 문장이나 특징적인 문장의 인물에 대해 설명한다.

No. 22 도해 게임이론
와타나베 타카히로 지음 | 기미정 옮김 | 232쪽 | 13,000원
이론과 실용 지식을 동시에!
죄수의 딜레마, 도덕적 해이, 제로섬 게임 등 다양한 사례 분석과 알기 쉬운 해설을 통해, 누구나가 쉽고 직관적으로 게임이론을 이해하고 현실에 적용할 수 있도록 도와주는 최고의 입문서.

No. 23 도해 단위의 사전
호시다 타다히코 지음 | 문우성 옮김 | 208쪽 | 13,000원
세계를 바라보고, 규정하는 기준이 되는 단위를 풀어보자!
전 세계에서 사용되는 108개 단위의 역사와 사용 방법 등을 해설하는 본격 단위 사전. 정의와 기준, 유래, 측정 대상 등을 명쾌하게 해설한다.

No. 24 도해 켈트 신화
이케가미 료타 지음 | 곽형준 옮김 | 264쪽 | 13,000원
쿠 훌린과 핀 막 쿨의 세계!
켈트 신화의 세계관, 각 설화와 전설의 주요 등장인물들! 이야기에 따라 내용뿐만 아니라 등장인물까지 뒤바뀌는 경우도 있는데, 그런 특별한 사항까지 다루어, 신화의 읽는 재미를 더한다.

No. 25 도해 항공모함
노가미 아키토 외 1인 지음 | 오광웅 옮김 | 240쪽 | 13,000원
군사기술의 결정체, 항공모함 철저 해부!
군사력의 상징이던 거대 전함을 과거의 유물로 전락시킨 항공모함. 각 국가별 발달의 역사와 임무, 영향력에 대한 광범위한 자료를 한눈에 파악할 수 있다.

No. 26 도해 위스키
츠치야 마모루 지음 | 기미정 옮김 | 192쪽 | 13,000원
위스키, 이제는 제대로 알고 마시자!
다양한 음용법과 글라스의 차이, 바 또는 집에서 분위기 있게 마실 수 있는 방법까지, 위스키의 맛을 한층 돋아주는 필수 지식이 가득! 세계적인 위스키 평론가가 전하는 입문서의 결정판.

No. 27 도해 특수부대
오나미 아츠시 지음 | 오광웅 옮김 | 232쪽 | 13,000원
불가능이란 없다! 전장의 스페셜리스트!
특수부대의 탄생 배경, 종류, 규모, 각종 임무, 그들만의 특수한 장비, 어떠한 상황에서도 살아남기 위한 생존 기술까지 모든 것을 보여주는 책. 왜 그들이 스페셜리스트인지 알게 될 것이다.

No. 28 도해 서양화
다나카 쿠미코 지음 | 김상호 옮김 | 160쪽 | 13,000원
서양화의 변천사와 포인트를 한눈에!
르네상스부터 근대까지, 시대를 넘어 사랑받는 명작 84점을 수록. 각 작품들의 배경과 특징, 그림에 담겨있는 비유적 의미와 기법 등, 감상 포인트를 명쾌하게 해설하였으며, 더욱 깊은 이해를 위한 역사와 종교 관련 지식까지 담겨있다.

No. 29 도해 갑자기 그림을 잘 그리게 되는 법
나카야마 시게노부 지음 | 이연희 옮김 | 204쪽 | 13,000원
멋진 일러스트의 초간단 스킬 공개!
투시도와 원근법만으로, 멋지고 입체적인 일러스트를 그릴 수 있는 방법! 그림에 대한 재능이 없다 생각 말고 읽어보자. 그림이 극적으로 바뀔 것이다.

No. 30 도해 사케
키미지마 사토시 지음 | 기미정 옮김 | 208쪽 | 13,000원
사케를 더욱 즐겁게 마셔 보자!
선택 법, 온도, 명칭, 안주와의 궁합, 분위기 있게 마시는 법 등, 사케의 맛을 한층 더 즐길 수 있는 모든 지식이 담겨 있다. 일본 요리의 거장이 전해주는 사케 입문서의 결정판.

No. 31 도해 흑마술
쿠사노 타쿠미 지음 | 곽형준 옮김 | 224쪽 | 13,000원
역사 속에 실존했던 흑마술을 총망라!
악령의 힘을 빌려 행하는 사악한 흑마술을 총망라한 책. 흑마술의 정의와 발전, 기본 법칙을 상세히 설명한다. 또한 여러 국가에서 행해졌던 흑마술 사건들과 관련 인물들을 소개한다.

No. 32 도해 현대 지상전
모리 모토사다 지음 | 정은택 옮김 | 220쪽 | 13,000원
아프간 이라크! 현대 지상전의 모든 것!!
저자가 직접, 실제 전장에서 활동하는 군인은 물론 민간 군사기업 관계자들과도 폭넓게 교류하면서 얻은 정보들을 아낌없이 공개한 책. 현대전에 투입되는 지상전의 모든 것을 해설한다.

No. 33 도해 건파이트
오나미 아츠시 지음 | 송명규 옮김 | 232쪽 | 13,000원
총격전에서 일어나는 상황을 파헤친다!
영화, 소설, 애니메이션 등에서 볼 수 있는 총격전, 그 장면들은 진짜일까? 실전에서는 총기를 어떻게 다루고, 어디에 몸을 숨겨야 할까. 자동차 추격전에서의 대처법 등 건 액션의 핵심 지식.

No. 34 도해 마술의 역사
쿠사노 타쿠미 지음 | 김진아 옮김 | 224쪽 | 13,000원
마술의 탄생과 발전 과정을 알아보자!
고대에서 현대에 이르기까지 마술은 문화의 발전과 함께 널리 퍼져나갔으며, 다른 마술과 접촉하면서 그 깊이를 더해왔다. 마술의 발생시기와 장소, 변모 등 역사와 개요를 상세히 소개한다.

No. 35 도해 군용 차량
노가미 아키토 지음 | 오광웅 옮김 | 228쪽 | 13,000원
지상의 왕자, 전차부터 현대의 바퀴달린 사역 마까지!!
전투의 핵심인 전투 차량부터 눈에 띄지 않는 무대에서 묵묵히 임무를 다하는 각종 지원 차량까지. 각자 맡은 임무에 충실하도록 설계되고 고안된 군용 차량만의 다채로운 세계를 소개한다.

No. 36 도해 첩보·정찰 장비
사카모토 아키라 지음 | 문성호 옮김 | 228쪽 | 13,000원
승리의 열쇠 정보! 정보전의 모든 것!
소음총, 소형 폭탄, 소형 카메라 및 통신기 등 영화에서나 등장할 법한 첩보원들의 특수 장비부터 정찰 위성에 이르기까지 첩보 및 정찰 장비들을 400점의 사진과 일러스트로 설명한다.

No. 37 도해 세계의 잠수함
사카모토 아키라 지음 | 류재학 옮김 | 242쪽 | 13,000원
바다를 지배하는 침묵의 지객, 잠수함.
잠수함은 두 번의 세계대전과 냉전기를 거쳐, 최첨단 기술로 최신 무장시스템을 갖추어왔다. 원리와 구조, 승조원의 훈련과 임무, 생활과 전투 방법 등을 사진과 일러스트로 철저히 해부한다.

No. 38 도해 무녀
토키타 유스케 지음 | 송명규 옮김 | 236쪽 | 13,000원
무녀와 샤머니즘에 관한 모든 것!
무녀의 기원부터 시작하여 일본의 신사에서 치르고 있는 각종 의식, 그리고 델포이의 무녀, 한국의 무당을 비롯한 세계의 샤머니즘과 각종 종교를 106가지의 소주제로 분류하여 해설한다!

No. 39 도해 세계의 미사일 로켓 병기
사카모토 아키라 | 유병준·김성훈 옮김 | 240쪽 | 13,000원
ICBM부터 THAAD까지!
현대전의 진정한 주역이라 할 수 있는 미사일. 보병이 휴대하는 대전차 로켓부터 공대공 미사일, 대륙간 탄도탄, 그리고 근래 들어 언론의 주목을 받고 있는 ICBM과 THAAD까지 미사일의 모든 것을 해설한다

No. 40 독과 약의 세계사
후나야마 신지 지음 | 진정숙 옮김 | 292쪽 | 13,000원
독과 약의 차이란 무엇인가?
화학물질을 어떻게 하면 유용하게 활용할 수 있는가 하는 것은 인류에 있어 중요한 과제 가운데 하나라 할 수 있다. 독과 약의 역사, 그리고 우리 생활과의 관계에 대하여 살펴보도록 하자.

No. 41 영국 메이드의 일상
무라카미 리코 지음 | 조아라 옮김 | 460쪽 | 13,000원
빅토리아 시대의 아이콘 메이드!
가사 노동자이며 직장 여성의 최대 다수를 차지했던 메이드의 일과 생활을 통해 영국의 다른 면을 살펴본다. 『엠마 빅토리안 가이드』의 저자 무라카미 리코의 빅토리안 시대 안내서.

No. 42 영국 집사의 일상
무라카미 리코 지음 | 기미정 옮김 | 292쪽 | 13,000원
집사, 남성 가사 사용인의 모든 것!
Butler, 즉 집사로 대표되는 남성 상급 사용인. 그들은 어떠한 일을 했으며 어떤 식으로 하루를 보냈을까? 『엠마 빅토리안 가이드』의 저자 무라카미 리코의 빅토리안 시대 안내서 제2탄.

No. 43 중세 유럽의 생활
가와하라 아쓰시 외 1인 지음 | 남지연 옮김 | 260쪽 | 13,000원
새롭게 조명하는 중세 유럽 생활사
철저히 분류되는 중세의 신분. 그 중 「일하는 자」의 일상생활은 어떤 것이었을까? 각종 도판과 사료를 통해, 중세 유럽에 대해 알아보자.

No. 44 세계의 군복
사카모토 아키라 지음 | 진정숙 옮김 | 130쪽 | 13,000원
세계 각국 군복의 어제와 오늘!!
형태와 기능미가 절묘하게 융합된 의복인 군복. 제2차 세계대전에서 현대에 이르기까지, 각국의 전투복과 정복 그리고 각종 장구류와 계급장, 훈장 등, 군복만의 독특한 매력을 느껴보자!

No. 45 세계의 보병장비
사카모토 아키라 지음 | 이상언 옮김 | 234쪽 | 13,000원
현대 보병장비의 모든 것!
군에 있어 가장 기본이 되는 보병! 개인화기, 전투복, 군장, 전투식량, 그리고 미래의 장비까지. 제2차 세계대전 이후 눈부시게 발전한 보병 장비와 현대전에 있어 보병이 지닌 의미에 대하여 살펴보자.

No. 46 해적의 세계사
모모이 지로 지음 | 김효진 옮김 | 280쪽 | 13,000원
「영웅」인가, 「공적」인가?
지중해, 대서양, 카리브해, 인도양에서 활동했던 해적을 중심으로, 영웅이자 약탈자, 정복자, 야심가 등 여러 시대에 걸쳐 등장했던 다양한 해적들이 세계사에 남긴 발자취를 더듬어본다.

No. 47 닌자의 세계
야마키타 아츠시 지음 | 송강규 옮김 | 232쪽 | 13,000원
실제 닌자의 활약을 살펴본다!
어떠한 임무라도 완수할 수 있도록 닌자는 온
갖 지혜를 짜내며 궁극의 도구와 인술을 만들
어냈다. 과연 닌자는 역사 속에서 어떤 활약을 펼쳤을까.

No. 48 스나이퍼
오나미 아츠시 지음 | 이상언 옮김 | 240쪽 | 13,000원
스나이퍼의 다양한 장비와 고도의 테크닉!
아군의 절체절명 위기에서 한 끗 차이의 절묘
한 타이밍으로 전세를 역전시키기도 하는 스
나이퍼의 세계를 알아본다.

No. 49 중세 유럽의 문화
이케가미 쇼타 지음 | 이은수 옮김 | 256쪽 | 13,000원
심오하고 매력적인 중세의 세계!
기사, 사제와 수도사, 음유시인에 숙녀, 그리
고 농민과 상인과 기술자들. 중세 배경의 판
타지 세계에서 자주 보았던 그들의 리얼한 생활을 풍부한
일러스트와 표로 이해한다!

No. 50 기사의 세계
이케가미 슌이치 지음 | 남지연 옮김 | 232 쪽 | 15,000 원
중세 유럽 사회의 주역이었던 기사!
기사들은 과연 무엇을 위해 검을 들었는가.
지향하는 목표는 무엇이었는가. 기사의 탄생
에서 몰락까지. 역사의 드라마를 따라가며 그 진짜 모습을
파헤친다.

No. 51 영국 사교계 가이드
무라카미 리코 지음 | 문성호 옮김 | 216쪽 | 15,000원
19세기 영국 사교계의 생생한 모습!
당시에 많이 출간되었던 「에티켓 북」의 기술
을 바탕으로, 빅토리아 시대 중류 여성들의
사교 생활을 알아보며 그 속마음까지 들여다본다.

No. 52 중세 유럽의 성채 도시
가이하쓰샤 지음 | 김진희 옮김 | 232 쪽 | 15,000 원
견고한 성벽으로 도시를 둘러싼 성채 도시!
성채 도시는 시대의 흐름에 따라 문화, 상업,
군사 면에서 진화를 거듭한다. 궁극적인 기
능미의 집약체였던 성채 도시의 주민 생활상부터 공성전
무기, 전술까지 상세하게 알아본다.

No. 53 마도서의 세계
쿠사노 타쿠미 지음 | 남지연 옮김 | 236쪽 | 15,000원
마도서의 기원과 비밀!
천사와 악마 같은 영혼을 소환하여 자신의
소망을 이루는 마도서의 원리를 설명한다.

No. 54 영국의 주택
야마다 카요코 외 지음 | 문성호 옮김 | 252쪽 | 17,000원
영국인에게 집은 「물건」이 아니라 「문화」다!
영국 지역에 따른 집들의 외관 특징, 건축 양
식, 재료 특성, 각종 주택 스타일을 상세하게
설명한다.

No. 55 발효
고이즈미 다케오 지음 | 장현주 옮김 | 224쪽 | 15,000원
미세한 거인들의 경이로운 세계!
세계 각지 발효 문화의 놀라운 신비와 의의
를 살펴본다. 발효를 발전시켜온 인간의 깊
은 지혜와 훌륭한 발상이 보일 것이다.

No. 56 중세 유럽의 레시피
코스트마리 사무국 슈 호카 지음 | 김효진 옮김 | 164쪽
| 15,000원
간단하게 중세 요리를 재현!
당시 주로 쓰였던 향신료, 허브 등 중세 요리
에 대한 풍부한 지식은 물론 더욱 맛있게 즐길 수 있는 요
리법도 함께 소개한다.

No. 57 알기 쉬운 인도 신화
천축 기담 지음 | 김진희 옮김 | 228 쪽 | 15,000 원
전쟁과 사랑 속의 인도 신들!
강렬한 개성이 충돌하는 무아와 혼돈의 이야
기를 담았다. 2대 서사시 「라마야나」와 「마하
바라타」의 세계관부터 신들의 특징과 일화에
이르는 모든 것을 파악한다.

No. 58 방어구의 역사
다카히라 나루미 지음 | 남지연 옮김 | 244 쪽 | 15,000원
역사에 남은 다양한 방어구!
기원전 문명의 아이템부터 현대의 방어구인
헬멧과 방탄복까지 그 역사적 변천과 특색ㆍ
재질ㆍ기능을 망라하였다.

No. 59 마녀 사냥

모리시마 쓰네오 지음 | 김진희 옮김 | 244쪽 | 15,000원

중세 유럽의 잔혹사!

15~17세기 르네상스 시대에 서구 그리스
도교 국가에서 휘몰아친 '마녀사냥'의 광
풍. 중세 마녀사냥의 실상을 생생하게 드러낸다.

No. 60 노예선의 세계사

후루가와 마사히로 지음 | 김효진 옮김 | 256쪽 | 15,000원

400년 남짓 대서양에서 자행된 노예무역!

1000만 명에 이르는 희생자를 낸 노예무
역. '이동 감옥'이나 다름없는 노예선 바닥
에서 다시 한 번 근대를 돌이켜본다.

No. 61 말의 세계사

모토무라 료지 지음 | 김효진 옮김 | 288쪽 | 15,000원

역사로 보는 인간과 말의 관계!

인간과 말의 만남은 역사상 최대급의 충격
이었다고 해도 과언이 아니다. 전쟁. 교역
세계 제국…등의 역사 속에서, 말이 세계
사를 어떻게 바꾸었는지 조명해본다.

No. 62 딜은 대단하다

사이키 가즈토 지음 | 김효진 옮김 | 228쪽 | 15,000원

우주를 향한 인류의 대항해 시대!

달 탐사 프로젝트의 최전선에 종사하는 저
자가 달 탐사 규모와 경과 등의 기초 지식.
탐사를 통해 확인된 지하 공간과 같은 새
로운 발견에 대해 자세히 해설한다

환상 네이밍 사전
신키겐샤 편집부 지음 | 유진원 옮김 | 288쪽 | 14,800원
의미 없는 네이밍은 이제 그만!
운명은 프랑스어로 무엇이라고 할까? 독일어,
일본어로는? 중국어로는? 더 나아가 이탈리아
어, 러시아어, 그리스어, 라틴어, 아랍어에 이르
기까지. 1,200개 이상의 표제어와 11개국어, 13,000개 이
상의 단어를 수록!!

중2병 대사전
노무라 마사타카 지음 | 이재경 옮김 | 200쪽 | 14,800원
이 책을 보는 순간, 당신은 이미 궁금해하고 있다!
사춘기 청소년이 행동할 법한, 손발이 오그라드
는 행동이나 사고를 뜻하는 중2병. 서브컬쳐 작
품에 자주 등장하는 중2병의 의미와 기원 등, 102개의 항목
에 대해 해설과 칼럼을 곁들여 알기 쉽게 설명 한다.

크툴루 신화 대사전
고토 카츠 외 1인 지음 | 곽형준 옮김 | 192쪽 | 13,000원
신화의 또 다른 매력, 무한한 가능성!
H.P. 러브크래프트를 중심으로 여러 작가들의
설정이 거대한 세계관으로 자리잡은 크툴루 신
화. 현대 서브 컬처에 지대한 영향을 끼치고 있다. 대중 문화
속에 알게 모르게 자리 잡은 크툴루 신화의 요소를 설명하는
본격 해설서.

문양박물관
H. 돌메치 지음 | 이지은 옮김 | 160쪽 | 8,000원
세계 문양과 장식의 정수를 담다!
19세기 독일에서 출간된 H.돌메치의 『장식의
보고』를 바탕으로 제작된 책이다. 세계 각지의
문양 장식을 소개한 이 책은 이론보다 실용에
초점을 맞춘 입문서. 화려하고 아름다운 전 세계의 문양을 수
록한 실용적인 자료집으로 손꼽힌다.

고대 로마군 무기·방어구·전술 대전
노무라 마사타카 외 3인 지음 | 기미정 옮김 | 224쪽 | 13,000원
위대한 정복자, 고대 로마군의 모든 것!
부대의 편성부터 전술, 장비 등, 고대 최강의 군
대라 할 수 있는 로마군이 어떤 집단이었는지
상세하게 분석하는 해설서. 압도적인 군사력으로 세계를 석
권한 로마 제국, 그 힘의 전모를 철저하게 검증한다.

도감 무기 갑옷 투구
이치카와 사다하루 외 3인 지음 | 남지연 옮김 | 448쪽 | 29,000원
역사를 망라한 궁극의 군장도감!
고대로부터 무기는 당시 최신 기술의 정수와 함
께 철학과 문화, 신념이 어우러져 완성되었다.
이 책은 그러한 무기들의 기능, 원리, 목적 등과 더불어 그 기
원과 발전 양상 등을 그림과 표를 통해 알기 쉽게 설명하고
있다. 역사상 실재한 무기와 갑옷, 투구들을 통사적으로 살펴
보자!

중세 유럽의 무술, 속 중세 유럽의 무술
오사다 류타 지음 | 남유리 옮김 |
각 권 672쪽~624쪽 | 각 권 29,000원
본격 중세 유럽 무술 소개서!
막연하게만 떠오르는 중세 유럽~르네상스 시
대에 촬영했던 검술과 격투술의 모든 것을 담은
책. 영화 등에서나 접할 수 있었던 유럽 중세시
대 무술의 기본이념과 자세, 방어, 보법부터, 시
대를 풍미한 각종 무술까지, 일러스트를 통해
알기 쉽게 설명한다.

최신 군용 총기 사전
토코이 마사미 지음 | 오광웅 옮김 | 564쪽 | 45,000원
세계 각국의 현용 군용 총기를 총망라!
주로 군용으로 개발되었거나 군대 또는 경찰의
대테러부대처럼 중무장한 조직에 배치되어 사
용되고 있는 소화기가 중점적으로 수록되어 있으며, 이외에
도 각 제작사에서 국제 군수시장에 수출할 목적으로 개발, 시
제품만이 소수 제작되었던 총기류도 함께 실려 있다.

초패미컴, 초초패미컴
타네 키요시 외 2인 지음 | 문성호 외 1인 옮김 |
각 권 360, 296쪽 | 각 권 14,800원
게임은 아직도 패미컴을 넘지 못했다!
패미컴 탄생 30주년을 기념하여, 1983년 『동
키콩』부터 시작하여, 1994년 『타카하시 명인
의 모험도 IV』까지 총 100여 개의 작품에 대한
리뷰를 담은 영구 소장판. 패미컴과 함께했던
아련한 추억을 간직하고 있는 모든 이들을 위한
책이다.

초쿠소게 1,2
타네 키요시 외 2인 지음 | 문성호 옮김 |
각 권 224, 300쪽 | 각 권 14,800원
망작 게임들의 숨겨진 매력을 재조명!
『쿠소게 クソゲ-』란 '똥-クソ'과 '게임-Game'의
합성어로, 어감 그대로 정말 못 만들고 재미없
는 게임을 지칭할 때 사용되는 조어이다. 우리
말로 바꾸면 망작 게임 정도가 될 것이다. 레트
로 게임에서부터 플레이스테이션3까지 게이머
들의 기대를 보란듯이 저버렸던 수많은 쿠소게
들을 총망라하였다.

초에로게, 초에로게 하드코어
타네 키요시 외 2인 지음 | 이은수 옮김 |
각 권 276쪽 , 280쪽 | 각 권 14,800원
명작 18금 게임 총출동!
에로게란 '에로-エロ'와 '게임-Game'의 합성어
로, 말 그대로 성적인 표현이 담긴 게임을 지칭
한다. '에로게 헌터'라 자처하는 베테랑 저자들
의 엄격한 심사(?)를 통해 선정된 '명작 에로게'
들에 대한 본격 리뷰집!!

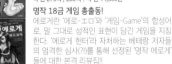

세계의 전투식량을 먹어보다

키쿠키 토시유키 지음 | 오광웅 옮김 | 144쪽 | 13,000원

전투식량에 관련된 궁금증을 한권으로 해결!

전투식량이 전장에서 자리를 잡아가는 과정과, 미국의 독립전쟁부터 시작하여 역사 속 여러 전쟁의 전투식량 배급 양상을 살펴보는 책, 식품부터 식기까지, 수많은 전쟁 속에서 전투식량이 어떠한 모습으로 등장하였고 병사들은 이를 어떻게 취식하였는지, 흥미진진한 역사를 소개하고 있다.

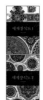

세계장식도 I, II

오귀스트 라시네 지음 | 이지은 옮김 | 각 권 160쪽 | 각 권 8,000원

공예 미술계 불후의 명작을 농축한 한 권!

19세기 프랑스에서 가장 유명한 디자이너였던 오귀스트 라시네의 대표 저서 『세계장식 도집성』에서 인상적인 부분을 뽑아내 콤팩트하게 정리한 다이제스트판. 공예 미술의 각 분야를 포괄하는 내용을 담은 책으로, 방대한 예시를 더욱 정교하게 소개한다.

서양 건축의 역사

사토 다쓰키 지음 | 조민경 옮김 | 264쪽 | 14,000원

서양 건축사의 결정판 가이드 북!

건축의 역사를 살펴보는 것은 당시 사람들의 의식을 늘여다보는 것과도 같다. 이 책은 고대에서 중세, 르네상스기로 넘어오며 탄생한 다양한 양식들을 당시의 사회, 문화, 기후, 토질 등을 바탕으로 해설하고 있다.

세계의 건축

코우다 미노루 외 1인 지음 | 조민경 옮김 | 256쪽 | 14,000원

고품격 건축 일러스트 자료집!

시대를 망라하여, 건축물의 외관 및 내부의 장식을 정밀한 일러스트로 소개한다. 흔히 보이는 풍경이나 딱딱한 도시의 건축물이 아닌, 고풍스러운 건물들을 섬세하고 세밀한 선화로 표현하여 만화, 일러스트 자료에 최적화된 형태로 수록하고 있다.

지중해가 낳은 천재 건축가 -안토니오 가우디

이리에 마사유키 지음 | 김진아 옮김 | 232쪽 | 14,000원

천재 건축가 가우디의 인생, 그리고 작품

19세기 말~20세기 초의 카탈루냐 지역 및 그의 작품들이 지어진 바르셀로나의 지역사, 그리고 카사 바트요, 구엘 공원, 사그라다 파밀리아 성당 등의 작품들을 통해 안토니오 가우디의 생애를 본격적으로 살펴본다.

민족의상 1,2

오귀스트 라시네 지음 | 이지은 옮김 | 각 권 160쪽 | 각 권 8,000원

화려하고 기품 있는 색감!!

디자이너 오귀스트 라시네의 『복식사』 전 6권 중에서 민족의상을 다룬 부분을 바탕으로 제작되었다. 당대에 정점에 올랐던 석판 인쇄 기술로 완성되어, 시대가 흘렀음에도 그 세세하고 풍부하고 아름다운 색감이 주는 감동은 여전히 빛을 발한다.

중세 유럽의 복장

오귀스트 라시네 지음 | 이지은 옮김 | 160쪽 | 8,000원

고품격 유럽 민족의상 자료집!

19세기 프랑스의 유명한 디자이너 오귀스트 라시네가 직접 당시의 민족의상을 그린 자료집. 유럽 각지에서 사람들이 실제로 입었던 민족의상의 모습을 그대로 풍부하게 수록하였다. 각 나라의 특색과 문화가 담겨있는 민족의상을 감상할 수 있다.

그림과 사진으로 풀어보는 **이상한 나라의 앨리스**

구와바라 시게오 지음 | 조민경 옮김 | 248쪽 | 14,000원

매혹적인 원더랜드의 논리를 완전 해설!

산업 혁명을 통한 눈부신 문명의 발전과 그 그늘, 도덕주의와 엄숙주의, 위선과 허영이 병존하던 빅토리아 시대는 『원더랜드』의 탄생과 그 배경으로 어떻게 작용했을까? 순진 무구한 소녀 앨리스가 우연히 발을 들인 기묘한 세상의 완전 가이드북!!

그림과 사진으로 풀어보는 **알프스 소녀 하이디**

지바 가오리 외 지음 | 남지연 옮김 | 224쪽 | 14,000원

하이디를 통해 살펴보는 19세기 유럽사!

『하이디』라는 작품을 통해 19세기 말의 스위스를 알아본다. 또한 원작자 슈피리의 생애를 교차시켜 『하이디』의 세계를 깊이 파고든다. 『하이디』를 읽을 사람은 물론, 작품을 보다 깊이 감상하고 싶은 사람에 있어 좋은 안내서가 되어줄 것이다.

영국 귀족의 생활

다나카 료조 지음 | 김상호 옮김 | 192쪽 | 14,000원

영국 귀족의 우아한 삶을 조명한다

현대에도 귀족제도가 남아있는 영국, 귀족이 영국 사회에서 어떠한 의미를 가지고 또 기능하는지, 상세한 설명과 사진자료를 통해 귀족 특유의 화려함과 고상함의 이면에 자리 잡은 책임과 무게, 귀족의 삶 깊숙한 곳까지 스며든 '노블레스 오블리주'의 진정한 의미를 알아보자.

요리 도감

오치 도요코 지음 | 김세원 옮김 | 384쪽 | 18,000원

요리는 힘! 삶의 저력을 키워보자!!

이 책은 부모가 자식에게 조곤조곤 알려주는 요리 조언집이다. 처음에는 요리가 서툴고 다소 귀찮게 느껴질지 모르지만, 약간의 요령과 습관만 익히면 스스로 요리를 완성한다는 보람과 매력, 그리고 요리라는 삶의 지혜에 눈을 뜨게 될 것이다.

초콜릿어 사전

Dolcerica 가가와 리카코 지음 | 이지은 옮김 | 260쪽 | 13,000원

사랑스러운 일러스트로 보는 초콜릿의 매력!

나른해지는 오후, 기력 보충 또는 기분 전환 삼아 한 조각 먹게 되는 초콜릿. 『초콜릿어 사전』은 초콜릿의 역사와 종류, 제조법 등 기본 정보와 관련 용어 그리고 그 해설을 유머러스하면서도 사랑스러운 일러스트와 함께 싣고 있는 그림 사전이다.

사육 재배 도감

아라사와 시게오 지음 | 김민영 옮김 | 384쪽 | 18,000원

동물과 식물을 스스로 키워보자!

생명을 돌보는 것은 결코 쉬운 일이 아니다. 꾸준히 손이 가고, 인내심과 동시에 책임감을 요구하기 때문이다. 그럴 때 이 책과 함께 한다면 어떨까? 살아있는 생명과 함께하며 성숙해진 마음은 그 무엇과도 바꿀 수 없는 보물로 남을 것이다.

판타지세계 용어사전

고타니 마리 감수 | 전홍식 옮김 | 248쪽 | 18,000원

판타지의 세계를 즐기는 가이드북!

온갖 신비로 가득한 판타지의 세계. 『판타지세계 용어사전』은 판타지의 세계에 대한 이해를 돕고 보다 깊이 즐길 수 있도록, 세계 각국의 신화, 전설, 역사적 사건 속의 용어들을 뽑아 해설하고 있다. 한국어판 특전으로 역자가 엄선한 한국 판타지 용어 해설집을 수록하고 있다.

식물은 대단하다

다나카 오사무 지음 | 남지연 옮김 | 228쪽 | 9,800원

우리 주변의 식물들이 지닌 놀라운 힘!

오랜 세월에 걸쳐 거목을 말려 죽이는 교살자 무화과나무, 딱지를 만들어 몸을 지키는 바나나 등 식물이 자신을 보호하는 아이디어, 환경에 적응하여 살아가기 위한 구조의 대단함을 해설한다. 동물은 흉내 낼 수 없는 식물의 경이로운 능력을 알아보자.

세계사 만물사전

헤이본사 편집부 지음 | 남지연 옮김 | 444쪽 | 25,000원

우리 주변의 교통 수단을 시작으로, 의복, 각종 악기와 음악, 문자, 농업, 신화, 건축물과 유적 등. 고대부터 제2차 세계대전 종전 이후까지의 각종 사물 약 3000점의 유래와 그 역사를 상세한 그림으로 해설한다.

그림과 사전으로 풀어보는 **마녀의 약초상자**

니시무라 유코 지음 | 김상화 옮김 | 13,000원

「약초」라는 키워드로 마녀를 추적하다!

정체를 알 수 없는 약물을 제조하거나 저주와 마술을 사용했다고 알려진 『마녀』. 과연 어떤 존재였을까? 그들이 제조해온 마법약의 재료와 제조법, 마녀들이 특히 많이 사용했던 여러 종의 약초와 그에 얽힌 이야기들을 통해 마녀의 비밀을 알아보자.

고대 격투기

오사다 류타 지음 | 남지연 옮김 | 264쪽 | 21,800원

고대 지중해 세계의 격투기를 총망라!

레슬링, 복싱, 판크라티온 등의 맨몸 격투술에서 무기를 활용한 전투술까지 풍부하게 수록한 격투 교본. 고대 이집트 · 로마의 격투술을 일러스트로 상세하게 해설한다.

초콜릿 세계사
-근대 유럽에서 완성된 갈색의 보석

다케다 나오코 지음 | 이지은 옮김 | 240쪽 | 13,000원

신비의 약이 연인 사이의 선물로 자리 잡기까지의 역사!

원산지에서 「신의 음료」라고 불렸던 카카오. 유럽 탐험가들에 의해 서구 세계에 알려진 이래, 19세기에 이르러 오늘날의 형태와 같은 초콜릿이 탄생했다. 전 세계에 널리 퍼질 수 있었던 초콜릿의 흥미진진한 역사를 살펴보자.

에로 만화 표현사

키미 리토 지음 | 문성호 옮김 | 456쪽 | 29,000원

에로 만화에 학문적으로 접근하다!

에로 만화 주요 표현들의 깊은 역사, 복잡하게 얽힌 성립 배경과 관련 사건 등에 대해 자세히 분석해본다.

크툴루 신화 대사전
히가시 마사오 지음 | 전홍식 옮김 | 552쪽 | 25,000원

크툴루 신화 세계의 최고의 입문서!
크툴루 신화 세계관은 물론 그 모태인 러브크
래프트의 문학 세계와 문화사적 배경까지 총망
라하여 수록한 대사전이다.

아리스가와 아리스의 밀실 대도감
아리스가와 아리스 지음 | 김효진 옮김 | 372쪽 | 28,000원

41개의 놀라운 밀실 트릭!
아리스가와 아리스의 날카로운 밀실 추리소설
해설과 이소다 가즈이치의 생생한 사건현장 일
러스트가 우리를 놀랍고 신기한 밀실의 세계로
초대한다.

연표로 보는 과학사 400년
고야마 게타 지음 | 김진희 옮김 | 400쪽 | 17,000원

알기 쉬운 과학사 여행 가이드!
「근대 과학」이 탄생한 17세기부터 우주와 생명
의 신비에 자연 과학으로 접근한 현대까지, 파
란만장한 400년 과학사를 연표 형식으로 해설
한다.

제2차 세계대전 독일 전차
우에다 신 지음 | 오광웅 옮김 | 200쪽 | 24,800원

일러스트로 보는 독일 전차!
전차의 사양과 구조, 포탄의 화력부터 전차병의
군장과 주요 전장 개요도까지, 제2차 세계대전
의 전장을 누볐던 독일 전차들을 풍부한 일러
스트와 함께 상세하게 소개한다

구로사와 아키라 자서전 비슷한 것
구로사와 아키라 지음 | 김경남 옮김 | 360쪽 | 15,000원

거장들이 존경하는 거장
영화감독 구로사와 아키라의 반생을 회고한 자
서전. 구로사와 아키라의 영화가 사람들의 마음
을 움직였던 힘의 근원이 무엇인지, 거장의 성
찰과 고백을 통해 생생하게 드러난다.

유감스러운 병기 도감
세계 병기사 연구회 지음 | 오광웅 옮김 | 140쪽 | 14,800원

69종의 진기한 병기들의 깜짝 에피소드!
끝내 역사에 이름을 남기지 못하고 사라져간 진
기한 병기들의 애수 어린 기록들을 올컬러 일러
스트로 흥미진진하게 소개한다.